Dirk Osswald

Steuerungssysteme anthropomorpher Roboterhände für humanoide Roboter

Steuerungssysteme anthropomorpher Roboterhände für humanoide Roboter

von
Dirk Osswald

Dissertation, Karlsruher Institut für Technologie
Fakultät für Informatik
Tag der mündlichen Prüfung: 12. Januar 2011

Impressum

Karlsruher Institut für Technologie (KIT)
KIT Scientific Publishing
Straße am Forum 2
D-76131 Karlsruhe
www.ksp.kit.edu

KIT – Universität des Landes Baden-Württemberg und nationales
Forschungszentrum in der Helmholtz-Gemeinschaft

KIT Scientific Publishing 2012
Print on Demand

ISBN 978-3-86644-785-1

Steuerungssysteme anthropomorpher Roboterhände für humanoide Roboter

Zur Erlangung des akademischen Grades eines

Doktors der Ingenieurwissenschaften

von der Fakultät für Informatik
des Karlsruher Instituts für Technologie (KIT)

genehmigte

Dissertation

von

Dirk Osswald

aus Singen am Hohentwiel

Tag der mündlichen Prüfung: 12. Januar 2011
Erster Gutachter: Prof. Dr.-Ing. H. Wörn
Zweiter Gutachter: Prof. Dr.-Ing. Dr. sc. techn. G. Bretthauer

Vorwort

Die vorliegende Dissertation entstand während meiner Tätigkeit als wissenschaftlicher Mitarbeiter am Institut für Prozessrechentechnik, Automation und Robotik (IPR) der Universität Karlsruhe (TH). Durch die Mitarbeit in den Projekten *Karlsruher Hand II* und insbesondere im *Sonderforschungsbereich 588 – Lernende und kooperierende multimodale Roboter* eröffnete sich mir die Möglichkeit, die Steuerung von komplexen Mehrfingergreifern intensiv zu studieren und aktiv an deren Entwicklung mitzuwirken.

Mein besonders herzlicher Dank gilt meinem Hauptreferenten Prof. Dr.-Ing. H. Wörn für die fachliche Betreuung und Förderung meiner Arbeit, auch und gerade nach Verlassen seines Instituts. Ebenso danke ich meinem Korreferenten Prof. Dr.-Ing. Dr.sc.techn. G. Bretthauer für die fachliche Unterstützung. Weiterhin gilt mein Dank meiner Gruppenleiterin Frau Dr.-Ing. C. Burghart für ihre Unterstützung.

Bei den Kollegen am IPR möchte ich mich herzlich für die großartige Arbeitsatmosphäre und die vielen vielen interessanten Diskussionen beim Essen, Colatrinken, Klausurtagen oder dem gemeinsamen Streßbewältigen bedanken. Vom Beginn meiner Tätigkeit als Hilfswissenschaftler an bis hin zum Ende meiner Promotion waren insbesondere die Kollegen Björn Hein, Frank Beeh, Uwe Zimmermann, Suei Jen Chen, Sadi Yigit, Karsten Weiss, Jörg Seyfried, Sergej Stepanov, Thomas Fischer, Diego Rapella und Thomas Haase eine ständige Quelle auch außeruniversitärer Inspiration.

Ein Dankeschön verdienen außerdem alle Kollegen aus obigem Sonderforschungsbereich, insbesondere die kooperationswilligen Mitarbeiter am IAI des Forschungszentrums Karlsruhe Ralf Mikut, Jan Martin, Arne Lehmann und auch Stefan Schulz sowie die Mitarbeiter des FZI, insbesondere Tamim Asfour. Die vielen gemeinsamen fachlichen Diskussionen boten mir gute Gelegenheit, etwas über den eigenen Tellerrand blicken zu können und so auch neue Ideen für die eigene Arbeit zu bekommen.

Nicht zuletzt gilt mein Dank auch Britta Osswald sowie Sabine Wippich für das Korrekturlesen der Arbeit und die vielen hilfreichen Anmerkungen.

Weiterer Dank gebührt meinen Eltern Helga und Kurt Osswald, die mir seit frühster Jugend Freiheiten gelassen und viele Möglichkeiten eröffnet haben. Durch sie wurde mein Forscherdrang schon früh geweckt und auch später in Studium und Beruf, nicht nur durch die wunderbare Versorgung mit Backwerk aus der Heimat, optimal unterstützt.

Brackenheim im Januar 2011   Dirk Osswald

Inhaltsverzeichnis

Abbildungsverzeichnis

Tabellenverzeichnis

Symbol- und Begriffsverzeichnis

Formelzeichen

Eine alphabetische Liste der verwendeten Symbole bzw. Formelzeichen und ihre Bedeutung sowie die Seitennummer ihrer ersten Verwendung:

Glossar

Dieses Glossar enthält Erläuterungen für die wichtigsten im Text verwendeten Begriffe sowie die Seitennummer ihrer ersten Verwendung:

Abduktion   28

Medizinische Bezeichnung für die Bewegung zum Abspreizen eines Körperteils von der Körper- bzw. Gliedmaßenachse, siehe auch [120]. Hier insbesondere das Abspreizen der Finger. Gegenteil: *Adduktion*.

Adduktion   28

Medizinische Bezeichnung für die Bewegung zum Heranführen eines Körperteils an die Körper- bzw. Gliedmaßenachse, siehe auch [121]. Hier insbesondere das Zusammenziehen der gespreizten Finger. Gegenteil: *Abduktion*.

anthropomorph   2

Menschenähnlich. Ursprünglich aus dem Griechischen: unbelebte Gegenstände, Tiere, Götter, Naturgewalten und ähnliches, denen menschliche Eigenschaften zugesprochen werden. Im griechischen: *anthropos* = Mensch; *morph* = Form/Gestalt. Siehe auch [123].

Blackboard   51

Der englische Begriff *Blackboard* (schwarzes Brett) bezeichnet eine Software-Datenstruktur, welche die Zusammenarbeit mehrerer 'Benutzer' (Prozesse, Module, ...) ermöglicht. Ein Blackboard erlaubt den einfachen Datenaustausch auch von komplexeren oder umfangreicheren Datenstrukturen zwischen verschiedenen Modulen, auch über Prozess- und sogar Rechnergrenzen hinweg. Siehe auch [119].

distal   26
Anatomische Lagebezeichnung: vom Körper entfernt gelegen. Gegenteil: *proximal*. Siehe auch [122].

dorsal   59
Anatomische Lagebezeichnung: zum Handrücken hin gelegen, siehe auch [122]. Gegenteil: *palmar*.

Echtzeit-System   35
Ein System, das Ergebnisse innerhalb fest garantierter Zeitintervalle, den sog. Echtzeitanforderungen, berechnen muss. Siehe auch [127].

Endeffektor   7
Oberbegriff für Werkzeuge (englisch: *tools*) am Ende eines Roboterarms. Neben Werkzeugen zum Greifen werden bei Industrierobotern auch solche zum Schweißen, Nieten oder Lackieren eingesetzt. Siehe auch [128] bzw. *Greifwerkzeug*.

Feinmanipulation   14
Änderung der Position und/oder der Orientierung von gegriffenen Objekten allein durch die Bewegung der Finger, also ohne Bewegung des Armes. Im Gegensatz zur *Manipulation* werden dabei Objekte präzise mit den Fingerspitzen gegriffen. Dadurch können Objekte, z. B. durch Umgreifen, innerhalb des Arbeitsraums der Hand neu positioniert werden, ohne sie ablegen zu müssen. Siehe auch [31, 35].

Flexion   28
Anatomische Bewegungsbezeichnung: Beugung eines Gelenks, siehe auch [130]. Die gegenläufige Bewegung wird als Extension (Streckung) bezeichnet.

Framework   50
Ein (Software-) Framework bietet ein vorgegebenes Gerüst oder einen Rahmen mit dem unterschiedliche Anwendungsfälle eines bestimmten Bereiches gelöst werden können. Ein Framework definiert die Anwendungsarchitektur sowie den Kontrollfluss und die Schnittstellen auf der obersten, abstraktesten Ebene. Siehe auch [131].

Freiheitsgrad   7

Bei Gelenken beschreibt der Freiheitsgrad die Anzahl und Art der möglichen Bewegungen, die das Gelenk ausführen kann. Die Zahl der Freiheitsgrade eines Systems von verbundenen Gelenken ist die Summe der Freiheitsgrade der Gelenke, sofern nicht durch zusätzliche Zwangsbedingungen Einschränkungen entstehen. Siehe auch [132].

Greifer   10

Siehe *Greifwerkzeug*.

Greifmuster   56

Elementares Bewegungsmuster für die einzelnen Fingergelenke der Hand. Folge von koordinierten Bewegungen der einzelnen Fingergelenke. Für jedes handhabbare Greifobjekt gibt es ein oder mehrere Greifmuster.

Greifobjekt   12

Ein vom *Greifsystem* des Roboters zu greifendes Objekt. Dazu zählen frei bewegliche Gegenstände (z. B. Geschirrteile) ebenso wie begrenzt bewegliche (z. B. Griffe oder Bedienelemente von Einrichtungsgegenständen).

Greifskill   75

Softwarekomponente, die eine bestimmte Fertigkeit der Hand zur Ausführung eines bestimmten Aspektes einer *Handhabung* realisiert. Besteht aus *Greifmuster*, Parametern und Algorithmen, welche spezifisch für *Greifobjekt* und Greifaktion sind. Steuert bei Ausführung reaktiv die Bewegungen der Finger, also letztlich die Umsetzung des Greifmusters.

Greifsteuerung   10

Steuerungssystem für das Greifwerkzeug. Bei Industrierobotern identisch mit der Robotersteuerung, bei humanoiden Robotern aufgrund der Komplexität des Greifwerkzeugs und der Greifaufgabe eigenständiges Subsystem der Robotersteuerung.

Greifsystem   10

Kombination aus *Greifwerkzeug* und *Greifsteuerung*.

Nebenläufigkeit   118

Nebenläufige Aktivitäten bzw. Ereignisse sind kausal unabhängig. Sie beeinflussen sich nicht gegenseitig und können parallel zueinander ausgeführt werden bzw. gleichzeitig auftreten. Siehe auch [140].

palmar   59

Anatomische Lagebezeichnung: zur inneren Seite der Hand (Handinnen-fläche) hin gelegen, siehe auch [122]. Gegenteil: *dorsal*.

proximal   26

Anatomische Lagebezeichnung: zum Körper hin gelegen. Gegenteil: *proximal*. Siehe auch [122].

Roboterhand   2

Allg.: mehrfingriges *Greifwerkzeug* für Roboter. Hier: der menschlichen Hand nachempfundener (anthropomorpher) Greifer.

Robotersteuerung   7

Steuerungssystem für den Roboter, i. Allg. realisiert in kooperierenden hierarchischen Ebenen. Die unteren Ebenen realisieren die Ansteuerung einzelner Achsen, während höhere Ebenen mehrere Achsen koordinieren und auf Umwelteinflüsse reagieren. Siehe auch [138].

taktile Sensoren   2

Taktil bedeutet 'den Tastsinn betreffend'. Taktile Sensoren erlauben die Stärke und/oder den Ort einer mechanischen Berührung zu ermitteln. Siehe auch [135].

Teleoperation   16

Betriebsart, bei der die Bewegungsvorgaben für einen Roboter auf Gelenkwinkelebene nicht vom *Steuerungssystem* des Roboters, sondern von einem (entfernten) Menschen erzeugt werden.

Trajektorie   70

Lateinisch *Trajektorie* = Bahnkurve. Robotik: Kurve eines bestimmten Teils des Roboters, z. B. des *Endeffektors*, im Raum (kartesisch-/ Gelenkwinkel) über die Zeit. Bei Parallelkinematiken (wie z. B. einer Roboterhand) ist die Bahnkurve die zeitliche Folge der Gelenkwinkel $\varphi_i(t)$ bei einer Bewegung.

1. Einleitung

1.1. Humanoide Roboter

Humanoide Roboter bilden eine relativ neue Art von Robotern im Bereich der Servicerobotik. Ihr Einsatzgebiet unterscheidet sich sehr stark von dem herkömmlicher *Industrieroboter*, denn im Gegensatz zu diesen sollen sie im häuslichen Umfeld eingesetzt werden und gemeinsam mit Menschen Aufgaben bewältigen. Der Roboter soll dabei unterschiedlichste Aufgaben erledigen und sehr flexibel in seiner Umwelt agieren können. Typische Aufgaben für einen derartigen Roboter sind dabei alle Arten von Hol- und Bring-Diensten. Aber auch eine engere Zusammenarbeit zwischen Mensch und Roboter ist möglich, bis hin zur direkt physikalisch gekoppelten Kooperation, beispielsweise beim gemeinsamen Tragen von Gegenständen. Der Roboter soll also mehr wie ein persönlicher Assistent oder ein intelligenter Helfer agieren und weniger wie ein kräftiges, aber dummes Arbeitstier zur Verrichtung sich ständig wiederholender Abläufe.

1.2. Greifwerkzeuge für humanoide Roboter

Das Einsatzgebiet bedingt auch spezielle Anforderungen an das sog. *Greifwerkzeug* des Roboters. In einem häuslichen Umfeld, also z. B. in einer Küche, gibt es sehr viele verschiedene Objekte, die auf bestimmte Art und Weise **manipuliert**, d. h. gezielt beeinflusst werden müssen. Zum Beispiel müssen Objekte wie Tassen, Teller oder Flaschen gegriffen, Schubladen oder Schranktüren geöffnet und geschlossen sowie Einrichtungen wie Lichtschalter oder Spülmaschinen bedient werden. Etwas allgemeiner ausgedrückt: Die Objekte der Umgebung des Roboters müssen in geeigneter Weise **gehandhabt** werden. Aufgrund der vielfältigen Formen und Größen der Objekte benötigt man dafür entweder mehrere spezialisierte Greifwerkzeuge oder aber ein einziges und dafür sehr flexibles. Da primär aus technischen Gründen

(Gewicht, Platz, Kosten, ...) die erstgenannte Lösung nicht realisierbar ist, wird also ein **flexibles, multifunktionales Greifwerkzeug** benötigt.

Die zu manipulierenden Objekte besitzen i. Allg. jedoch keine beliebige oder zufällige Form, sondern ihre Form ist an die menschliche Hand angepasst. Man denke dabei z. B. an die ergonomische[1] Form einer Tasse, einer Mineralwasserflasche oder auch eines Türgriffs. Die Hand des Menschen ist also ein geeignetes, wenn auch äußerst komplexes Vorbild für das gesuchte Greifwerkzeug. Diese Lösung steckt sprachlich sogar schon in den obigen Formulierungen, in denen vom *„manipulieren"*[2] oder auch *„handhaben"* die Rede war. Aufgrund der Ähnlichkeit in Form und/oder Funktion mit der menschlichen Hand wird ein solches Greifwerkzeug daher auch oft als **anthropomorphe**[3] *Roboterhand* bezeichnet.

1.3. Steuerungssystem von Roboterhänden

Die vorliegende Arbeit beschäftigt sich mit dem *Steuerungssystem* von solchen Roboterhänden. Dieses muss nicht nur die Bewegungen der Fingergelenke der Hand steuern, sondern es muss diese Bewegungen auch entsprechend der Umgebung und der aktuellen Situation planen und ausführen. Weiterhin muss es die einzelnen Fingerbewegungen untereinander und mit den Bewegungen des restlichen Roboters, insbesondere des Armes, koordinieren. Aufgrund der Komplexität der Abläufe bei einem humanoiden Roboter mit einem derartigen, aufwändigen Greifsystem, ist ein dediziertes[4] Steuerungssystem unbedingt erforderlich.

Um auch eine Vorstellung davon zu bekommen, was man sich unter einem humanoiden Roboter vorzustellen hat, zeigt Abbildung 1.1 zunächst zwei Beispiele für derartige Systeme. Das links abgebildete System (ARMAR II) verfügt über zwei Arme und kann sich auf einer fahrbaren Plattform frei im Raum bewegen. Das rechts gezeigte System hat einen Arm und ist fest montiert, verfügt aber über *taktile Sensoren*[5] auf dem Arm und in der Hand. Insbesondere der letztgenannte Aufbau ist in [106] genauer erläutert.

---

[1]Griechisch: *ergon* = Arbeit/Werk; *nomos* = Gesetz/Regel. Hier im Sinne von 'an den Menschen angepasst'

[2]Lateinisch: *manus* = Hand

[3]Griechisch: *anthropos* = Mensch; *morph* = Form/Gestalt. Hier im Sinne von 'menschenähnlich'

[4]Ein *dediziertes* System ist auf eine einzige, spezielle Aufgabe ausgelegt. Siehe auch [125]. (Nicht zu verwechseln mit *„dezidiert"*, das für 'entschieden', 'bestimmt' oder 'energisch' steht)

[5]*taktil* = den Tastsinn betreffend

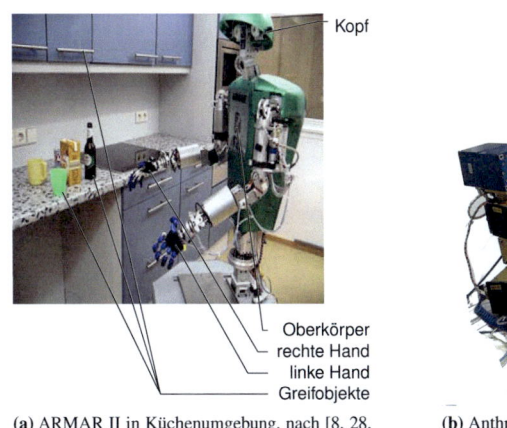

(a) ARMAR II in Küchenumgebung, nach [8, 28, 111, 12, 9]

(b) Anthropomorpher Roboterarm, nach [20, 53, 19, 74, 152, 155, 154]

Abbildung 1.1.: Beispiele humanoider Roboter mit anthropomorphen Roboterhänden. Das System rechts wurde zur Evaluation der Arbeit verwendet.

Diese beiden Systeme verwenden das gleiche Greifwerkzeug, eine anthropomorphe Roboterhand mit fünf Fingern. Das Steuerungssystem eben dieser Hand ist Gegenstand der vorliegenden Arbeit. Abbildung 1.2 zeigt eine Detailaufnahme der Hand ohne Schutzhandschuh. Besonderheiten sind zum Einen die anthropomorphe Form und Größe, welche durch die Verwendung neuartiger, sog. flexibler Fluidaktoren ermöglicht wird. Zum Anderen sind in die Hand auch kraft- und ortsauflösende taktile Sensoren in den Fingerspitzen und in einzelnen Fingergliedern integriert.

1.4. Aufbau der Arbeit

Der weitere Aufbau dieser Arbeit gestaltet sich wie folgt:

- Kapitel 2 beschreibt die sich aus dem gewählten Kontext ergebenden Anforderungen und die von der Arbeit untersuchte Problemstellung.

- Im Kapitel 3 wird der Stand der Forschung und Technik vorgestellt.

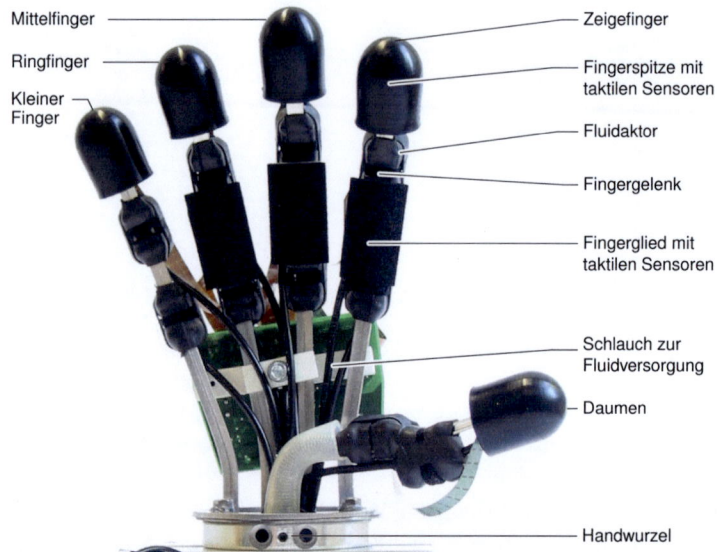

Mittelfinger — Zeigefinger
Ringfinger — Fingerspitze mit taktilen Sensoren
Kleiner Finger — Fluidaktor
— Fingergelenk
— Fingerglied mit taktilen Sensoren
— Schlauch zur Fluidversorgung
— Daumen
— Handwurzel

Abbildung 1.2.: Anthropomorphe Roboterhand des Sonderforschungsbereichs 588 mit Fluidaktoren und taktiler Sensorik. Siehe auch [98, 103, 101, 104, 99, 100, 52], bzw. Anhang A.

- Die darauf folgenden Kapitel 4 – 6 bilden den Kern der Arbeit:

  - In Kapitel 4 wird zunächst eine geeignete Architektur für die Handsteuerung konzipiert, welche die Erfüllung der zuvor aufgestellten Anforderungen ermöglicht.

  - Danach wird in Kapitel 5 detailliert auf die Entwicklung einer flexiblen Realisierung der geforderten Fähigkeiten der Handsteuerung eingegangen.

  - Das entworfene Verfahren zur benötigten Koordination der Handsteuerung mit anderen Teilsteuerungen wird dann in Kapitel 6 genauer erläutert.

- Kapitel 7 beschreibt die erzielten Ergebnisse.

- Den Abschluss bildet Kapitel 8, das die Arbeit zusammenfasst.

Um den normalen Textfluss nicht zu stören, werden nicht alle auftretenden Fachbegriffe im Text genauer erläutert. Die wichtigsten Fachbegriffe sind jedoch im Glossar aufgeführt (siehe Seite xxiii ff. im Vorspann). Bei ihrer ersten Verwendung im Text sind sie *in Schrägschrift* gedruckt.

2. Ziele, Anforderungen und Problemstellungen

2.1. Motivation

2.1.1. Steuerungssysteme für Industrieroboter

Schon seit geraumer Zeit werden in der industriellen Fertigung Robotersysteme für die automatisierte Massenfertigung von Konsumgütern eingesetzt. Solche *Industrieroboter* erledigen dabei neben bearbeitenden Tätigkeiten wie Schweißen, Nieten oder Lackieren auch Transport- und neuerdings auch Mess- und Prüfaufgaben. Je nach Aufgabe werden dafür unterschiedliche, stark spezialisierte Werkzeuge am Ende eines Roboterarms angebracht und eingesetzt, die sog. *Endeffektoren*. Beispiele für solche Werkzeuge sind *Greifwerkzeuge*, wie Backengreifer oder Sauggreifer, aber auch Material bearbeitende Werkzeuge, wie Schweißzangen oder Lackierpistolen. Da diese Werkzeuge i. Allg. nur sehr wenige *Freiheitsgrade* besitzen, werden sie direkt von der *Robotersteuerung* als sog. Zusatzachsen angesteuert. Diese Werkzeuge besitzen und benötigen daher also auch kein zusätzliches eigenes Steuerungs- oder Planungssystem.

Werden zur Lösung der Automatisierungsaufgabe unterschiedliche Werkzeuge benötigt, so wird die Aufgabe in einzelne Arbeitsschritte zerlegt. Diese werden nacheinander von verschiedenen Robotern oder von einem Roboter mit einem sog. Werkzeugwechselsystem erledigt. Aus dieser Arbeitsteilung ergibt sich auch die Anordnung der Roboter in Fertigungsstraßen, die von den zu bearbeitenden Werkstücken durchlaufen werden.

Hieraus ergibt sich als Aufgabe für das Steuerungssystem eines Industrieroboters i. W. die Ausführung der Bewegungen des Roboters. Dies wird erreicht durch die Ansteuerung der Roboterachsen und des Endeffektors, sowie ggf. weiterer Peripherie, wie z. B. Förderbänder für die Zu- oder Abfuhr

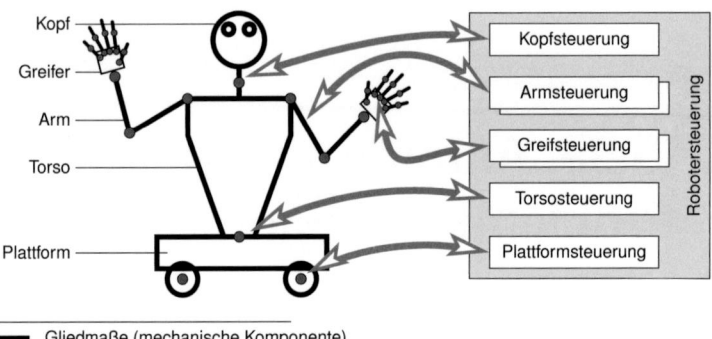

Abbildung 2.1.: Schematische, stark vereinfachte Darstellung der Mechanik (links) und der in dedizierte Untersysteme aufgeteilten Steuerung (rechts) eines humanoiden Roboters.

von Material. Die Roboterbewegungen sind dabei vorab genau berechnet. Sie erfolgen in einem festen Zyklus oder werden jeweils durch einen definierten Impuls ausgelöst und synchronisiert.

2.1.2. Steuerungssysteme für humanoide Roboter

Ganz anders dagegen sieht die Situation bei einem **humanoiden Roboter** aus. Hier soll aus praktischen Gründen wie Platzmangel oder Kosten nicht ein „Heer" von spezialisierten Robotern gestellte Aufgaben erfüllen, sondern ein einzelner humanoider Roboter soll selbständig oder in Kooperation mit dem Menschen in der Umgebung des Menschen arbeiten. Dies erfordert vielfältige Fähigkeiten – auch und gerade vom Endeffektor des Roboters, da dieser das primäre Werkzeug für die notwendige *Manipulation* der Umwelt ist. Die geforderten Fähigkeiten erfordern eine hohe Flexibilität sowohl für die mechanische Konstruktion als auch für das zugehörige Steuerungssystem. Hierbei soll „Flexibilität" verstanden werden im Sinne von der Fähigkeit, sich auf unterschiedliche Anforderungen und Gegebenheiten der Umwelt einstellen zu können und nicht im Sinne von mechanischer Elastizität oder plastischer Verformbarkeit.

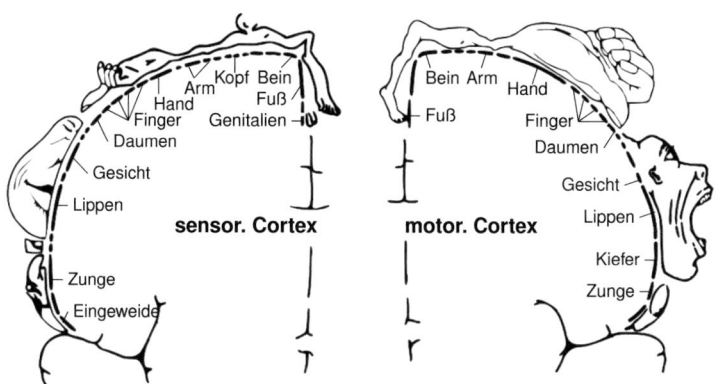

Abbildung 2.2.: Sensomotorischer „Homunculus" zur Lokalisation der ein- bzw. auslaufenden Nervenfasern von Sinnes- bzw. Muskelzellen der Körperteile in der Großhirnrinde, nach [59, 136].

Im Vergleich zu Industrierobotern ist bei humanoiden Robotern das Steuerungssystem viel stärker in spezialisierte Untersysteme gegliedert. Es setzt sich i. Allg. aus dedizierten, kooperierenden Steuerungssystemen für die Einzelkomponenten zusammen. Es existieren also eigene Untersysteme für die Armsteuerung, Kopfsteuerung, Plattformsteuerung und insbesondere auch die Greifsteuerung. Die Untersysteme können dabei nicht nur logisch, sondern u. U. auch physikalisch voneinander getrennt realisiert sein, d. h. sie können ein verteiltes Rechnersystem bilden. Die Abbildung 2.1 zeigt dies schematisch. Diese stärkere Unterteilung ist notwendig, da humanoide Roboter und die von ihnen zu bewältigenden Aufgaben komplexer als Industrieroboter bzw. industrielle Fertigungsaufgaben sind. Humanoide Roboter haben beispielsweise i. Allg. sehr viel mehr Freiheitsgrade, also anzusteuernde Achsen, aber auch die von ihm zu erledigenden Aufgaben sind aufgrund von ungenauem oder ungenügendem Umweltwissen schwieriger und auch vielfältiger. Dies gilt in ganz besonderem Maße auch für das Greifsystem eines humanoiden Roboters.

Dass ein eigenes Steuerungssystem für das Greifwerkzeug durchaus gerechtfertigt, ist zeigt sich auch, wenn man das menschliche Vorbild, bestehend aus Hand (Greifwerkzeug) und Gehirn (Greifsteuerung) betrachtet. Der

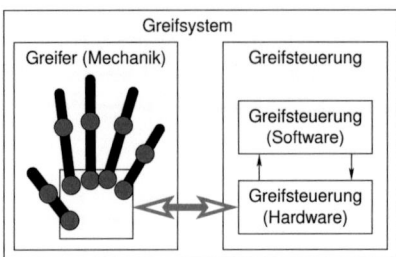

Abbildung 2.3.: Greifsystem bestehend aus dem **mechanischen Greifer** mit Aktoren, Sensoren, Gelenken, Fingergliedern und der **Greifsteuerung**. Die Software der Greifsteuerung dient zur Ansteuerung der Elektronik, also der Hardware und diese wiederum steuert letztlich die Aktoren und Sensoren der Mechanik an.

sog. sensomotorische Homunculus[1] zeigt die Zuordnung von Körperteilen zu den zugehörigen sensorischen bzw. motorischen Arealen in der Großhirnrinde (Cortex[2]) des Menschen, siehe auch Abbildung 2.2. Die Größe dieser Areale hängt nicht von der Größe der jeweiligen Körperteile ab, sondern von der Komplexität der für sie notwendigen sensorischen oder motorischen Verarbeitung. Wie in der Abbildung deutlich wird, sind die Areale, die für die Hand und die Finger zuständig sind, vergleichsweise groß. Sie sind tatsächlich sogar ähnlich groß wie die Areale von Arm, Bein, Leib und Kopf (ohne Gesicht) zusammen genommen.

Das *Greifsystem* eines humanoiden Roboters setzt sich aus dem mechanischen *Greifer* – der anthropomorphen Roboterhand – und der zugehörigen *Hand-* oder *Greifsteuerung* zusammen, siehe Abbildung 2.3. Die spezielle Aufgabenstellung für das Greifsystem eines humanoiden Roboters und die Anforderungen an ein solches System werden nun anhand des bereits in der Einleitung angedeuteten Einsatzszenario zunächst genauer herausgearbeitet. Danach wird die genaue Problemstellung und die Zielsetzung der vorliegenden Arbeit im Detail dargelegt.

---

[1]Lateinisch: *Homunculus* = Menschlein
[2]Lateinisch: *Cortex* = Rinde

2.2. Einsatzszenario

Wesentliche Teile der vorliegenden Arbeit entstanden im Rahmen des Sonderforschungsbereichs 588 *„Humanoide Roboter – Lernende und kooperierende multimodale Roboter"*. Daher leiten sich auch die Anforderungen und die Aufgabenstellung des untersuchten Greifsystems aus der Zielsetzung jenes Forschungsvorhabens ab. Das dort untersuchte humanoide Robotersystem (siehe auch [106]) soll *„prototypische Alltagshandlungen im häuslichen Bereich"* verrichten und *„dem Menschen an seinem Arbeitsplatz oder in häuslicher Umgebung einen kooperations- und lernbereiten Partner zur Seite stellen"* [107, 110, 111]. Diese allgemeinen Vorgaben wurden im Verlauf der Forschungen weiter konkretisiert und dann vom Autor im speziellen Hinblick auf Vorgaben für das Greifsystem detailliert ausgearbeitet [71].

2.2.1. Einsatzgebiet

Als Einsatzgebiet für den humanoiden Roboter wurde eine Küchenumgebung festgelegt, da hier vielerlei Tätigkeiten vom Roboter sowohl selbständig als auch in Kooperation mit dem Menschen ausgeführt werden können. Als mögliche Aufgaben für den Roboter ergeben sich in diesem Szenario alle Arten von *Handhabungen* von Gegenständen. Beispiele hierfür sind:

- Das Herholen und Übergeben bzw. Annehmen und Wegbringen von Alltagsgegenständen

- Das Befüllen und Entleeren bzw. Be- und Entladen von Behältern

- Das Transportieren bzw. Halten eines Gegenstandes, auch gemeinsam mit dem Menschen

- Das Bedienen einfacher Geräte

- Kommunikation mit dem Menschen

2.2.2. Greifobjekte

In den ersten vier der im vorherigen Abschnitt genannten Punkte ist neben dem Roboter auch immer ein Gegenstand beteiligt. Diese zu greifenden oder allgemeiner „zu handhabenden" Gegenstände werden im Folgenden als *Greifobjekt* bezeichnet. Beachtenswert dabei ist, dass Roboter und Mensch **dieselben** Objekte benutzen sollen, die Umgebung soll bewußt nicht an den Roboter angepasst werden, sondern der Roboter soll sich an eine Umgebung, die für den Menschen gemacht ist, anpassen.

Alltagsgegenstände

Eine Art von Greifobjekten sind die zuvor ganz allgemein als Alltagsgegenstände bezeichneten Objekte. Es sind die in einer Küchenumgegung üblicherweise vorkommenden Objekte, wie Geschirrteile (Flaschen, Gläser, Teller, Tassen) oder Besteckteile (Messer, Gabel, Löffel). Diese sind frei beweglich, d. h. sie können prinzipiell ohne Einschränkungen aufgenommen, bewegt und wieder abgelegt werden.

Solche Objekte haben Abmessungen (z. B. Durchmesser) im Bereich von etwa 1 cm bis zu 8 cm und ein Gewicht bis zu etwa 1 kg (z. B. Ein-Liter PET-Flasche oder Halb-Liter Glasflasche).

Bedienelemente

Die zweite wichtige Art von Greifobjekten sind Bedienelemente. Dazu zählen einfache Schalter und Knöpfe von Geräten oder Einrichtungen, wie z. B. ein Lichtschalter oder der Startknopf des Mikrowellenherdes. Aber auch der Griff einer Tür oder einer Schublade ist ein solches Greifobjekt. Im Gegensatz zu den Alltagsgegenständen können diese i. Allg. nicht frei bewegt werden, sondern unterliegen Einschränkungen, sog. Zwangsbedingungen. Ein Türgriff einer Schwingtüre bewegt sich zum Beispiel mit der Türe, also entlang einer Kreisbahn um die Türangeln, ein Schubladengriff dagegen bewegt sich linear entsprechend den Schienen des Schubladenauszugs.

2.2.3. Besonderheiten des Einsatzgebietes

Das Einsatzgebiet des humanoiden Roboters und die von ihm auszuführenden Aufgaben bergen einige Besonderheiten – auch und gerade im Hinblick auf das Greifsystem:

- Die Umgebung ist für den Menschen gemacht, d. h. die zu handhabenden Gegenstände sind in Form, Größe und Beschaffenheit an die Hand des Menschen angepaßt.

- Form, Größe und Beschaffenheit der zu handhabenden Gegenstände variiert stark.

- Die Umgebung ist i. Allg. nur unvollständig bekannt und dynamisch, d. h. sie ändert sich ständig, z. B. durch Eingriffe des Menschen.

- Eine direkte, physische Interaktion mit dem Menschen ist möglich, bzw. sogar gewünscht oder erforderlich.

- Der humanoide Roboter interagiert nicht nur mit Roboterexperten, sondern auch mit Laien.

Diese Besonderheiten haben einerseits Auswirkungen auf die mechanische Auslegung des Greifsystems. Sie beeinflussen andererseits aber insbesondere auch das zugehörige Steuerungssystem.

2.3. Erforderliche Fähigkeiten des Greifsystems

Aus dem zuvor beschriebenen Szenario lassen sich nun die grundlegenden Fähigkeiten ableiten, die ein adäquates Greifsystem für einen humanoiden Roboter haben muss:

- Sicheres Greifen von Objekten

- Einfaches Manipulieren von Objekten

- Gestikulieren zur Kommunikation mit dem Menschen

Diese schlagwortartig aufgelisteten Fähigkeiten sollen nun genauer definiert werden. Zur späteren Referenzierung sind sie nummeriert.

Objektkontakt/- bewegung	F-1: Sicheres Greifen	F-2: Manipulieren	F-3: Gestikulieren
Objektkontakt	ja	ja	nein
Objektbewegung	frei	eingeschränkt	-

Tabelle 2.1.: Fähigkeiten und Objektkontakt bzw. Objektbewegung

Fähigkeit F-1: *Sicheres Greifen*
Das sichere Greifen ist die wichtigste erforderliche Fähigkeit im Szenario. Es bezeichnet das Aufnehmen, Halten bzw. Transportieren und wieder Ablegen von Objekten, ohne diese fallen zu lassen. Allein mit dieser Fähigkeit lassen sich viele der beschriebenen Aufgaben lösen.

Fähigkeit F-2: *Manipulieren*
Unter Manipulieren von Objekten sollen hier aber nur einfache Vorgänge, wie „Schalter betätigen", „Handgriffe ziehen" oder „Hebel umlegen" verstanden werden und nicht *Feinmanipulation*. Eine weitere Art von Manipulation im hier gemeinten Sinn ist das Befüllen bzw. Entleeren, z. B. beim Einschenken eines Getränks in eine Tasse.

Fähigkeit F-3: *Gestikulieren*
Aber auch der letztgenannte Punkt, das Gestikulieren, sollte mit dem Greifsystem möglich sein. Neben der beim humanoiden Roboter ebenfalls üblichen akustischen Ausgabe wird dadurch eine weitere, auch für Laien einfach und intuitiv verständliche Form der Kommunikation vom Roboter zum Menschen ermöglicht.

Dem Greifen und Manipulieren im obigen Sinne ist gemeinsam, dass das Greifwerkzeug dabei direkten Kontakt zu einem zu bewegenden Objekt hat. Die beiden Fähigkeiten unterscheiden sich jedoch darin, dass beim Manipulieren die Bewegung durch das Objekt eingeschränkt ist – ein Handgriff einer Schublade kann beispielsweise nur in bestimmte Richtungen gezogen oder geschoben werden. Beim Greifen dagegen kann ein gegriffenes Objekt (bis auf Kollisionen mit der Umwelt) frei im Raum bewegt werden. Beim Gestikulieren dagegen erfolgt kein Objektkontakt, siehe auch Tabelle 2.1.

Tabelle 2.2 zeigt die Matrix von Fähigkeiten des Greifsystems (Spalten) und Greifobjekten (Zeilen). Die jeweiligen Tabelleneinträge bewerten dabei die Wichtigkeit oder auch Relevanz der entsprechenden Kombination für

Greifobjekt	F-1: Sicheres Greifen	F-2: Manipulieren	F-3: Gestikulieren
Alltagsgegenstand	+++	++	−
Bedienelement	+++	+++	−
Mensch	−+	−	+++

+++ : sehr wichtig   −+ : möglich, aber hier nicht weiter untersucht
++ : wichtig   − : unwichtig/nicht relevant

Tabelle 2.2.: Relevanz von Kombinationen aus Fähigkeit und Greifobjekt.

das vorliegende Szenario. Die Tabelle führt auch den Menschen als Greif-objekt auf, er wird hier aber nur im Zusammenhang mit Gesten betrachtet. Ein Ergreifen oder Anfassen des Menschen durch den Roboter ist prinzipiell möglich, wird hier jedoch nicht betrachtet.

2.4. Abgeleitete Anforderungen

Aus den im letzten Abschnitt bestimmten erforderlichen Fähigkeiten F-1 – F-3 lassen sich nun die Anforderungen an das Greifsystem ableiten und zwar sowohl für das mechanische System als auch für die Greifsteuerung. Die grundsätzlichen Anforderungen lassen sich hierbei wie folgt zunächst schlagwortartig formulieren:

- Flexibel

- Selbständig

- Sicher

- Kompatibel

Auch diese Anforderungen sollen nun detaillierter definiert werden. Zur späteren Referenzierung sind sie wieder nummeriert.

Anforderung A-1: *Flexibilität*
Analog zu der vom (Gesamt-) Steuerungssystem von humanoiden Ro-botern geforderten Anpassungsfähigkeit (siehe Abschnitt 2.1.2) gilt dies in besonderem Maße auch für das Greifsystem. Aufgrund der vielfälti-gen Formen und Größen von zu handhabenden Objekten einerseits (sie-he Abschnitt 2.2) und der verschiedenen erforderlichen Fähigkeiten, die

das Greifsystem erbringen muss, andererseits (siehe Abschnitt 2.3) ist ein sehr flexibles Greifsystem erforderlich. Das Greifsystem muss unterschiedliche Fähigkeiten auf unterschiedliche Greifobjekte gleichermaßen anwenden können. Die Mechanik muss dafür geeignete Freiheitsgrade bieten und in der Lage sein, die erforderlichen Greifkräfte aufzubringen. Aber auch die Greifsteuerung muss eine entsprechende Flexibilität bieten, um die verschiedenen Greifobjekte adäquat behandeln zu können.

Anforderung A-2: *Selbständigkeit*
Das Greifsystem muss Aufgaben weitgehend selbständig, also autonom, bewältigen können, darf also insbesondere nicht auf *teleoperierten* Betrieb zurückgreifen. Das heißt, die Greifsteuerung muss mit den zur Verfügung stehenden Planungs- und Sensordaten die geforderten Greif- und Manipulationsvorgänge sowie Gesten ausführen können. Aufgrund der Besonderheiten des Einsatzszenarios (unvollständiges/ungenaues Umweltmodell, dynamische Umgebung, Interaktion mit dem Menschen, siehe auch Abschnitt 2.2.3) müssen Aktionen des Greifsystems weiterhin ständig überwacht werden, um so auf geänderte Bedingungen reagieren zu können.

Anforderung A-3: *Sicherheit*
Durch die Möglichkeit der direkten Kooperation und Interaktion mit dem Menschen besteht auch eine prinzipielle Verletzungsgefahr für den Menschen durch den humanoiden Roboter. Die Gefährdung kann direkt vom Roboter oder auch indirekt von Aktionen des Roboter ausgehen. Eine direkte Gefährdung besteht z. B. bei allen Bewegungen des Roboters bei denen es zu einer für den Menschen schmerzhaften oder gar verletzenden Kollision mit dem Roboter kommen könnte. Eine mehr indirekte Gefährdung kann dagegen entstehen, wenn der Roboter, beispielsweise beim Einschenken einer heißen Flüssigkeit, den Menschen verbrühen könnte. Um ein möglichst geringes Verletzungsrisiko für den Menschen gewährleisten zu können ist bei allen Systemteilen des humanoiden Roboters daher eine hohe Sicherheit erforderlich.

Anforderung A-4: *Kompatibilität*
Unter Kompatibilität ist hier zum Einen die Zusammenarbeit des Greifsystems mit dem Rest des Robotersystems auf technischer Ebene gemeint.

Mechanik und Steuerung des Greifsystems müssen sich in den humanoiden Roboter integrieren lassen. Zum Anderen ist aber auch die Kompatibilität zum Menschen gemeint. Darunter ist z. B. eine Gestaltung des Greifsystems zu verstehen die der Mensch nicht als abschreckend oder beängstigend empfindet. Aber auch ein erwartungskonformes Verhalten des Roboters fällt in diese Kategorie. Der Roboter ist (teil-)anthropomorph und sollte sich daher auch menschenähnlich verhalten. Seine Bewegungen dürfen den Menschen also nicht überraschen oder gar erschrecken und seine Gesten zur Kommunikation mit dem Mensch sollten intuitiv verständlich sein. Durch eine derartige Kompatibilität kann die Akzeptanz des Roboters von Seiten der mit ihm kooperierenden bzw. interagierenden Menschen erleichtert werden.

Ein weiterer wichtiger Punkt ist eher technischer Natur und ergibt sich aus der bereits begründeten notwendigen Eigenständigkeit der Greifsteuerung innerhalb der Robotersteuerung:

Anforderung A-5: *Koordinationsfähigkeit*
Die Bewegungen der einzelnen Greiffinger des Greifers müssen aufeinander abgestimmt, also koordiniert werden. Darüber hinaus besteht jedoch zusätzlich die anspruchsvollere Notwendigkeit, Bewegungen des Greifers mit Bewegungen anderer Gliedmaßen des Roboters zu koordinieren. Die Bewegungen der Greiffinger müssen insbesondere auf die Bewegungen des Armes abgestimmt sein, da dieser den Greifer im Raum positioniert. Bei der Ausführung von Greif- oder Manipulationsoperationen ist dies unmittelbar einsichtig: Der Greifer muss z. B. zuerst geöffnet werden, bevor er vom Arm zu einem zu greifenden Objekt bewegt werden darf. Aber auch bei Handgesten müssen die Bewegungen von Hand und Arm aufeinander abgestimmt sein. Denn nicht nur die Fingerstellung, sondern auch die Stellung und insbesondere die Orientierung der Roboterhand im Raum spielt eine wesentliche Rolle für die Bedeutung der Geste. Beim Zeigen auf ein bestimmtes Objekt beispielsweise soll die eigentliche Zeigegeste – der ausgestreckte Zeigefinger – erst dann ausgeführt werden, wenn die Hand vom Arm grob in Richtung des Objekts ausgerichtet ist.

Diese Anforderungen sind i. Allg. nicht völlig unabhängig voneinander und überschneiden oder ergänzen sich zum Teil. Wenn beispielsweise die Benutzung des Roboters intuitiv ist, der Roboter also in obigem Sinne kompatibel zum Menschen ist, so erhöht dies automatisch auch die Sicherheit. Weiterhin ermöglichen Selbständigkeit und Koordinationsfähigkeit dem Roboter auch wiederum eine größere Flexibilität.

2.4.1. Anthropomorphe Roboterhand

Die mechanische Gestaltung eines Greifsystems, also die Art, Anzahl, Anordnung und Bewegungsfähigkeit seiner Greiffinger, wird ganz wesentlich von den zu greifenden Objekte sowie den auszuführenden Handhabungen bestimmt. Die in den vorherigen Abschnitten herausgearbeiteten Anforderungen lassen sich mit einem anthropomorphen Mehrfingergreifer, einer sog. **anthropomorphen Roboterhand**, besonders gut erfüllen. Ein solches Greifwerkzeug ist dem Vorbild der menschlichen Hand nachempfundenen und eröffnet vielfältige Möglichkeiten.

Ein derartiges Design ist sehr **flexibel**, da es dem wohl flexibelsten mechanischen Werkzeug – der Hand des Menschen – nachempfunden ist. Die Greifobjekte sind an die Hand des Menschen angepasst und können darum von einem Robotergreifer mit ähnlichen mechanischen Eigenschaften prinzipiell gehandhabt werden. Durch die Orientierung am menschlichen Vorbild wird weiterhin die intuitive Benutzung durch den Menschen bzw. die Kooperation mit dem Menschen erleichtert. Ein solches Design erhöht also die **Kompatibilität** zum Menschen, da dieser beispielsweise nicht erst lernen muss, wie sich die Roboterhand bewegen wird oder was eine bestimmte Geste zu bedeuten hat. Und nicht zuletzt kann die geforderte **Sicherheit** auf mechanischer Ebene unterstützt werden, beispielsweise indem scharfe Kanten oder Gelenke die den Finger eines Menschen einklemmen oder quetschen könnten vermieden werden. Eine anthropomorphe Roboterhand bietet also prinzipiell die Möglichkeit die Anforderungen A-1, A-3 und A-4 zu erfüllen.

Aber nur mit einer entsprechenden **Greifsteuerung** können alle Anforderungen erfüllt und die durch das anthropomorphe Design eröffneten Möglichkeiten voll genutzt werden, um so die genannten Fähigkeiten zu erbringen. Die anthropomorphe Gestalt ist ein herausragendes Merkmal des hier untersuchten Greifsystems. Im Folgenden wird daher vermehrt von der „**Hand**" als dem Greifsystem des humanoiden Roboters gesprochen werden und entsprechend auch von der **Handsteuerung**.

2.4.2. Anforderungen an die Mechanik

Die Mechanik des Greifsystems ist kein Kernpunkt der Arbeit und wurde in [63, 100, 61] genauer untersucht. Da eine Greifsteuerung aber natürlich von der zu steuernden Mechanik abhängt, soll hier kurz auf deren Anforderungen eingegangen werden.

Die geforderte anthropomorphe **Gestalt** legt die Anzahl und Anordnung der Finger weitgehend fest: vier Finger in einer Reihe angeordnet sowie ein opponierbarer Daumen. Die letztgenannte Fähigkeit des menschlichen Daumen, nämlich sich gegenüber – in Opposition – zu den anderen Fingern zu positionieren, ist eine wichtige Fähigkeit, die viele Griffe erst ermöglicht. Um jedoch die Vorteile der anthropomorphen Gestalt beim Handhaben von Greifobjekten, die für die menschliche Hand gemacht wurden, vollständig ausnutzen zu können, muss auch die **Größe** der Roboterhand der des menschlichen Vorbilds nachempfunden werden. Die untersuchte Roboterhand orientiert sich an einer großen Männerhand und kann dieses Ziel auch gut erfüllen.

Etwas größere Freiheiten ergeben sich bei der Festlegung der Anzahl und Anordnung der Bewegungsfreiheitsgrade, also der Fingergelenke [76]. Da wie in Abschnitt 2.1.2 beschrieben keine Feinmanipulation gefordert wird, können die Anforderungen mit deutlich weniger Freiheitsgraden als bei der Hand des Menschen erfüllt werden. Um die in Abschnitt 2.2.2 beschriebenen Greifobjekte sicher, d. h. im Wesentlichen mit möglichst großer Kontaktfläche, greifen zu können, sind für die einzelnen Finger mindestens zwei Freiheitsgrade erforderlich. Für die Ausführung von Gesten, aber auch für einige Griffe müssen die einzelnen Fingergelenke weiterhin unabhängig voneinander bewegt werden können.

Weiterhin muss die Mechanik natürlich entsprechend robust ausgelegt werden, so dass bei der normalen Zusammenarbeit auch mit ungeschulten Menschen keine Defekte auftreten können. Um die geforderte Sicherheit zu gewährleisten darf die Hand umgekehrt den Menschen aber auch nicht gefährden. Dies wurde bei der hier untersuchten Roboterhand durch die Verwendung von elastischen Oberflächenmaterialien und einem speziellen Antriebskonzept, sog. Fluidaktoren (siehe Anhang A), erreicht.

2.4.3. Anforderungen an die Handsteuerung

Die Anforderungen an das hier untersuchte Steuerungssystem der Hand, also letztlich an die **Software**, welche die Bewegungen der Fingergelenke plant und steuert, lassen sich unmittelbar aus den zuvor genannten Anforderungen A-1 – A-5 ableiten.

Flexibilität (A-1) und Erweiterbarkeit

Die Steuerung muss **flexibel** genug sein um die Fähigkeiten F-1 – F-3 auf unterschiedlich geformten Greifobjekte anwenden zu können. Da es sich bei der Handsteuerung i. W. im Software handelt, ergibt sich aus der Forderung nach Flexibilität noch die folgende Anforderung nach Erweiterbarkeit:

> **Anforderung A-6:** *Erweiterbarkeit*
> In einem Szenario wie dem hier zugrunde liegenden ist aufgrund des vielfältigen oder besser 'vielgestaltigen' Umfeldes mit neu hinzukommenden Greifobjekten oder Fähigkeiten zu rechnen. Um ggf. auch solche zusätzliche, bisher nicht in Betracht gezogene, Fertigkeiten bereitstellen zu können, muss die Handsteuerung einfach erweiterbar sein.

Selbständigkeit (A-2)

Weiterhin muss die Handsteuerung erforderliche Fähigkeiten **selbständig**, also ohne Eingriff durch den Menschen oder gar eines speziellen menschlichen Operators, ausführen können. Die Handsteuerung muss einen Auftrag planen und ausführen können und darf dabei nur auf die Informationsquellen des Roboters, wie Sensordaten oder Umweltdatenbank, zurückgreifen.

Sicherheit (A-3)

Während die Mechanik durch eine entsprechende Konstruktion eher passiv zur **Sicherheit** beiträgt kann die Handsteuerung aktiv dazu beitragen. Die eingehenden Signale der Sensoren müssen ausgewertet und die ausgehenden Stellbefehle berechnet werden und zwar so, dass keine absehbaren Gefährdungen entstehen. Dies erfordert eine Steuerung in Echtzeit, also mit garantierter Einhaltung der Zykluszeiten. So können beispielsweise Kontaktkräfte überwacht oder Fehlgriffe erkannt und korrigiert werden.

Kompatibilität (A-4)

Die Handsteuerung muss in die Gesamtsteuerung des humanoiden Roboters integriert werden. Dies bedingt die **Kompatibilität** der Teilsysteme auf technischer Ebene, d. h. ihre Schnittstellen müssen zueinander passen, eben kompatibel sein. Dies gilt zunächst sowohl auf der Hardwareebene (Rechnersystem, Kommunikationssystem usw.) als auch auf der Softwareebene (Datenformate, Kommunikationsprotokolle usw.).

Auf der Ebene der Kompatibilität zum Menschen muss die Handsteuerung dies durch ein geeignetes, d. h. der Erwartung des Menschen entsprechendes Verhalten in der Ansteuerung der Gelenke erreichen. Bei einer menschenähnlichen Gestaltung des Roboters mit einer anthropomorphen Hand erwartet der Mensch auch menschenähnliche Bewegungsabläufe.

Koordinationsfähigkeit (A-5)

Um die **Koordination** der Bewegungen von Hand und Arm zu ermöglichen, muss ein geeignetes Verfahren entwickelt werden, mit dem einzelne Teilbewegungen aufeinander abgestimmt werden können. Die verschiedenen Teilsteuerungen müssen dafür andere Teilsteuerungen berücksichtigen können. Um durch diese zusätzlichen Abhängigkeiten nicht die Übersichtlichkeit und Nachvollziehbarkeit der Steuerungssoftware zu verlieren, sollte das Verfahren zum Einen einfach und für den menschlichen Programmierer weitgehend transparent sein. Zum Anderen wird an dieses Verfahren wiederum auch die Forderung nach **Flexibilität** und **Erweiterbarkeit** gestellt. Nur so kann es sowohl die aktuell berücksichtigten Koordinations- und Synchronisationsmuster realisieren als auch auf eventuelle zukünftige vorbereitet sein.

2.5. Zielsetzung und Problemstellung

2.5.1. Zielsetzung

Ziel dieser Arbeit ist die Entwicklung eines geeigneten **Steuerungssystems für eine anthropomorphe Roboterhand** für einen humanoiden Roboter. Diese zu entwickelnde **Handsteuerung** soll dabei die zuvor herausgearbeiteten Fähigkeiten F-1 – F-3 aus Abschnitt 2.3 bieten und die daraus abgeleiteten Anforderungen A-1 – A-6 aus Abschnitt 2.4 und Abschnitt 2.4.3 erfüllen.

Abbildung 2.4.: Zielsetzung und grundsätzliche Fragestellung für das Handsteuerungssystem: Eine best. Handhabung, hier das Greifen der Flasche,
muss geplant und ausgeführt werden.

Die Darstellung in Abbildung 2.4 zeigt diese Zielsetzung für das Handsteuerungssystem bildhaft: Ein Greifobjekt wie die dargestellte Flasche soll von
der anthropomorphen Roboterhand des humanoiden Roboters gegriffen und
dann transportiert werden. Die sich dabei für das Handsteuerungssystem ergebenden grundsätzlichen Fragestellungen lauten:

- **Was** ist zu tun um eine gestellte Aufgabe zu lösen?

- **Wie** sind die einzelnen Teilschritte auszuführen?

- **Wann** sind die einzelnen Teilschritte auszuführen?

Diese Fragestellungen werden in der vorliegenden Arbeit beantwortet. Auf
die verschiedenen Aspekte, also das **Was**, das **Wie** und das **Wann** der von
der Handsteuerung zu lösenden Aufgaben, wird dabei im Verlauf der Ausarbeitung immer wieder Bezug genommen.

2.5.2. Problemstellung

Aus der zuvor genannten Zielsetzung ergibt sich mit den beschriebenen Fragestellungen die von dieser Arbeit untersuchte Problemstellung:

Konzeption und Entwicklung einer Handsteuerung mit den in den vorherigen Abschnitten erarbeiteten Eigenschaften.

Diese allgemeine Problemstellung kann in einzelne, spezifischere Teilproblemstellungen aufgespalten werden:

Problemstellung P-1: *Gestaltung der Architektur der Handsteuerung*
Hierbei ist zu untersuchen, welche Softwarekomponenten benötigt werden und wie diese miteinander und mit den anderen Teilsteuerungen sowie mit der übergeordneten Steuerung des Roboters zusammenwirken.

Diese Teilproblemstellung und die entwickelte Lösung wird in Kapitel 4 erörtert. Um die benötigten Fähigkeiten unter den gestellten Anforderungen erbringen zu können, werden darin spezifische Konzepte und Mechanismen vorgeschlagen. Diese müssen detailliert entworfen und umgesetzt werden, woraus sich zwei weitere Teilproblemstellungen ergeben:

Problemstellung P-2: *Umsetzung der Flexibilität und Erweiterbarkeit*
Ein innovatives Konzept, um unterschiedlichste Fähigkeiten der Roboterhand auf einfache Weise realisieren zu können, wurde erarbeitet. Es wird in Kapitel 5 im Detail vorgestellt.

Problemstellung P-3: *Umsetzung der Koordinationsfähigkeit*
Um mehrere verschiedene an einer Bewegung des Roboters beteiligte Teilsteuerungen auf einfache Weise miteinander koordinieren zu können, wurde ein geeignetes neuartiges Verfahren entwickelt. Dieses wird eingehend in Kapitel 6 beschrieben.

3. Stand der Forschung

Im vorangegangenen Kapitel wurden ausgehend von den gesteckten Zielen die sich aus dem vorgesehenen Einsatzszenario ergebenden Anforderungen bestimmt sowie die genaue Problemstellung der Arbeit formuliert. Nun wird der Stand der Forschung auf diesem Gebiet untersucht, wobei notwendigerweise auch auf die, in der Arbeit weniger untersuchten, mechanischen Aspekte verschiedener Greifsysteme eingegangen werden muss. Auf spezifische Details anderer Arbeiten wird später, an den entsprechenden Stellen in den jeweiligen Kapiteln, noch genauer eingegangen.

3.1. Einordnung

Die vorgestellten, recht speziellen Anforderungen und Eigenheiten des Einsatzszenarios, wie etwa die Mensch-gerechte (und nicht Roboter-gerechte) Umgebung, die Menschenähnlichkeit oder die Interaktion mit dem Menschen auf physischer Ebene, beinhalten viele völlig neue, bisher in der Forschung noch wenig untersuchte Gesichtspunkte der Robotik. Dies macht einen Vergleich auch und insbesondere des neuartigen Greifsystems mit etablierten Systemen schwierig, da hier teilweise völlig neue Aspekte berücksichtigt werden müssen. Aber natürlich gibt es auch im Bereich der mehrfingrigen Greifsysteme bereits Vorarbeiten auf die nun eingegangen wird.

Eine grobe Einteilung solcher Systeme kann nach der Gestaltung und dem beabsichtigten Anwendungsgebiet erfolgen. Es gibt auch bereits Entwicklungen mit anthropomorpher Gestaltung, wobei sich die Menschenähnlichkeit jedoch hauptsächlich auf die Anordnung der Finger mit einem opponierbaren Daumen gegenüber von den anderen Fingern bezieht. Die Zahl der Finger reicht von drei bis zu fünf und auch die Anzahl der Gelenke reicht von zwei pro Finger bis zu vier wie beim Menschen. Dabei sind einzelne Fingergelenke zum Teil miteinander verkoppelt, können also nicht unabhängig voneinander bewegt werden, die Zahl der Freiheitsgrade ist also geringer als die

Zahl der Fingergelenke. Dies ist vergleichbar mit der Hand des Menschen, bei der die beiden *distalen*[1] Fingergelenke auch nicht unabhängig voneinander bewegt werden können. Um die einzelnen Fingergelenke zu bewegen werden unterschiedliche Konzepte eingesetzt. Diese reichen von Seilzügen über integrierte Elektromotoren bis hin zu fluidisch (hydraulisch oder pneumatisch) betriebenen Aktorprinzipien.

3.1.1. Mehrfingergreifer

Einer der frühsten Mehrfingergreifer ist die sog. Standford-JPL oder auch Salisbury Hand [94]. Ihre jeweils drei Gelenke der drei Finger werden von entfernten Elektromotoren über Seilzüge bewegt. Aufgrund der Konstruktion müssen für die Bewegung eines einzelnen Gelenks z. T. mehrere Seilzüge gleichzeitig bewegt werden, beispielsweise für die antagonistische[2] Ansteuerung des Proximalgelenks oder für die verkoppelte Ansteuerung der distalen Gelenke. Die einzelnen Gelenkpositionen werden über Wegmesssysteme auf den Motorachsen erfasst während die wirkenden Gelenkmomente über die Seilspannung bestimmt werden.

Andere, eher für Handhabungsaufgaben im industriellen Umfeld konzipierte Mehrfingergreifer sind die Karlsruher Hand I [31, 112] und II [35]. Bei diesen sind die elektrischen Antriebe für die Gelenke direkt in die drei (Karlsruher Hand I) bzw. vier (Karlsruher Hand II) Finger integriert (siehe auch Abbildung 3.1a). Die Finger haben jeweils drei unabhängige Freiheitsgrade und ermöglichen das hochpräzise Greifen, bis hin zum Umgreifen in der Hand, ohne ein gegriffenes Objekt dabei ablegen zu müssen. Zusätzlich zu den Winkelpositionssensoren verfügen die Fingerspitzen über 6D-Kraft-Momentensensoren. Bei der Karlsruher Hand II ist weiterhin ein auf Lasertriangulation basierendes optisches Messsystem in der Handwurzel integriert mit dem die Lage eines gegriffenen Objektes erfasst werden kann. Dadurch kann auf Störungen von außen gezielt reagiert werden, um so beispielsweise einen drohenden Objektverlust zu verhindern.

Die sog. TUM-Hand der TU München [64] hat ebenfalls vier symmetrische Finger mit jeweils drei Freiheitsgraden. Diese werden über hydraulische Geber- Nehmerzylinder bewegt. Die eigentliche Bewegung wird jeweils

---

[1]*distal*: vom Körper entfernt gelegen; *proximal*: zum Körper hin gelegen

[2]Griechisch: *andagonistís* = Gegenhandler; hier: gegenläufige Ansteuerung mit Beuger- und Streckerseilzug

durch Elektromotoren in einer Bodenstation erzeugt und verschiebt einen Geberzylinder. Dieser ist über eine Hydraulikleitung mit einem Nehmerzylinder verbunden. Der Nehmerzylinder wiederum überträgt die Bewegungen auf das Fingergelenk. Die Gelenkwinkel werden auf der Geberseite erfasst, die Gelenkmomente werden über den Hydraulikdruck bestimmt.

Die kommerziell vertriebene Barrett-Hand [115, 7] verfügt über drei Finger mit insgesamt acht Gelenken (siehe auch Abbildung 3.1b). Sie hat allerdings nur vier Freiheitsgrade, da einige der Gelenke miteinander verkoppelt sind und nicht unabhängig voneinander bewegt werden können. Zwei der Finger können in ihrer Basisposition geschwenkt und so parallel, quer oder gegenüber zum dritten Finger ausgerichtet werden. Dadurch lassen sich unterschiedlich geformte Objekte greifen. Aufgrund der verkoppelten Gelenke lassen sich jedoch keine präzisen Fingerspitzengriffe ausführen.

Einen vergleichbaren kinematischen Ansatz verfolgt die ebenfalls kommerziell verfügbare „SCHUNK Dexterous Hand" [105, 118] Die drei Finger verfügen hier jedoch jeweils über zwei bzw. drei unabhängige Gelenke, so dass auch präzises Greifen mit den Fingerspitzen möglich ist. Neben Gelenkwinkelsensoren in den integrierten Elektromotoren verfügt die Hand auch über taktile Flächensensoren in den einzelnen Fingergliedern mit denen sowohl der Ort als auch die Stärke von Kontakten zwischen Finger und Greifobjekt bestimmt werden kann.

3.1.2. Anthropomorphe Greifsysteme

Ein seilzugbetriebener Mehrfingergreifer ist die Utah-MIT Hand [46, 45] (siehe auch Abbildung 3.2a). Sie besitzt vier Finger in anthropomorpher Anordnung und mit jeweils vier Gelenken. Jedes Gelenk wird über zwei antagonistisch betriebene Seilzüge bewegt, die Gelenke sind jedoch unabhängig voneinander. Zusätzlich zur Befestigung der Hand an einem Roboterarm erfolgt die Zuführung der 32 Seilzüge ($4 * 4 * 2$) von einer externen Bodenstation, in der die Bewegungen durch Pneumatikzylinder erzeugt werden, über einen zweiten Roboterarm. Die Positionssensorik ist hier direkt mittels Hall-Sensoren in die Fingergelenke integriert, während die Gelenkmomente wieder über die Seilkräfte erfasst werden.

Vom Deutschen Zentrum für Luft- und Raumfahrt (DLR) wurden ebenfalls schon mehrere teilanthropomorphe Roboterhände entwickelt. Eine der

letzten Varianten der hochkomplexen sog. DLR-Hand [22, 21, 23] zeigt Abbildung 3.2b. Sie besitzt vier identische Finger in anthropomorpher Anordnung mit jeweils vier Bewegungsfreiheitsgraden. Dabei sind zwei Freiheitsgrade, genauer das *mediale*[3] und das distale *Flexionsgelenk*[4], miteinander
verkoppelt. Wie das menschliche Vorbild erlaubt das proximale Fingergelenk neben Flexions- auch *Adduktions-* und *Abduktionsbewegungen*[5]. Es
ergeben sich so also drei unabhängige Freiheitsgrade pro Finger. Der Daumen verfügt über einen weiteren Freiheitsgrad um einen Wechsel zwischen
Normal- und Oppositionsstellung zu ermöglichen. Die elektrischen Antriebe
sind direkt in die Hand integriert ebenso wie Winkel- und Momentensenso-
ren. Die Abmessungen der Hand sind jedoch etwa 1,4 Mal größer als eine
menschliche Hand. Bei der in Abbildung 3.2b gegriffenen Flasche handelt
es sich beispielsweise um eine 1,5 l PET-Flasche, wodurch die Dimensionen
deutlich werden. Auch diese Hand ist kommerziell verfügbar und wird als
„SCHUNK anthropomorphic Hand" [105] vertrieben.

Einen ähnlichen Ansatz verfolgt die NASA mit der Robonaut Hand [57,
90]. Diese anthropomorphe Hand verfügt über fünf Finger, allerdings mit re-
duzierter Zahl von Freiheitsgraden in Ringfinger und kleinem Finger. Die
Hand ist ebenfalls für den teleoperierten Betrieb im Weltraum ausgelegt.
Die Notwendigkeit der anthropomorphen Gestaltung ergibt sich auch hier
aus der Art der beabsichtigten Einsätze des Robotergreifers. Beim Einsatz
eines „Roboterastronauten" im Weltraum muss dessen Greifwerkzeug dieselben hochspezialisierten Werkzeuge benutzen können wie die Hand eines
menschlichen Astronauten in einem Raumanzug [89].

Eine anthropomorphe Hand mit einem völlig neuen Aktorprinzip wurde am Forschungszentrum Karlsruhe (FZK) entwickelt und ist in Abbildung 3.2c dargestellt. Diese FZK-Hand [100, 61] wurde ursprünglich für
den Einsatz als Prothese zum Ersatz menschlicher Gliedmaßen konzipiert.
Sie kann jedoch auch als Roboterhand verwendet werden. Die in der vorliegenden Arbeit eingesetzte Roboterhand baut beispielsweise auf dieser Hand
auf. Die Hand verfügt über fünf Finger unterschiedlicher Größen. Je nach
Ausbau sind acht bis zehn unabhängige Gelenke realisiert. Die Bewegung
erfolgt pneumatisch oder hydraulisch durch neuartige flexible Fluidaktoren,
die direkt in die Gelenke der Hand integriert sind. Dadurch kann die Hand

---

[3]*medial*: zur Mitte hin gelegen
[4]*Flexion*: Beugung eines Gelenkes
[5]*Adduktion*: Zusammenziehen; *Abduktion*: Abspreizen

(a) Karlsruher Hand II

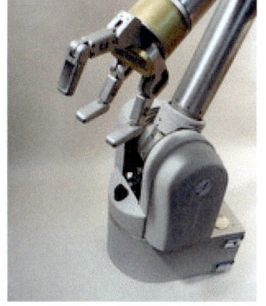
(b) Barrett Hand BH8 [10]

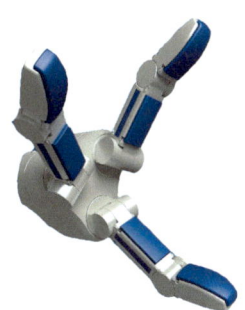
(c) SCHUNK Dexterous Hand [105]

Abbildung 3.1.: Industriell orientierte Mehrfingergreifer

selbst sehr kompakt aufgebaut werden und besitzt damit nur die Abmessungen einer großen menschlichen Hand.

Eine weitere, auch kommerziell verfügbare anthropomorphe Hand ist die Shadow Hand [116, 108]. Diese verfügt über vier bis fünf Gelenke bei drei bis fünf Freiheitsgraden in ihren fünf Fingern. Der Antrieb erfolgt über pneumatische Muskeln im Unterarm, die dort erzeugten Bewegungen werden über Seilzüge zu den Fingergelenken übertragen. Die Winkelpositionen werden über Hall-Sensoren in den Gelenken erfasst, die Gelenkmomente über Drucksensoren. Durch das Antriebskonzept können Objekte nachgiebig gegriffen und manipuliert werden, allerdings beanspruchen die Antriebe einen recht großen Bauraum im Unterarm.

3.2. Fazit

Die Tabelle 3.1 auf Seite 31 zeigt eine Gegenüberstellung der beschriebenen Mehrfingergreifer. Die Vorgaben und Anforderungen der vorliegenden Arbeit können von keinem der beschriebenen Systeme erfüllt werden. Dies ist in dem spezifischen Szenario begründet, in dem die zu entwickelnde Roboterhand als Hand eines humanoiden Roboters dienen soll.

Nichtanthropomorphe Greifsysteme erlauben einerseits zwar den Aufbau recht kompakter Arm-Hand Kombinationen und präzises Greifen, sie sind

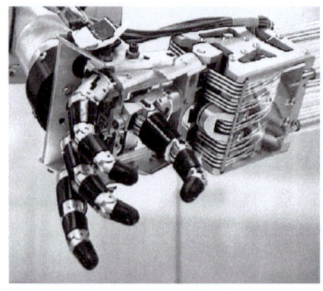 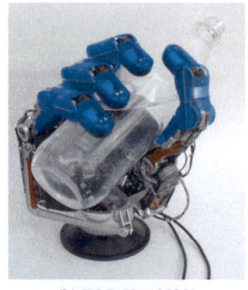 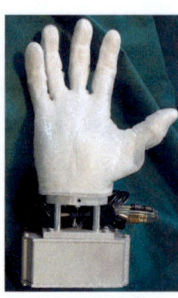

(a) Utah-MIT Hand   (b) DLR Hand [30]   (c) FZK Hand

Abbildung 3.2.: (Teil-)anthropomorphe Hände

andererseits aber für die hier vorherrschenden Greifobjekte und die intuitive
Interaktion mit dem Menschen wenig geeignet.

Bereits existierende anthropomorphe Roboterhände dagegen lassen sich
aufgrund ihrer Größe nicht in einen humanoiden Roboter integrieren oder
sind für andere Aufgabengebiete wie Telemanipulation oder Prothetik konzipiert. Für die sichere Handhabung typischer Greifobjekte und die einfache
Interaktion mit dem Menschen ist eine zumindest teilanthropomorphe Gestaltung der Roboterhand hier zwingend erforderlich. Aufgrund der unstruk-
turierten und dynamischen Umgebung muss außerdem zusätzliche Sensorik,
wie etwa taktile Sensoren zur Kontaktbestimmung beim sicheren Greifen,
integriert werden können.

Daher musste in dem zugrunde liegenden Forschungsvorhaben ein völlig
neues Greifsystem untersucht und entwickelt werden. Neben den mechanischen Komponenten musste dabei auch das Steuerungssystem aufgabenge-
recht konzipiert und entsprechend umgesetzt werden. Die Entwicklung eines
derartigen Steuerungssystems wird in den folgenden Kapiteln nun im Detail
untersucht und beschrieben.

Greifsystem	Finger/Gelenke (Freiheitsgrade)	Fingeranordnung	Antrieb	Hauptanwendung
Salisbury Hand	3 / 9	symmetrisch	Seilzüge	präzises Greifen
Karlsruher Hand I	3 / 9	symmetrisch	integrierte Elektromotoren	präzises Greifen
Karlsruher Hand II	4 / 12	symmetrisch	integrierte Elektromotoren	präzises Greifen
TUM Hand	4 / 12	symmetrisch	hydraulische Geber-Nehmer	präzises Greifen
Barret Hand	3 / 8 (4)	konfigurierbar	integrierte Elektromotoren	form-/kraftschlüssiges Greifen
SCHUNK Dexterous Hand	3 / 7	symmetrisch	integrierte Elektromotoren	präzises und form-/kraftschlüssiges Greifen
DLR Hand	4 / 17 (13)	teilanthropomorph	integrierte Elektromotoren	Teleoperation
Robonaut Hand	5 / 16	teilanthropomorph	integrierte Elektromotoren	Teleoperation
FZK Hand	5 / 8–10	anthropomorph	integrierte Fluidaktoren	Prothese
Shadow Hand	5 / 21 (17)	anthropomorph	Seilzüge, pneumatische Muskeln	nachgiebiges Greifen

Tabelle 3.1.: Eigenschaften einiger Mehrfingergreifer. Wenn in der zweiten Spalte nicht in Klammern anders angegeben entspricht die Zahl der Gelenke auch der Zahl der Freiheitsgrade.

4. Architektur der Handsteuerung

Dieses Kapitel behandelt die Problemstellung P-1 aus Abschnitt 2.5.2 und beschreibt somit die Entwicklung der grundlegenden Software-Architektur der Handsteuerung und ihrer Einbettung in die Steuerung des gesamten Roboters. Dabei soll unter Architektur im Sinne der Definition nach [145] *„eine strukturierte oder hierarchische Anordnung der Systemkomponenten sowie die Beschreibung ihrer Beziehungen"* verstanden werden. Nach einer groben Beschreibung der Gesamtsteuerung wird dann das hier erarbeitete Konzept für die Handsteuerung detailliert vorgestellt.

4.1. Gesamtsteuerungsstruktur des Roboters

Die Handsteuerung ist, wie auch schon in der Einleitung in Kapitel 1 eingeführt, nur ein Teil der Steuerung des gesamten humanoiden Roboters. Die Integration der Handsteuerung in die Gesamsteuerung ist daher beim Entwurf zu berücksichtigen. Bevor auf die Details der Handsteuerung eingegangen werden kann, muss daher zum besseren Verständnis des Zusammenwirkens der verschiedenen Teile die Steuerungsstruktur des gesamten humanoiden Roboters zumindest in groben Zügen vorgestellt werden. Hierfür wird nun zunächst die Einbettung des Roboters in seine Umgebung und die Unterteilung der Robotersteuerung in Teilsteuerungen betrachtet.

4.1.1. Einbettung Robotersteuerung in die Umgebung

Abbildung 4.1 zeigt die Einbettung der Steuerung eines humanoiden Roboters in seine Umgebung schematisch, links der allgemeine Fall einer unbelebten Umwelt und rechts der speziellere Fall der direkten Interaktion des Roboters mit dem Menschen [20, 19].

In der stark vereinfachten Darstellung werden Handlungen des Roboters von der Robotersteuerung geplant und dann in Steuerbefehle für die Aktoren umgesetzt. Die so angesteuerten Aktoren erzeugen die Bewegungen des Roboters und die Bewegungen wirken auf die Umwelt ein und können sie dadurch verändern. Zum Beispiel wird ein vom Roboter gegriffener Gegenstand angehoben, er ändert also seine Position. Umgekehrt wirkt die Umwelt wiederum auf den Roboter ein, was dieser über seine Sensoren aufnimmt. Der gegriffene Gegenstand hat beispielsweise ein Gewicht, das nun auf den Roboter einwirkt und von diesem getragen werden muss. Die Sensorsignale werden sowohl zur planmäßigen Ansteuerung der Aktoren als auch zur Aktualisierung des Umweltmodells des Roboters verwendet.

Der Roboter beeinflußt – oder manipuliert – die Umwelt ebenso wie die Umwelt den Roboter beeinflußt. Diese Beeinflussung ist aber nicht vollständig vorhersehbar. Dies wird besonders dann deutlich wenn der Mensch Teil der Umwelt ist, wie zum Beispiel bei der Mensch-Roboter-Kooperation. Dabei treten Mensch und Roboter direkt oder indirekt über ein Objekt in physischen Kontakt, beispielsweise beim Führen des Roboters durch den Menschen oder beim gemeinsamen Tragen eines Gegenstandes [154]. Abbildung 4.1b zeigt diesen etwas spezielleren Fall schematisch. Die Aktoren des Roboters wirken nun auf die Sensoren (Sinne) des Menschen, die von dessen Gehirn bzw. Nervensystem verarbeitet werden. Von dort werden die Aktoren (Muskeln) des Menschen angesteuert und können wiederum auf den Roboter einwirken. Auch derartige dynamische und unvorhersehbare Einflüsse muss das Steuerungssystem berücksichtigen können, da eine direkte Interaktion mit dem Menschen ja ausdrücklich möglich sein soll (Anforderung A-3).

4.1.2. Teilsteuerungen

Abbildung 4.2 zeigt die Grobstruktur der Robotersteuerung mit der Aufteilung in Teilsteuerungen für die einzelnen Untersysteme wie Torso, Kopf, Arm/Arme oder Hand/Hände. Diese **hierarchische** Grundstruktur setzt sich i. Allg. auch in den Untersystemen fort, d. h. es existieren übergeordnete Komponenten mit weiteren untergeordneten Komponenten. Eine dieser Komponente ist dabei jeweils nur für die Steuerung eines ganz bestimmten Teils des Roboters zuständig, also z. B. für einen Arm, eine Hand oder auch den Kopf oder den Torso.

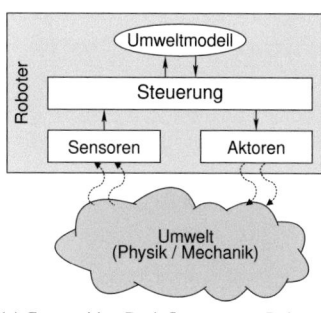

(a) Gegenseitige Beeinflussung von Roboter und Umwelt

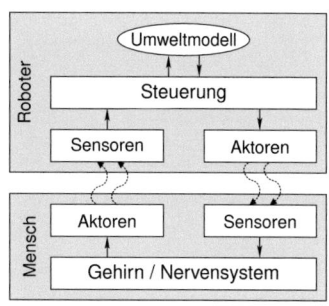

(b) Mensch als Teil der Umwelt, Mensch-Roboter-Kooperation, (nach [153, 154])

Abbildung 4.1.: Schematisch: Einbettung Robotersteuerung in Umgebung

Neben der hierarchischen Aufteilung ist die Unterteilung in **Schichten** oder **Ebenen** ein weiteres Merkmal der Steuerungsarchitektur. Die einzelnen Schichten einer Komponente sind zuständig für verschiedene Teilaufgaben, z. B. einzelne Planungs- oder Berechnungsschritte, die zur Ansteuerung der Aktoren bzw. zur Auswertung der Sensoren erforderlich sind. Unterschiedliche Komponenten haben oftmals eine ähnliche Schichtstruktur, unterscheiden sich aber i. Allg. in den jeweils entsprechenden Schichten, da diese zwar prinzipiell ähnliche Aufgaben erfüllen müssen, aber eben für verschiedene Komponenten mit andersartigen Aktoren und Sensoren.

Diese hierarchische bzw. geschichtete Anordnung und die entsprechende Darstellung der Komponenten erklärt auch die Bezeichnungen über-/untergeordnete Komponente bzw. hohe/niedrige Ebene. Die Verbindung zur Umwelt über die Aktoren und Sensoren liegt somit auf der untersten Ebene jeder Komponente, während komplexer werdende Ebenen darüber liegen. Abbildung 4.3 verdeutlicht dies: Die Komplexität nimmt von unten nach oben zu, während die sog. *Echtzeitanforderungen* in gleicher Richtung abnehmen. Unter Echtzeitanforderungen sind dabei Zeitschranken für die Berechnungen zu verstehen, höhere Echtzeitanforderungen bedeuten, dass Berechnungen schneller beendet sein müssen. Für die üblicherweise zyklisch arbeitenden Steuerungen bedeutet dies also, dass die höheren Ebenen auch längere Zykluszeiten haben dürfen, während in niedrigeren Ebenen dagegen deutlich schnellere Reaktionszeiten erforderlich sind.

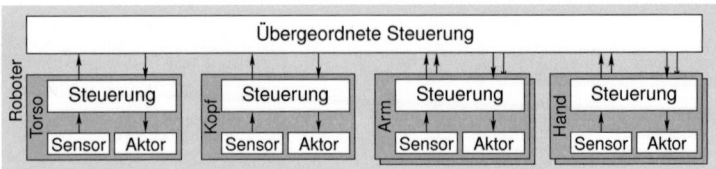

Abbildung 4.2.: Grobstruktur einer hierarchischen Steuerung für einen humanoiden Roboter mit Teilsteuerungen.

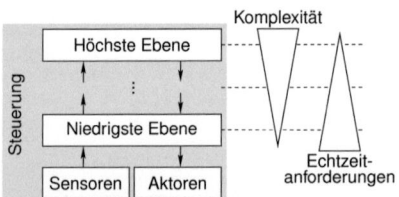

Abbildung 4.3.: Darstellung der Steuerungsebenen vs. Echtzeitanforderungen und Komplexität der Aufgabenstellungen innerhalb einer Steuerung.

4.1.3. Steuerungsbegriff

Ein weiterer Begriff, dessen Verwendung hier einer noch etwas genaueren Erklärung bedarf, ist der Begriff der **Steuerung**. Diese Bezeichnung wird – nicht nur hier – mit leicht unterschiedlicher Bedeutung verwendet. Die jeweils gemeinte Bedeutung ergibt sich meist eindeutig aus dem Kontext, dennoch sollen die unterschiedlichen Varianten hier einmal aufgelistet werden:

1. Unter Steuerung im engeren, regelungstechnischen Sinne ist nach [36] oder [143] eine Anordnung wie in Abbildung 4.4 zu verstehen. Eine Steuereinrichtung berechnet dabei aus einer Führungsgröße eine Stellgröße, die wiederum von der Steuerstrecke (dem zu steuernden Prozess) in eine Ausgangsgröße umgewandelt wird. Steuerung im engeren Sinne umfasst also sowohl die Hardware (die Strecke) als auch die heutzutage üblicherweise in Software realisierte Steuereinrichtung.

2. Ausgehend von obiger Definition von Steuerung wird aber auch oftmals nur die Steuereinrichtung als *die* Steuerung bezeichnet. Die angesteuerte Hardware ist dabei nicht Teil der Steuerung. Die Steuerung

ist hier also ein System, um einen technologischen Prozess nach einem vorgegebenen Plan zu beeinflussen [147].

3. Im allgemeinen Sprachgebrauch wird weiterhin unter Steuerung der *„... Ablauf einer Veränderung, die nicht zufällig, sondern kontrolliert verläuft ..."* [146] verstanden.

Im Sinne der ersten, engeren Definition ist bei der Ansteuerung eines Fingergelenks der Roboterhand der einzunehmende Soll-Winkel des Gelenks eine Führungsgröße, der Motorstrom für den Fingergelenksaktor eine Stellgröße und der vom Fingergelenk des Roboters tatsächlich eingenommene Ist-Winkel die Ausgangsgröße. Der Roboterfinger bildet dabei die Steuerstrecke. Der Algorithmus, der die Stellgröße aus der Führungsgröße berechnet, bildet die Steuereinrichtung.

Aber auch die zweite Definition von Steuerung wird in dieser Arbeit verwendet. In den Abbildungen 4.1, 4.2 und auch in den weiteren, noch folgenden Abbildungen in diesem Kapitel trifft diese zweite Definition auf die weiß unterlegten Steuerungsschichten zu, während die grau unterlegten Kästchen (Teilsteuerungen bzw. Steuerungskomponenten) weiterhin der ersten oben genannten Definition entsprechen.

4.1.4. Planung und Steuerung

Die Abbildung 4.5 zeigt eine weitere Eigenschaft der Steuerungsarchitektur: Die Unterteilung in Planung und Steuerung. Auf der Planungsebene oben wird dabei entschieden, **was** zu tun ist, während auf der unterlagerten Steuerungsebene die getroffene Entscheidung ausgeführt wird, da diese Ebene weiß, **wie** etwas zu tun ist. Diese bewußte Trennung von Entscheidungsfindung (*„Was?"*) und Ausführung (*„Wie?"*) wird im Folgenden noch des Öfteren auftauchen und spiegelt die bereits in Abschnitt 2.5.1 angesprochenen Fragestellungen wider.

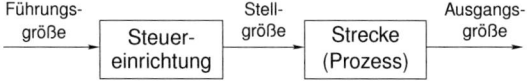

Abbildung 4.4.: Allgemeine, schematische Darstellung einer Steuerung.

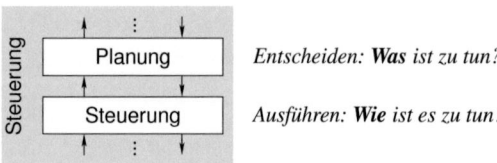

Abbildung 4.5.: Aufgabenverteilung zwischen Ebenen einer Steuerung.

Durch die Unterteilung in Planung und Steuerung können zum Beispiel die unterschiedlichen Echtzeitanforderungen von Planung (niedrige Echtzeitanforderungen: umfangreichere Berechnungsmöglichkeiten durch längere Zykluszeiten) und Steuerung (hohe Echtzeitanforderungen: schnelle Reaktion durch kurze Zykluszeiten) einfach realisiert werden.

Diese grobe Unterscheidung in Planung und Steuerung erfolgt auch auf unterschiedlichen Hierarchiestufen. Eine Planung findet z. B. für den gesamten Roboter in der übergeordneten Robotersteuerung, aber auch in der Armsteuerung und insbesondere in der Handsteuerung statt. Auf diese Weise kann spezifisches Wissen besser gekapselt werden. Dadurch werden die einzelnen Komponenten bzw. Schichten einfacher und lassen sich so leichter und robuster implementieren. Die übergeordnete Robotersteuerung muss zum Beispiel nicht wissen, wie ein bestimmtes Greifobjekt zu handhaben ist, sondern überlässt diese Aufgabe der spezialisierten Handsteuerung.

4.2. Aufgabenstellung

4.2.1. Schnittstelle zur Handsteuerung

Bevor die einzelnen Softwarekomponenten der Handsteuerung genau identifiziert und strukturiert werden können, muss nun noch die genaue Aufgabenstellung für die Handsteuerung softwaretechnisch festgelegt werden. Das heißt die Schnittstelle zwischen übergeordneter Robotersteuerung und Handsteuerung muss bestimmt werden. Anders formuliert: Die Bedeutung der entsprechenden Pfeile aus Abbildung 4.2 muss festgelegt werden. Die Pfeile repräsentieren dabei den Daten- oder Signalfluss zwischen den einzelnen Schichten und Komponenten.

Der Vorteil einer dedizierten Handsteuerung ist, dass die übergeordnete
Steuerung eine Aufgabe für die Hand auf relativ abstraktem Niveau übergeben kann. Entsprechend dem zuvor erwähnten Prinzip der Aufteilung in Planung und Steuerung bedeutet das also: Die übergeordnete Robotersteuerung
entscheidet **was** zu tun ist, muss aber nicht genau wissen wie. Die Handsteuerung dagegen weiß **wie** sie eine Aufgabe erfüllen kann.

4.2.2. Mission

Die oben genannten Aufgaben für die Handsteuerung ergeben sich aus dem
Einsatzszenario in Abschnitt 2.2 und werden im Folgenden **Missionen** ge-
nannt. Eine derartige Mission enthält die Daten, welche die übergeordnete
Steuerung an die Handsteuerung übergibt. Sie setzt sich zusammen aus:

- Greifobjekt

- Greifaktion

Das *Greifobjekt* identifiziert dabei ein konkretes (bekanntes) Objekt aus dem
Szenario. Über zusätzliche Parameter, z. B. aus dem Umweltmodell, werden
die Eigenschaften des Objekts festgelegt. Eigenschaften können sowohl statischen als auch dynamischen Charakter haben. Statische Eigenschaften sind
z. B. die Form oder die Größe eines Greifobjekts, da sich diese Eigenschaften nicht ändern. Dynamisch sind Eigenschaften, die sich ändern können,
also beispielsweise Position oder Orientierung, aber auch das Gewicht, da
ein Behälter gefüllt oder nicht gefüllt sein kann.

Die *Greifaktion* kennzeichnet wiederum die mit dem Greifobjekt auszuführende Handhabung oder Aktion, also beispielsweise Ergreifen oder Ab-
setzen. Die Aktion kann aber auch noch weitere Parameter beinhalten, um
so zum Beispiel die beabsichtigte Handhabung genauer zu spezifizieren. In
Abschnitt 5.1 wird dies später noch genauer festgelegt.

Beispiele für Missionen mit einfacher Aktion sind, umgangssprachlich
formuliert: *„Greife Tasse T"* oder *„Benutze Handgriff H"*. Missionen mit
genauer spezifizierter Aktion sind: *„Greife Flasche F zum Einschenken"*
oder *„Greife Flasche F zum Wegräumen"*. Die genaue Spezifikation der
beabsichtigten Handhabung ist u. U. notwendig, da manche Greifobjekte,
abhängig von dieser beabsichtigten Handhabung, auf unterschiedliche Art

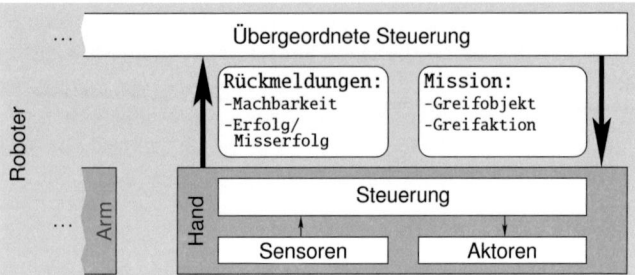

Abbildung 4.6.: Vergrößerter Ausschnitt aus Abbildung 4.2: Schnittstelle zwischen übergeordneter Robotersteuerung und Handsteuerung.

und Weise gegriffen werden müssen. Weiterhin gibt es Missionen ohne Greifobjekt, z. B. *„zeige 'Halt'-Geste"*.

In umgekehrter Richtung im Vergleich zum Austausch der Missionsdaten erfolgen Rückmeldungen von der Handsteuerung an die übergeordnete Steuerung. Hier wird beispielsweise die Durchführbarkeit einer übergebenen Mission gemeldet, denn die Handsteuerung könnte z. B. feststellen, dass ein Objekt zu schwer oder zu groß ist um gegriffen zu werden. Andere Rückmeldungen betreffen den Ablauf und insbesondere das Ende einer Mission, indem Zustände wie *„in Aktion"*, *„beendet"* oder *„fehlgeschlagen"* nach oben gemeldet werden. Abbildung 4.6 zeigt diese Schnittstellen in einem vergrößerten Ausschnitt aus Abbildung 4.2. Die Ellipsen[1] rechts in der Abbildung zeigen an, dass nur ein Teil einer größeren Struktur gezeigt wird. Sie ermöglichen hier und in den folgenden Abbildungen eine Einordnung des jeweils Dargestellten innerhalb der größeren, nicht dargestellten Struktur.

Diese Arbeit beschäftigt sich im Folgenden im Detail mit der Handsteuerung, also der Steuerungskomponente, welche die oben eingeführten Missionen ausführt. Dennoch müssen weiterhin auch andere Teile der Gesamtsteuerung berücksichtigt werden. Einerseits muss aufgrund der Anforderung A-4 die Handsteuerung in die Gesamtsteuerung integriert werden können. Andererseits erfordert die Anforderung A-5 auch eine enge Verzahnung mit der Armsteuerung, um so kombinierte Hand- Armbewegungen koordiniert

---

[1]Hier ist die linguistische Ellipse, also Auslassungspunkte „ ... " gemeint und nicht die geometrische.

ausführen zu können. Zur Lösung dieser Aufgabe wird nun das hier entwickelte Konzept einer geeigneten Steuerungsarchitektur vorgestellt.

4.3. Konzept der Handsteuerung

4.3.1. Grobstruktur der Handsteuerung

Die Handsteuerung kann zunächst grob in zwei Hauptkomponenten unterteilt werden, die mit **Greifplanung** bzw. **lokaler Handsteuerung** bezeichnet werden sollen. Diese Zweiteilung entspricht auch wieder der in Abschnitt 4.1.4 eingeführten Unterteilung in Planung und Steuerung. So können u. a. die verschiedenen Echtzeitanforderungen erfüllt werden, da die Greifplanung längere Berechnungszeiten erfordert, während die lokale Handsteuerung schnelle Reaktionszeiten benötigt. Eine ähnliche Unterteilung (Armplanung/lokale Armsteuerung) gibt es auch in der Armsteuerung.

Mit dieser Unterteilung stellt sich die Einbettung der Handsteuerung in die Gesamtsteuerung, wie in Abbildung 4.7 gezeigt, dar. Die Abbildung zeigt die wichtigen Schnittstellen zur übergeordneten Steuerung und zur Armsteuerung sowie die Unterteilung von Hand- und Armsteuerung in Planungs- und Steuerungsteil. Über die Schnittstelle nach oben von der übergeordneten Steuerung (ⓐ in Abbildung 4.7) kommen die im Abschnitt 4.2.2 beschriebenen Missionsdaten. Zur Koordination von Hand- und Armbewegungen müssen die Hand- und Armsteuerungen direkt miteinander Daten austauschen, was mit dem dicken Doppelpfeil (ⓑ in Abbildung 4.7) dargestellt

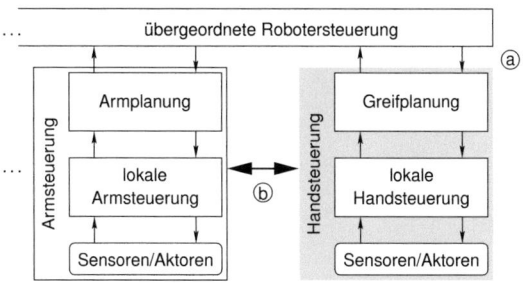

Abbildung 4.7.: Einbettung der Handsteuerung in die Gesamtsteuerung.

wird. Eine Begründung, warum dieser Datenaustausch direkt und nicht etwa über die übergeordnete Robotersteuerung erfolgen muss, kann erst später in Abschnitt 4.4.3 gegeben werden. Auf das hierfür entwickelte spezielle Koordinationsverfahren wird dann in Kapitel 6 noch detaillierter eingegangen.

4.3.2. Feinstruktur der Handsteuerung

Den internen Aufbau der Handsteuerung zeigt Abbildung 4.8. Sie wird nun detailliert erläutert. Im Folgenden wird für die Erläuterungen mit ① – ⑦ auf die entsprechenden umkreisten Ziffern in Abbildung 4.8 Bezug genommen.

In der Abbildung und den folgenden Erläuterungen der Greifplanung und lokalen Handsteuerung werden die Begriff „*Greifmuster*" und „*Greifskill*[2]" verwendet. Diese können sinnvollerweise erst später in Kapitel 5 exakt definiert werden. Zunächst kann unter einem **Greifmuster** ganz allgemein die

---

[2]Englisch: *skill* = Fertigkeit/Geschick. (*Die* Fertigkeit, daher auch *die* Skill)

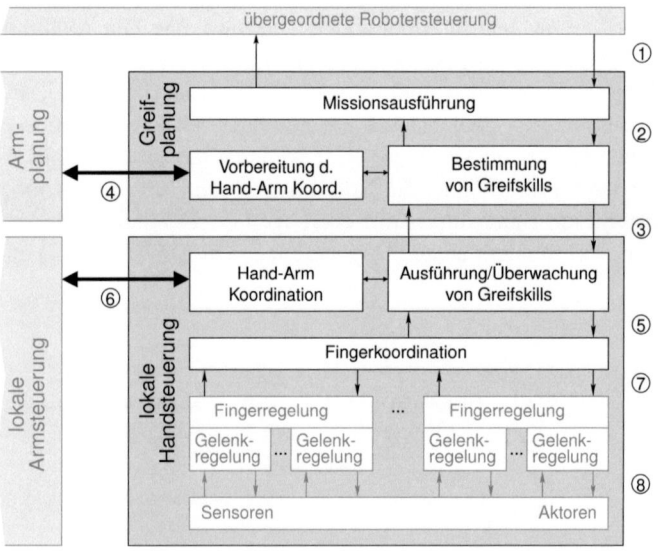

Abbildung 4.8.: Vergrößerter Ausschnitt aus Abbildung 4.7: Interner Aufbau der Handsteuerung aus Greifplanung und lokaler Handsteuerung.

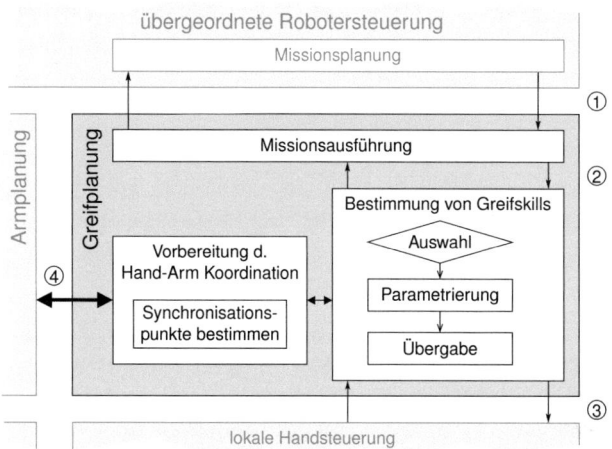

Abbildung 4.9.: Vergrößerter Ausschnitt aus Abbildung 4.8: Aufgaben der Greifplanung im Detail. Die umkreisten Ziffern entsprechen wieder denen aus der Abbildung 4.8.

Beschreibung spezifischer Bewegungen einer Hand verstanden werden, z. B. eine ganz bestimmte Art und Weise, wie ein spezielles Objekt gegriffen wird. Unter einer **Greifskill** kann somit zunächst eine ganz spezifische Fertigkeit der Roboterhand verstanden werden, z. B. die gezielte Ausführung eines ganz bestimmten Greifmusters.

Greifplanung

Die Greifplanung ist der Planungsteil der Handsteuerung. Sie ist zuständig für die Planung aller mit der Roboterhand auszuführenden Handhabungen auf Hand-Ebene. Die Auswahl der Mission selbst, also die Entscheidung darüber, welche Handhabung auszuführen ist, ist nicht Teil der Greifplanung, sondern wird außerhalb der Handsteuerung in der Missionsplanung in der übergeordneten Robotersteuerung erledigt.

Die *Greif*vorgänge sind die am häufigsten auszuführenden Handhabungen. Aber natürlich können auch alle anderen in Abschnitt 2.2.1 aufgeführten Handhabungen geplant werden. Die Greifplanung hat drei wesentliche

Teilaufgaben zu erfüllen. Diese sind auch in Abbildung 4.9 dargestellt, die einen vergrößerten Ausschnitt von Abbildung 4.8 zeigt:

- Nachdem eine Mission von der übergeordneten Robotersteuerung geplant wurde, wird sie an die Handsteuerung übergeben ①. Hier wird sie von der **Missionsausführung** der Greifplanung entgegen genommen und verarbeitet. Zur Erfüllung der Mission kommen die angesprochenen Greifskills zum Einsatz. Die Missionsausführung regelt dabei die Kommunikation mit der Missionsplanung, indem entsprechende Rückmeldungen nach oben zurückgeleitet werden.

- Eng verzahnt mit der Missionsausführung ist die **Bestimmung von Greifskills**, also die Auswahl geeigneter Fertigkeiten der Hand zur Erfüllung der Mission. Entsprechend dem von der Missionsausführung übermittelten Greifobjekt und der Greifaktion ② wird eine Greifskill mit passenden Greifmuster ausgewählt, mit geeigneten Parametern versehen und nach unten zur lokalen Handsteuerung weitergereicht ③.

- Die einzelnen Bewegungsphasen einer Greifskill müssen u. U. mit Bewegungen des Arms koordiniert werden. Diese notwendige **Hand-Arm Koordination** wird zunächst auf Planungsebene vorbereitet. Dafür werden geeignete Synchronisationspunkte bestimmt und zwischen der Greifplanung und der Armplanung vermittelt ④.

Lokale Handsteuerung

Die lokale Handsteuerung muss die geplante Handhabung in reale Bewegungen der vorhandenen Finger der Hand umsetzen. Dies wird durch die Ausführung von Greifskills erreicht. Abbildung 4.10 zeigt wiederum in einem Ausschnitt von Abbildung 4.8 die wesentlichen Teilaufgaben der lokalen Handsteuerung etwas detaillierter:

- Die von der Greifplanung empfangene **Greifskill** ③ wird nun von der lokalen Handsteuerung **ausgeführt**. Das in der Greifskill codierte Greifmuster bestimmt dabei Zielvorgaben für die einzelnen Fingergelenke und steuert so die Bewegungen der Finger. Die Zielvorgaben werden nach unten zur Fingerkoordination weitergegeben ⑤. Solche Zielvorgaben sind z. B. die gewünschten Endpositionen oder Drehmomente der einzelnen Fingergelenke.

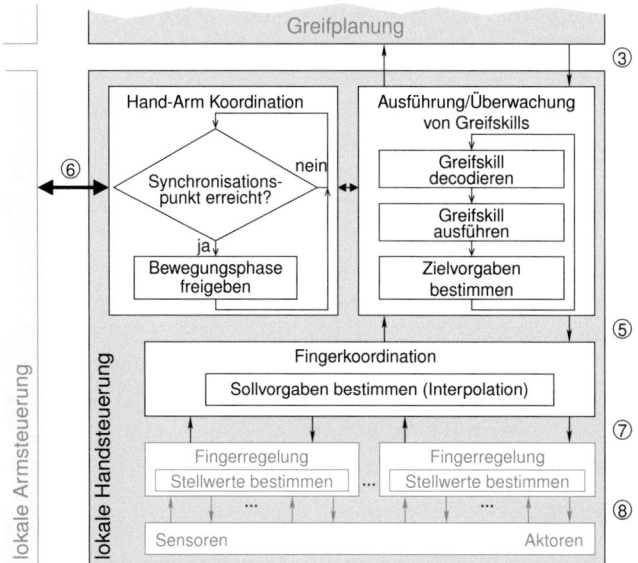

Abbildung 4.10.: Vergrößerter Ausschnitt aus Abbildung 4.8: Aufgaben der lokalen Handsteuerung im Detail. Die umkreisten Ziffern entsprechen denen aus Abbildung 4.8.

- Die in der Greifplanung vorbereitete **Hand-Arm Koordination** der Fingerbewegungen mit den Armbewegungen wird durchgeführt ⑥. Die Koordination erfolgt dabei, vereinfacht gesagt, durch Freischalten von Bewegungsphasen bei Erreichen der zuvor bestimmten Synchronisationspunkte. Die Hand-Arm Koordination legt damit fest, wann neue Zielvorgaben nach unten weitergegeben werden.

- Die Bewegungen der Finger und Fingergelenke untereinander müssen ebenfalls aufeinander abgestimmt werden. Durch diese **Fingerkoordination** können die Bewegungen aller Fingergelenke zum Beispiel gleichzeitig beginnen und enden, auch wenn einzelne Gelenke unterschiedlich lange Wege zurücklegen müssen. Dies entspricht dem menschlichen Vorbild [17] und erfüllt somit die Anforderung A-4. Aus den Zielvorgaben werden so die für den nächsten Zeitschritt aktuellen

Sollvorgaben (Sollwinkel, Solldrehmoment) berechnet und nach unten an die Finger- und Gelenkregler weitergeleitet.

- Die der Fingerkoordination unterlagerten **Finger- und Gelenkregler** setzen nun die Sollvorgaben in Steuerbefehle für die Aktoren um ⑧ und erzeugen so die gewünschten Bewegungen. Die hierfür verwendeten Regelalgorithmen, also die Steuereinrichtungen nach der ersten Definition aus Abschnitt 4.1.3, sind sehr stark von den konkreten Aktoren abhängig und sind *kein* zentraler Punkt dieser Arbeit, daher sind sie in den Abbildungen jeweils grau dargestellt. Über geeignete Aktor- und Gelenkmodelle müssen dabei die Bewegungsgleichungen der Gelenke gelöst werden. Diese Regelungen auf der untersten Ebene (Low-Level Regelung) erzeugen die Fingerbewegungen mit einer konkreten Mechanik, Aktorik und Sensorik.

Zwischenbilanz

Die in den vorigen Abschnitten konzeptionierte Architektur der Handsteuerung beantwortet die drei grundlegenden Fragestellungen aus Abschnitt 2.5.1 somit wie folgt: Die Frage **Was** zu tun ist wird in der Greifplanung bestimmt, **wie** es zu tun ist in der lokalen Handsteuerung und **wann** es zu tun ist wird durch die Hand-Arm Koordination entschieden.

Der Fokus der Untersuchungen im Rahmen der vorliegenden Arbeit liegt dabei auf der Fragestellung wie sich geeignete Vorgaben für die Fingerbewegungen **bestimmen**, **beschreiben** und **ausführen** lassen. Dabei wird, wie schon erwähnt, von einer existierenden und funktionierenden Low-Level Regelung der Finger und Gelenke ausgegangen, welche die Bewegungsvorgaben korrekt in mechanische Bewegungen der Finger der Hand umsetzt. Eine solche Low-Level Regelung wurde von anderer Seite im Forschungsprojekt untersucht. Verweise auf die entsprechenden Forschungsarbeiten finden sich in Abschnitt 4.4.1.

4.3.3. Verarbeitungsschritte der Handsteuerung

Abbildung 4.11 zeigt welche Daten von den einzelnen Steuerungsmodulen der Handsteuerung von oben vom Erzeuger nach unten zum Verbraucher

Nr.	Erzeugermodul	Daten		Verbrauchermodul
①	Missionsausführung	Mission M Greifobjekt: Greifaktion:	O_M A_M	Greifskillbestimmung
③	Greifskillbestimmung	Greifskill S Greifmuster: Bewegungszeit:	G_S $T_{Ziel}(G_S)$	Greifskillausführung
⑤	Greifskillausführung	Zielvorgaben Zielwinkel: Zieldrehmomente:	$\varphi_i(t+T_{Ziel})$ $\tau_i(t+T_{Ziel})$	Fingerkoordination
⑦	Fingerkoordination	Sollvorgaben Sollwinkel: Solldrehmomente:	$\varphi_i(t+T_{Ipo})$ $\tau_i(t+T_{Ipo})$	Fingerregelung
⑧	Fingerregelung	Stellwerte Pumpenstellwerte: Ventilstellwerte:	 $s_j(t+T_{LL})$	Aktoren

Abbildung 4.11.: Auszutauschende Daten der einzelnen Verarbeitungsschritte der Handsteuerung, die umkreisten Ziffern beziehen sich wieder auf Abbildung 4.8.

ausgetauscht werden, um eine Handhabung zu vollführen. Für eine übergebene Mission M mit Greifobjekt O_M und Greifaktion A_M wird eine Greifskill S bestimmt. Diese Greifskill enthält ein passendes Greifmuster G_S sowie eine zugehörige Ausführungszeit $T_{Ziel}(G_S)$. Daraus werden nun die Zielvorgaben φ_i (Sollwinkel) und/oder τ_i (Sollmomente) bestimmt und zwar für das Ende der Bewegung zum Zeitpunkt $t+T_{Ziel}$, wobei t der aktuelle Zeitpunkt ist. Durch Interpolation werden aus den Zielvorgaben nun schrittweise Sollwerte φ_i bzw. τ_i bestimmt und zwar immer für den nächsten Interpolationsschritt $t+T_{Ipo}$. T_{Ipo} bezeichnet dabei die Zykluszeit des Interpolationstakts. Die Finger- und Gelenkregelung schließlich wandelt die Sollwerte in Stellwerte s_j für die Aktoren im Takt der Low-Level Regelung T_{LL} um. Solche Stellwerte sind z. B. der Motorstrom für einen Elektromotor (z. B. Fluid-Pumpe) oder der Öffnungswert eines Fluid-Ventils.

Die Tabelle 4.1 fasst die beschriebenen Ein- und Ausgabedaten nochmals zusammen. Daneben zeigt die Tabelle auch typische Zykluszeiten bzw. Zyklusfrequenzen für die einzelnen Verarbeitungsschritte der einzelnen Steuerungsmodule. Die Echtzeitanforderungen unterscheiden sich wie dargestellt

Steuerungs-modul	Eingabe	Ausgabe	Zyklus-zeit	Zyklus-frequenz
Missions-ausführung	Mission M	Missionsparameter O_M, A_M	>3 s	<1/3 Hz
Greifskill-bestimmung	Missionsparameter O_M, A_M	Greifskill S	1 − 10 s	0,1 − 1 Hz
Greifskill-ausführung	Greifskill S	Zielvorgaben $G_S, T_{Ziel}(G_S)$	0,5 − 2 s	0,5 − 2 Hz
Finger-koordination	Zielvorgaben $\varphi_i(t + T_{Ziel})$	Sollvorgabe $\varphi_i(t + T_{Ipo})$	10 − 100 ms	10 − 100 Hz
Finger-regelung	Sollvorgabe $\varphi_i(t + T_{Ipo})$	Stellwerte $s_j(t + T_{LL})$	1 − 10 ms	100 − 1000 Hz

Tabelle 4.1.: Einzelne Steuerungsmodule der Handsteuerung und ihre Ein- bzw. Ausgabedaten sowie typische Zykluszeiten und -frequenzen.

also sehr stark voneinander. Sie reichen von wenigen Millisekunden ganz unten bis zu einigen Sekunden oder Minuten auf oberster Ebene.

4.4. Umsetzung der Handsteuerung

Das zuvor entwickelte Konzept der Handsteuerung wurde für die im Forschungsprojekt [106] entwickelte anthropomorphe Roboterhand umgesetzt, also letztlich durch Software implementiert. Dabei mussten noch spezielle Probleme gelöst werden, um die Anforderungen aus Abschnitt 2.4 voll erfüllen zu können. Insbesondere die geforderte Flexibilität (A-1) und Erweiterbarkeit (A-6) sowie die Koordinationsfähigkeit (A-5) mit anderen Teilsteuerungen machen spezielle Ansätze erforderlich. Hierbei spielen in gewissem Umfang auch Implementierungsdetails eine Rolle. Diese sollen nun, soweit sie für das Verständnis erforderlich sind, erläutert werden.

4.4.1. Implementierungsumfeld

Im Rahmen des Forschungsprojekts [106] wird ein vollständiges, humanoides Robotersystem aufgebaut. Daraus ergeben sich zusätzliche Randbedingungen innerhalb derer die einzelnen Teile, wie z. B. die Handsteuerung, arbeiten müssen. Diese gegebenen Randbedingungen legen die technologische

Basisarchitektur der Teilsysteme fest und lassen sich grob in die zwei Bereiche Hardware und Software unterteilen.

Hardware Basisarchitektur

Die Hardware selbst kann weiter unterteilt werden in **Mechanik** und **Rechnerarchitektur**. Deren konkrete Umsetzungen haben natürlich Auswirkungen auf die hier untersuchte Handsteuerung. Mechanik und Rechnerarchitektur sind jedoch kein zentraler Punkt dieser Arbeit, weshalb hier nur Verweise auf die entsprechenden Arbeiten gegeben werden.

Die Mechanik der Arme und des restlichen Roboters spielt für die Handsteuerung eine untergeordnete Rolle und kann für die weiteren Betrachtungen außer Acht gelassen werden. Entsprechende Untersuchungen wurden von anderer Seite im Forschungsprojekt durchgeführt, genaueres findet sich in [8, 28, 63, 1, 4, 6, 5, 2, 3].

Die **Mechanik** der anthropomorphen Roboterhand und die Gelenkregelung der einzelnen Finger wurde im Rahmen des Forschungsprojekts vom IAI[3] am Forschungszentrum Karlsruhe entwickelt. Detaillierte Beschreibungen zur Handmechanik finden sich in [101, 103, 104, 99, 100, 61, 51, 67]. Das verwendete Aktorprinzip (flexible Fluidaktoren) ist in [102, 98, 86, 13, 39] beschrieben. Detaillierte Beschreibungen der Gelenkregelung mit Stabilitätsüberwachung auf der untersten Ebene (Low-Level Regelung) finden sich in [15, 16, 14, 54, 62, 88, 55, 56]. Ein Simulationssystem der gesamten Handsteuerung inklusive der komplexen Fingerregelungen, basierend auf einem physikalisch korrekten Modell der eingesetzten Fluidaktoren und der Hand-Dynamik, ist in [74] beschrieben.

Unter der **Rechnerarchitektur** des humanoiden Roboters soll hier dessen Ausstattung mit Rechnern und deren Verknüpfungen verstanden werden. Diese Rechner dienen zur Ausführung der „in Software gegossenen" Steuerungssysteme. Das im Forschungsprojekt entwickelte Konzept besteht aus einer Kombination von Universalrechnern (embedded[4] PCs) und spezialisierten Mikroprozessoren (DSPs[5]) und ist in [63, 87, 9, 58] beschrieben, siehe auch Abbildung 4.12. Für die Handsteuerung ist dies aber nur insoweit

---

[3]IAI: Institut für angewandte Informatik, http://www.iai.fzk.de/
[4]Englisch: *embedded* = eingebettet/eingebaut
[5]DSP = Digitaler Signal Prozessor

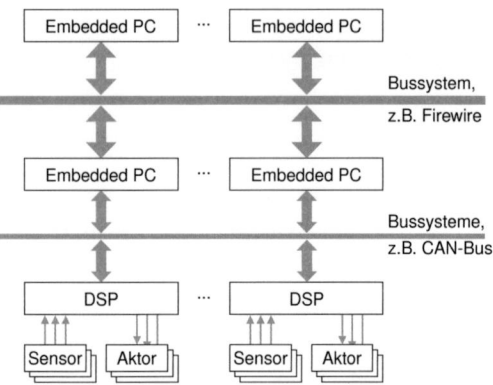

Abbildung 4.12.: Schematische Struktur der Rechnerarchitektur für den humanoiden Roboter, nach [58].

relevant, als die Software der Handsteuerung auf diesem (verteilten) Rechnersystem ausführbar sein muss.

Software Basisarchitektur

Als Betriebssystem der Rechner wird eine echtzeitfähige Linux-Variante eingesetzt [93, 144]. Für die Integrierbarkeit und Kompatibilität der verschiedenen Teilsteuerungen des Roboters (Arm-, Torso-, Kopf-, Handsteuerung) auf Softwareebene wurde weiterhin bereits im Vorfeld des Forschungsprojekte eine gemeinsame Grundlage für die Software festgelegt. Dabei handelt es sich um das sog. MCA2[6] System. MCA2 ist ein *Softwareframework,* das insbesondere für den Aufbau von hochmodularen Steuerungssystemen hervorragend geeignet ist.

Das **MCA2**-Softwareframework bildet dabei die gemeinsame softwaretechnische Basis des gesamten Forschungsprojekts und erleichtert bzw. ermöglicht erst die geforderte Integrierbarkeit der einzelnen Teilsteuerungen (siehe auch Anhang B). Die in der Abbildung 4.13 dargestellte Struktur verdeutlicht die bei MCA2 verwendete Terminologie, welche bei den folgenden Betrachtungen eine Rolle spielt. Durch das Framework können numerische Daten sehr einfach über Kanten (englisch: *Edges,* die einfachen Pfeile

---

[6]MCA2: *Modular Controller Architecture 2* [96], siehe auch Anhang B.

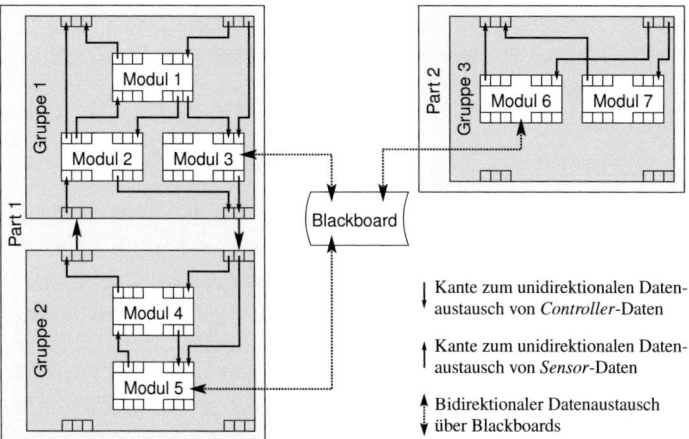

Abbildung 4.13.: Beispiel einer MCA2-Steuerungsarchitektur zur Erläuterung der MCA2 Begriffe Modul, Gruppe, Part, Kante und Blackboard.

im Bild) zwischen verschiedenen Software-Modulen (englisch: *Moduls*) zyklisch ausgetauscht werden. Mehrere Module können wiederum zu Gruppen (englisch: *Groups*) und Prozessen (englisch: *Parts*) zusammengefasst werden. MCA2 ermöglicht so den Aufbau komplexer hierarchischer und geschichteter Steuerungsarchitekturen. Eine weitere Methode zur Datenübertragung zwischen Modulen sind *Blackboards*[7]. Diese können von mehreren Modulen als gemeinsamer Speicher lesend und schreibend genutzt werden (gestrichelte Doppelpfeile in Abbildung 4.13). Sie erlauben den Austausch beliebiger Daten und komplexer Datenstrukturen.

Die bei weitem gebräuchlichste Form des Datenaustauschs in einem solchen MCA2 System ist die Übertragung über fest definierte Datenpfade, den Kanten. Über diese werden Vektoren von Fließkommazahlen zwischen zwei Modulen übermittelt. Zur Laufzeit ist dabei sowohl die Anzahl der Elemente und die Bedeutung der Vektoren als auch die Richtung sowie Anfang und Ende der Kanten starr festgelegt.

Die zweite Variante des Datenaustauschs über Blackboards ist sehr viel flexibler. Zur Laufzeit können je nach Bedarf unterschiedliche Partner (auch mehr als zwei) ein Blackboard benutzen. Weiterhin kann sowohl die Anzahl

---

[7]Englisch: *black* = schwarz; *board* = Brett

als auch die Bedeutung der im Blackboard abgelegten Daten bei Bedarf auf einfache Weise geändert werden und ist insbesondere nicht nur auf Vektoren von Fließkommazahlen beschränkt.

4.4.2. Umsetzung des Konzepts mit MCA2

Das erarbeitet Konzept für die Handsteuerung konnte gut mit einer entsprechenden MCA2-Architektur umgesetzt werden. Abbildung 4.14 auf Seite 53 zeigt einen Teil einer MCA2 basierten Robotersteuerung für einen humanoiden Roboter die im Rahmen des Sonderforschungsbereichs als Zusammenarbeit von mehreren Teilprojekten erstellt wurde (siehe auch Abbildung 1.1b und [106]. Aus Gründen der Übersichtlichkeit und Lesbarkeit kann dabei nur ein kleiner Auszug der tatsächlichen Modulstruktur dargestellt werden. Die wichtigsten Teile, wie Kopfsteuerung, Armsteuerung und Handsteuerung sowie deren Untermodule lassen sich jedoch identifizieren. Die dargestellten Module der Handsteuerung, die rechte Spalte im Bild, implementieren das Konzept aus Abschnitt 4.3 und ermöglichen so die Evaluierung des Konzepts mit einem realen Robotersystem. Hierauf wird später in Kapitel 7 auch noch genauer eingegangen.

4.4.3. Spezielle Probleme

Die zu Beginn von Abschnitt 4.4 angesprochenen speziellen noch zu lösenden Probleme betreffen die zwei folgenden Fragestellungen:

- Wie können Greifskills mit den herausgearbeiteten, erforderlichen Eigenschaften konkret umgesetzt werden?

- Wie können unabhängige Teilbewegungen zwischen einzelnen Teilsteuerungen koordiniert werden?

Diese zwei Fragestellungen entsprechen somit den Problemstellungen P-2 und P-3 aus Abschnitt 2.5.2 und werden in den folgenden Kapiteln detailliert diskutiert. Das nachfolgende Kapitel 5 beschreibt die entwickelte Realisierung der Greifskills mit Hilfe eines objektorientierten Ansatz. In Kapitel 6 wird dann das konzipierte Verfahren zur Koordination von Bewegungen basierend auf erweiterten Petri-Netzen vorgestellt.

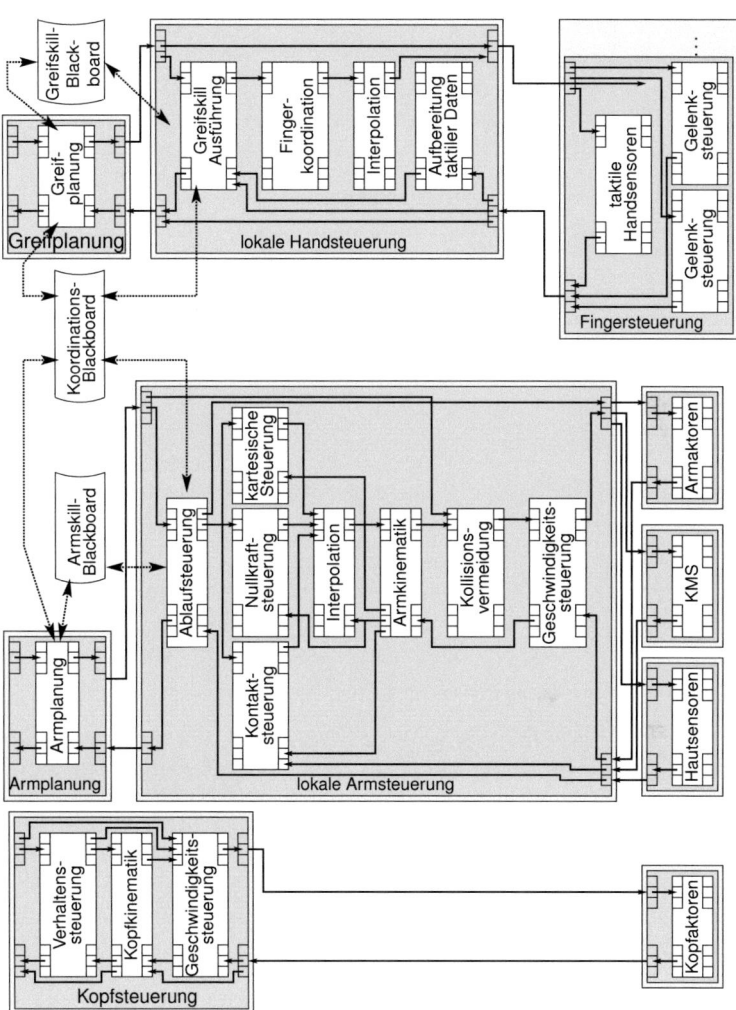

Abbildung 4.14.: Auszug aus der Modulstruktur der MCA2 basierten Robotersteuerung die für die Evaluierung des Konzepts verwendet wurde.

5. Bewegungssteuerung mit Greifskills

Die im vorherigen Kapitel bereits erwähnten **Greifmuster** und insbesondere die **Greifskills** sind ein wesentlicher Punkt des vorgestellten Konzepts der Handsteuerung und damit auch dieser Arbeit. Der hierfür entwickelte Ansatz bietet eine Lösung für die Problemstellung P-2 aus Abschnitt 2.5.2 und wird in diesem Kapitel im Detail vorgestellt. Zunächst werden die Greifmuster erläutert, danach die darauf aufbauenden Greifskills. Was unter den Begriffen hier verstanden werden soll, wird jeweils zunächst genau definiert. Danach werden ihre Eigenschaften bestimmt, die sich wieder aus den allgemeinen Anforderungen aus Abschnitt 2.4 sowie dem geschilderten Implementierungsumfeld aus Abschnitt 4.4.1 ergeben. Den Abschluss bildet die Beschreibung der Umsetzung der Greifskills innerhalb des vorgestellten Konzepts der Handsteuerung.

5.1. Greifmuster

5.1.1. Definition Greifmuster

Greifmuster sind zunächst einmal nicht spezifisch für Roboterhände, sondern können allgemein zur Beschreibung von Bewegungen beliebiger Mehrfingergreifer, insbesondere auch der menschlichen Hand, verwendet werden.

Definition D-1: *Greifmuster*
Ein Greifmuster ist die Beschreibung eines bestimmten Bewegungsmusters der Finger, also einer Folge von koordinierten Bewegungen der einzelnen Fingergelenke. Die Bewegungen sind zielgerichtet für eine bestimmte Handhabung und abgestimmt auf ein ganz bestimmtes Greifobjekt und eine ganz bestimmte Greifaktion.

Ein Greifmuster im engeren Sinn beschreibt, auf welche Art und Weise ein bestimmtes Objekt von der Hand gegriffen werden kann. Es bestimmt, wie sich die Fingergelenke bewegen, d. h. sowohl **wann** sich die Gelenke bewegen als auch **wohin**. Ein Greifmuster beschreibt Folgen von Bewegungen der einzelnen Fingergelenke, die nacheinander oder beim Eintreten bestimmter Ereignisse (z. B. Kontakt mit einem Greifobjekt) ausgeführt werden.

Neben dem bei weitem am häufigsten vorkommenden Greifen (Fähigkeit F-1) kann die Roboterhand auch andere Handhabungen, wie Manipulieren (Fähigkeit F-2) oder Gestikulieren (Fähigkeit F-3) ausführen. Auch diese Handhabungen erfordern natürlich Fingerbewegungen mit einem entsprechenden Bewegungsmuster. Wenn im Folgenden von einem Greifmuster die Rede ist, so soll das alle derartigen Bewegungsmuster mit einschließen, also auch solche, die nicht unmittelbar etwas mit Greifen zu tun haben.

5.1.2. Bestimmung von Greifmustern

Mit einem komplexen Mehrfingergreifer mit so vielen unabhängigen Freiheitsgraden wie die hier untersuchte anthropomorphe Roboterhand lassen sich sehr viele verschiedene Greifmuster realisieren. Die Frage ist daher, welche Greifmuster **sinnvoll**, d. h. im vorliegenden Szenario **relevant** sind.

Auch hier kann man sich wieder, wie schon in den Abschnitten 2.2.3 und 2.4.1, den Umstand zu nutze machen, dass der Roboter menschenähnlich agieren soll. Daher können geeignete Greifmuster in gewissem Umfang vom menschlichen Vorbild übernommen werden.

Die in der Literatur beschriebenen Klassifikationen oder Taxonomien[1] von Greifmustern sind allerdings **analyseorientiert**, d. h. sie dienen direkt der Untersuchung von Handhabungen beim Menschen. Sie finden sich in physiologischen/medizinischen Arbeiten wie [69, 50, 95] oder auch bei der Analyse von menschlichen Griffen in Produktionsumgebungen zur Entwicklung vielseitiger Robotergreifer [25, 26]. Daneben müssen menschliche Greifmuster auch beim Programmieren durch Vormachen analysiert werden, da hier die von einer menschlichen Hand vorgemachten Bewegungen direkt für die Ansteuerung eines Robotergreifsystems verwendet werden [49, 38, 33, 91]. In der Abbildung 5.1 ist eine derartige Taxonomie grafisch dargestellt. Einzelne

---

[1]Einteilung von Dingen in Gruppen. (Griech. *taxis* = Ordnung, *nomos* = Gesetz/Regel)

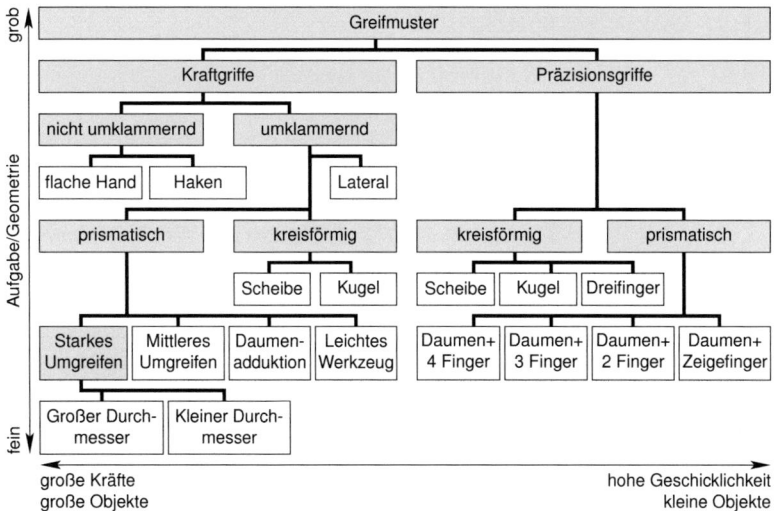

Abbildung 5.1.: Analyseorientierte Griffmustertaxonomie nach [25, 26].

Greifmuster werden dabei in einer Dimension von oben nach unten immer feiner nach Greifaufgabe bzw. Geometrie des Greifobjekts angeordnet. Von links nach rechts wird dagegen in der zweiten Dimension zwischen Kraft und Geschicklichkeit bzw. der Größe des Greifobjekts unterschieden.

Innerhalb der Handsteuerung ist dagegen eine **ausführungsorientierte** Klassifikation der Greifmuster erforderlich. Dabei steht die durchgängige Ausführung von Greifmustern für bestimmte Handhabungen im Szenario aus Abschnitt 2.2 im Vordergrund. Eine entsprechende Klassifikation wird im Folgenden vorgestellt. Sie orientiert sich natürlich an den oben erwähnten bestehenden Taxonomien. Insbesondere wurde auf eine weitgehend konsistente Bezeichnung von Greifmustern geachtet.

Da die zuvor bestimmten Greifmuster im Wesentlichen von den zu handhabenden Greifobjekten und den auszuführenden Greifaktionen abhängen, werden im nächsten Abschnitt zunächst die Greifobjekte im Hinblick auf anwendbare Greifmuster klassifiziert. Danach werden entsprechende Greifmuster identifiziert und bewertet, um so relevante Greifmuster zu bestimmen.

5.1.3. Objektklassifikation

Für die Auswahl eines Greifmusters, das für eine beabsichtigte Handhabung geeignet ist, ist es in der Regel unwichtig, um was für ein konkretes Objekt es sich handelt. Wenn sich zwei Greifobjekte in Form und Größe nur unwesentlich voneinander unterscheiden, dann können sie i. Allg. auch mit dem gleichen Greifmuster gehandhabt werden.

Das ist bei unterschiedlichen Objektparametern die für das Greifen an sich unwichtig sind, wie z. B. Farbe oder Bezeichnung, unmittelbar einsichtig, trifft aber auch auf andere Parameter zu. Die Hand ergreift eine Tasse nicht anders als ein Glas oder eine Flasche, sofern die Objekte vergleichbare Durchmesser und Gewichte haben und auf gleiche Art gehandhabt werden sollen. Daher ist zunächst eine Unterteilung der zu handhabenden **Greifobjekte in Klassen** nützlich, um dann entsprechende **Klassen von Greifmustern** bestimmen zu können.

Die bereits in Abschnitt 2.2.2 genannten Greifobjekte lassen sich ganz grob in fünf Klassen einteilen [71]. Diese sind im Folgenden aufgelistet. Neben der Objektklasse sind jeweils auch beispielhafte konkrete Greifobjekte als Vertreter der Klasse aufgeführt:

- Zylindrische Objekte mit großem Durchmesser:
    - Flaschen
    - Gläser
    - Tassen

- Zylindrische Objekte mit kleinem Durchmesser:
    - Griffe von Türen oder Schubladen
    - Besteckteile
    - Henkel von Töpfen oder Körben

- Flache Objekte, die nicht vollständig umschlossen werden können:
    - Teller
    - Untertassen
    - Kleines Tablett

- Bedienelemente von Geräten:
    - Drucktaster
    - Kippschalter
    - Drehknöpfe
- Sphärische[2] Objekte
    - Obst (z. B. Apfel)
    - Gemüse (z. B. Kartoffel)

5.1.4. Wichtige Greifmuster

Zum Handhaben, also insbesondere zum Ergreifen von Objekten dieser verschiedenen Klassen werden entsprechende Greifmuster oder **Griffe**[3] benötigt. Bei einer anthropomorphen Roboterhand, wie sie hier untersucht wird, kann man sich wie erwähnt auch bei der Bestimmung geeigneter Greifmuster wieder am menschlichen Vorbild orientieren. Die wichtigsten Greifmuster werden daher nun anhand von Bildern einer menschlichen Hand erläutert.

---

[2]im Sinne von (i. W.) kugelförmig

[3]Die Bezeichnung *„Griff"* wird hier mit zwei unterschiedlichen Bedeutungen gebraucht: Zum Einen im Sinne von *„ein von der Hand ausgeführtes Greifmuster"* und zum Anderen *„ein ergreifbarer Hand- oder Bediengriff eines Geräts (z. B. Türgriff)"*. Die Unterscheidung ergibt sich jeweils aus dem Kontext.

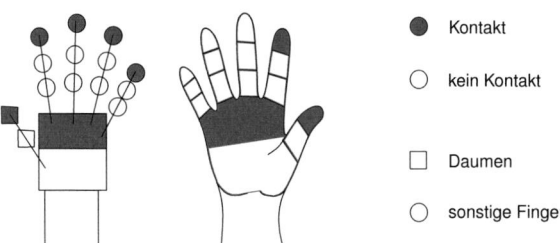

Abbildung 5.2.: Darstellung des Kontakts zwischen Hand und Greifobjekt bei den folgenden Abbildungen 5.3 – 5.9. Links die *Dorsalansicht* (Handrückenseite), rechts die *Palmaransicht* (Handinnenseite) einer rechten Hand. Die grauen Flächen zeigen den Ort des Kontakts.

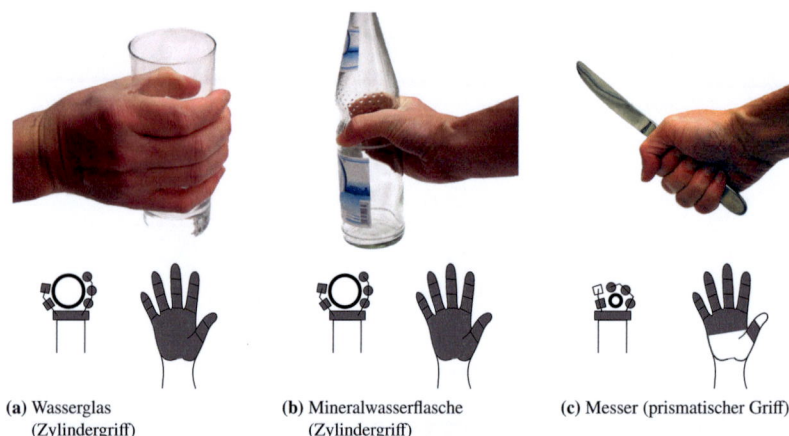

(a) Wasserglas
(Zylindergriff)

(b) Mineralwasserflasche
(Zylindergriff)

(c) Messer (prismatischer Griff)

Abbildung 5.3.: Greifen von zylindrischen/prismatischen Objekten.

Unter den folgenden Abbildungen 5.3ff sind jeweils die Zeichnungen der Kontaktflächen von Hand und Greifobjekt entsprechend Abbildung 5.2 dargestellt. Der linke Teil der Zeichnung zeigt jeweils eine Teilansicht (Skelettansicht) der Finger in der Anordnung des jeweiligen Griffs. Der rechte Teil zeigt die entsprechenden Kontaktflächen auf der Palmarseite der Hand (Handinnenseite) mit ausgestreckten Fingern.

Zylindergriffe, prismatische Griffe

Der wichtigste und gebräuchlichste Griff ist der sog. **Zylindergriff**. Dabei legen sich alle Finger um die Zylinderfläche, der Daumen ist dabei in der sog. Oppositionsstellung gegenüber den anderen Fingern angeordnet. Abbildung 5.3 zeigt Beispiele mit unterschiedlichen Greifobjekten. Dabei müssen die Objekte nicht präzise zylindrisch sein, sondern sie müssen lediglich einen länglichen, prismatischen Aufbau haben. Daher wird dieser Griff allgemeiner auch als **prismatischer Griff** bezeichnet. Bei diesem Griff werden die Vorteile einer mehrfingrigen Hand gegenüber anderen Arten von Greifern voll ausgenutzt. Die einzelnen Finger können sich unabhängig voneinander um das Objekt legen und so sehr einfach Abweichungen von der idealen

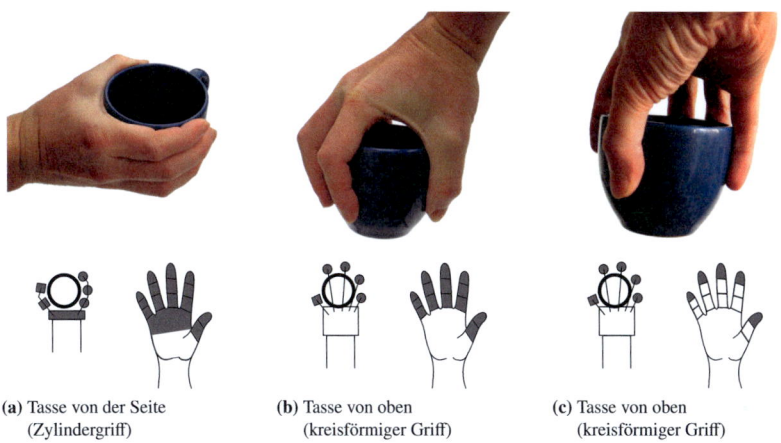

(a) Tasse von der Seite   **(b)** Tasse von oben   **(c)** Tasse von oben
(Zylindergriff)   (kreisförmiger Griff)   (kreisförmiger Griff)

Abbildung 5.4.: Greifen sphärischer oder kreisförmiger Objekte.

Form ausgleichen. Weiterhin hat jeder Finger großflächig oder zumindest an mehreren Stellen Kontakt mit dem Objekt.

Wie man in der Abbildung 5.3 sieht, können so unterschiedlich große Objekte sicher gegriffen werden. Die Größe des Greifobjekts, also Länge und Durchmesser, bestimmen die konkrete Anordnung der Finger bei Ausführung des Griffs. Bei kurzen Objekten steht evtl. nicht genug Fläche für alle Finger zur Verfügung, so dass dann einzelne Finger, beginnend mit dem kleinen Finger, Ringfinger usw., nicht mehr am Griff beteiligt sind. Weiterhin muss bei Objekten mit kleinem Durchmesser wie in Abbildung 5.3c der Daumen ggf. so angeordnet werden, dass er nicht mit den anderen Fingern kollidiert.

Kreisförmige Griffe

Der Zylindergriff kann auch Objekte handhaben, die eine leicht konische Form haben, wie etwa beim Greifen einer Tasse von der Seite in Abbildung 5.4a. Dabei wurde die Tasse entsprechend gedreht, so dass der Henkel nicht mit den Fingern kollidiert.

Um die Tasse dagegen von oben zu ergreifen müssen **kreisförmige Griffe** wie in Abbildung 5.4b oder 5.4c angewendet werden. Die Finger werden dabei im Kreis angeordnet und umschließen das Objekt mehr oder weniger.

Wie bei allen Griffen gilt insbesondere, je geringer die Kontaktfläche ist umso weniger stabil und damit weniger sicher ist dieser Griff.

Der Übergang von einem sogenannten Kraftgriff mit großen Kontaktflächen wie in Abbildung 5.4b zum sog. Präzisionsgriff, bei dem nur die Fingerspitzen Kontakt zum Objekt haben wie in Abbildung 5.4c, ist beim kreisförmigen Griff weitgehend fließend [69, 41]. Beim Kraftgriff kann, wie der Name schon andeutet, eine hohe Kraft auf das Objekt übertragen werden, aber durch die große Kontaktfläche ist er auch schon bei geringen Kräften viel stabiler und daher für das sichere Greifen wesentlich besser geeignet. Mit einem Präzisionsgriff können komplexe Feinmanipulationen an oder mit einem gegriffenen Objekt ausgeführt werden, was in dem hier vorliegenden Szenario aber weniger wichtig ist.

Die Abbildungen 5.4a und 5.4b zeigen auch, dass ein bestimmtes Greifobjekt durchaus mit sehr verschiedenen Greifmustern gegriffen werden kann. Welches Greifmuster geeignet ist, hängt aber nicht nur davon ab wie (aus welcher Richtung) sich die Hand dem Greifobjekt nähern kann ohne mit anderen Gegenständen zu kollidieren. Selbst wenn ein Greifobjekt wie die Tasse in der Abbildung frei zugänglich ist, hängt das geeignete Greifmuster auch von der jeweiligen Greifaktion ab, also letztlich der Absicht, die hinter dem Greifen steckt. Wenn die Tasse befüllt werden soll, so muss sie von der Seite gegriffen werden. Soll sie dagegen in eine Schublade oder in den Geschirrspüler weggeräumt werden, so muss sie von oben gegriffen werden.

Sphärische Griffe

Der kreisförmige, präzise Griff kann bei kugelförmigen/sphärischen Objekten in den sog. **sphärischen Kraftgriff** übergehen, siehe Abbildungen 5.5a und 5.5b. Damit lassen sich Objekte wie kleine Bälle oder Lebensmittel wie die Mandarine im Bild sicher greifen. Ähnlich wie der zylindrische Kraftgriff hat der sphärische Kraftgriff sehr große Kontaktflächen, was ihn sehr stabil und für das sichere Greifen geeignet macht. Die Greifobjekt müssen wiederum auch nicht präzise kugelförmig sein, da sich die einzelnen Finger unabhängig voneinander um das Objekt legen können und so Abweichungen von der idealen Form leichter auszugleichen sind.

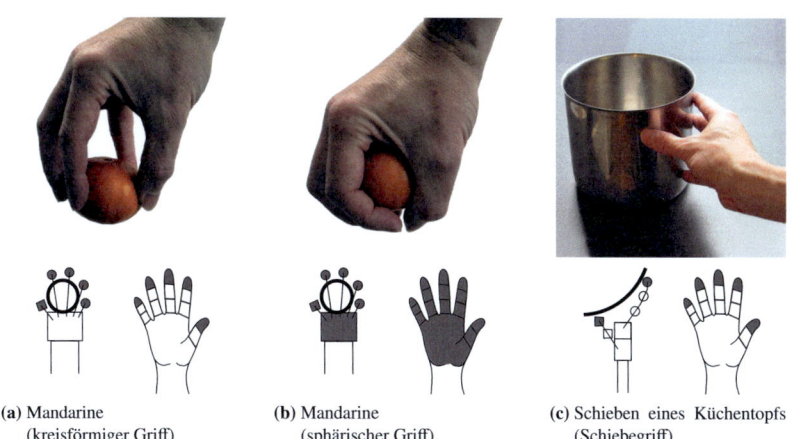

(a) Mandarine
(kreisförmiger Griff)

(b) Mandarine
(sphärischer Griff)

(c) Schieben eines Küchentopfs
(Schiebegriff)

Abbildung 5.5.: Greifen kugelförmiger Objekte (Teilbilder a und b). Nicht-klammernder Griff zum Schieben von Objekten (Teilbild c).

Nicht klammernde Griffe

Manche zu handhabenden Greifobjekte müssen nicht von den Fingern der Hand umschlossen (geklammert) werden, um sie bewegen zu können. Die Greifobjekte können dann nicht frei im Raum, sondern nur in bestimmte Richtungen bewegt werden. Die Bewegung des Objektes wird dann durch Zwangsbedingungen (mit-) bestimmt.

Beim Schieben von Gegenständen mit dem sog. **Schiebegriff** drücken die Finger alle von einer Seite gegen das Objekt, siehe Abbildung 5.5c. Auf einer ebenen Standfläche kann ein Objekt dann in Richtung der Schiebekraft parallel zur Standfläche verschoben werden.

Andere Zwangsbedingungen ergeben sich, wenn es sich bei dem Objekt um eines der in Abschnitt 2.2.2 beschriebenen Bedienelemente handelt. Solche Objekte sind über Scharniere, beispielsweise Türangeln oder Schubladenauszüge, mit der Umgebung verbunden. Das Objekt bewegt sich dann rotatorisch um die Angeln oder translatorisch entlang dem Auszug. Zum Öffnen einer solchen Schwingtüre oder Schublade wird der sog. **Hakengriff** verwendet, bei dem alle Finger außer dem Daumen abgeknickt, aber nicht

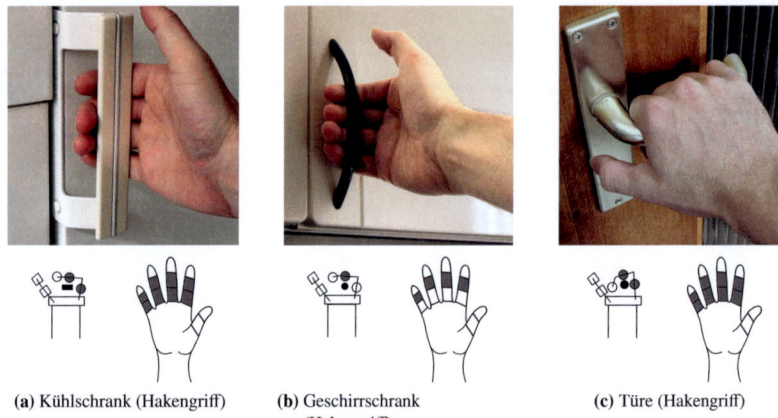

(a) Kühlschrank (Hakengriff)   (b) Geschirrschrank   (c) Türe (Hakengriff)
                                    (Hakengriff)

Abbildung 5.6.: Nicht klammernde Hakengriffe mit verschiedenen Hand-
griffen.

ganz eingerollt sind. Dadurch bilden sie einen Haken, der in den Türgriff
eingehängt wird und diesen ziehen kann.

Abbildung 5.6 zeigt ein paar Beispiele für Hakengriffe. Die Kontaktfläche
variiert dabei entsprechend der Größe des Handgriffs, ist aber immer auf
die Fingerglieder beschränkt (ohne Daumen). Zum Schließen solcher Türen
kann wiederum der Schiebegriff verwendet werden.

Griffe zum Bedienen von Geräten

Eine weitere Handhabung, die nicht immer eine Klammerung des Objektes erfordert, ist die Bedienung von Tasten, Schaltern oder Druckknöpfen.
Abbildung 5.7a zeigt den hierfür meist verwendeten **Griff mit ausgestrecktem Zeigefinger**. Beim Bedienen von Geräten kommen aber auch andere
Griffe zum Einsatz, wie die Abbildungen 5.7b und 5.7c zeigen. Für zylindrische Drehknöpfe mit ausreichend großem Durchmesser wird dafür wieder
ein Griff mit kreisförmiger Anordnung der Finger verwendet.

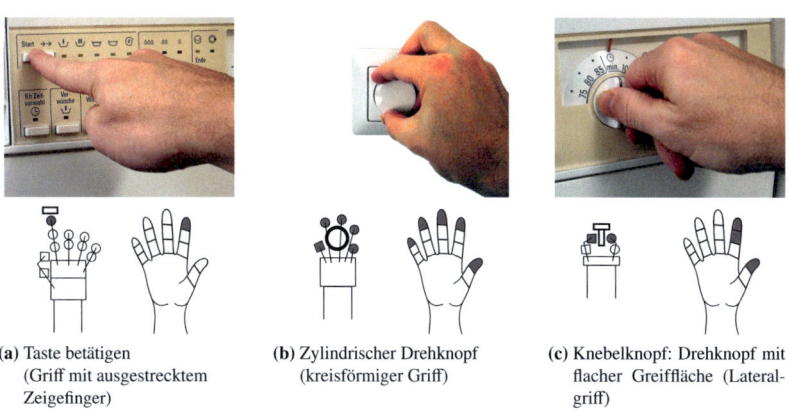

(a) Taste betätigen
(Griff mit ausgestrecktem
Zeigefinger)

(b) Zylindrischer Drehknopf
(kreisförmiger Griff)

(c) Knebelknopf: Drehknopf mit
flacher Greiffläche (Lateralgriff)

Abbildung 5.7.: Griffe zum Bedienen von Geräten.

Laterale Griffe

Hat ein Drehknopf dagegen eine flache Greiffläche wie in Abbildung 5.7c
(ein sog. Knebelknopf), so wird der sog. **Lateralgriff**[4] verwendet. Dabei
wird das Greifobjekt wie im Bild gezeigt zwischen dem Daumen und der
Seite des angebeugten Zeigefingers eingeklemmt. Die eigentliche Betätigung
des Drehknopfs erfolgt dann mit Hilfe einer Bewegung des Armes, zum Beispiel durch die Drehung der gesamten Hand im Handgelenk.

Mit diesem zweifingrigen Lateralgriff können auch andere kleine, flache
Gegenstände gehalten werden. Abbildung 5.8a zeigt dies am Beispiel eines
Schlüssels, daher wird dieser Griff gelegentlich auch als **Schlüsselgriff** be-
zeichnet. Zum Greifen von größeren flachen Gegenständen wie einem Teller
oder einer Untertasse werden alle Finger außer dem Daumen ausgestreckt
und bilden so eine flache Auflage für das Objekt, siehe Abbildung 5.8b. Der
Daumen drückt auch bei diesem **flachen Haltegriff** wieder von der anderen
Seite das Objekt gegen die Auflage.

Um kleine Objekte aufheben zu können, wird der sog. **Pinzettengriff** oder
Zwei-Finger-Griff aus Abbildung 5.8c verwendet. Dadurch, dass nur zwei
Finger mit einer kleinen Fläche Kontakt mit dem Objekt haben, kann es
leicht herausrutschen, dieser Griff ist also für das sichere Greifen ungeeignet.

---

[4]*lateral*: Anatomische Lagebezeichnung mit der Bedeutung *„zur Seite hin gelegen"* [122]

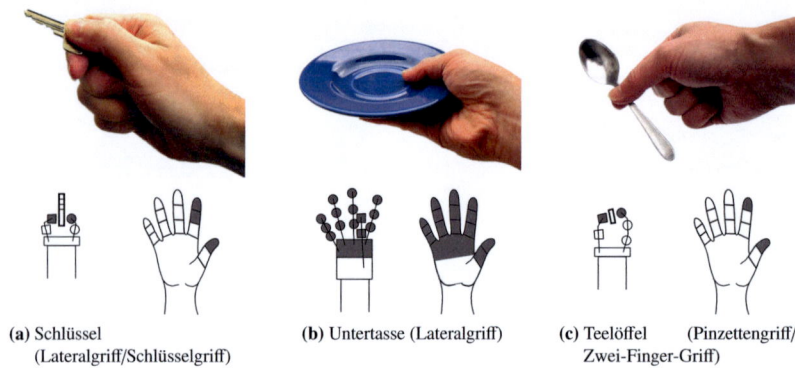

(a) Schlüssel   (b) Untertasse (Lateralgriff)   (c) Teelöffel   (Pinzettengriff/
    (Lateralgriff/Schlüsselgriff)   Zwei-Finger-Griff)

Abbildung 5.8.: Griffe für flache und/oder kleine Objekte.

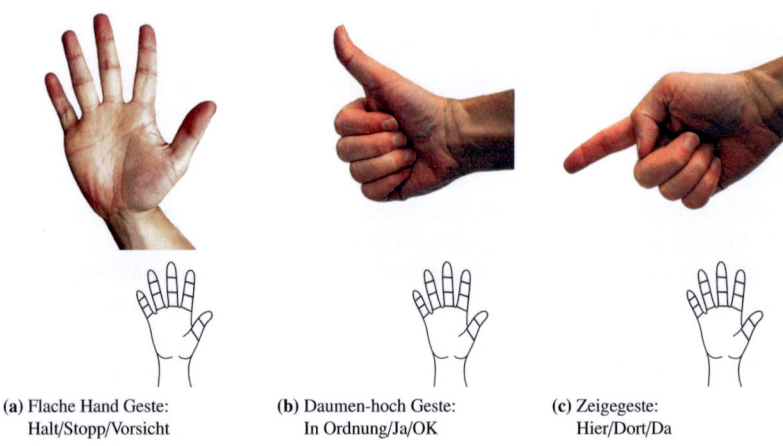

(a) Flache Hand Geste: (b) Daumen-hoch Geste: (c) Zeigegeste:
    Halt/Stopp/Vorsicht   In Ordnung/Ja/OK   Hier/Dort/Da

Abbildung 5.9.: Verschiedene Handgesten und ihre mögliche Bedeutung.

Gesten

Wie schon in Abschnitt 2.4 erläutert sollen auch Handgesten zur intuiti-
ven Kommunikation mit dem Menschen ausgeführt werden können. Dabei
ist kein Kontakt mit der Umwelt beabsichtigt. Abbildung 5.9 zeigt einige

Beispiele von Handgesten. Die abgebildeten Gesten sind aus Sicht der Hand-steuerung in gewissem Sinne **statisch**, d. h. die Stellung der Fingergelen-ke ist fest vorgegeben und ändert sich nicht. Da jedoch die Stellung der Hand im Raum und insbesondere ihre Orientierung bei der Interpretation der Gesten durch den Menschen eine wichtige Rolle spielt, muss auch die Ausführung einer Geste, genau wie die anderen Handhabungen, unbedingt mit den Bewegungen des Armes abgestimmt werden. Bei der abgebildeten *„Daumen-hoch"* Geste mit der Bedeutung *„in Ordnung"* oder *„ja"* muss die Hand beispielsweise so orientiert sein, dass der ausgestreckte Daumen auch tatsächlich nach oben zeigt, ansonsten hat die Geste eine ganz andere Bedeutung. Ist er beispielsweise nach unten orientiert, so bedeutet die Geste nämlich das genaue Gegenteil, also *„nein"* oder *„nicht in Ornung"*. Glei-ches gilt auch für andere Gesten, wie der *„flachen Hand"*. Ist die gebildete Handfläche nämlich parallel zum Boden mit der Handinnenfläche nach oben anstatt wie abgebildet senkrecht zum Boden, so handelt es sich um eine Ges-te die um etwas bittet oder darauf wartet etwas entgegen zu nehmen.

Die wichtigste Geste ist jedoch die Zeigegeste. Mit ihr kann der Roboter durch Zeigen auf bestimmte Objekte in der Umgebung Aufträge bestätigen (*„Ich nehme jetzt diese Tasse"*) oder auch Unklarheiten beseitigen (*„Soll ich jenes Glas holen?"*). Dadurch kann die Sicherheit für den Menschen erhöht werden, da er immer weiß, was der Roboter als nächstes tun wird (Anforder-ungen A-3 und A-4 aus Abschnitt 2.4).

Daneben sind auch **dynamische** Gesten denkbar, bei denen die Fingerge-lenke in Bewegung bleiben. Heranwinken oder zum Abschied Winken sind Beispiele hierfür. Auch hier wird wieder deutlich, dass die Orientierung der Hand im Raum bei Gesten eine große Rolle spielt. Zum Heranwinken müss-te die Hand beispielsweise mit der Handinnenfläche parallel zum Boden und nach oben orientiert sein, während die Handinnenfläche beim zum Abschied Winken schräg nach unten zeigt.

5.1.5. Klassifikation und Bewertung der Greifmuster

Die vorgestellten Griffe oder Greifmuster lassen sich nun in Klassen, die Greifklassen, unterteilen [75]. Abbildung 5.10 zeigt diese Unterteilung gra-fisch, die einzelnen Greifmuster sind weiß unterlegt, während die Greifklas-sen grau unterlegt sind. Die einzelnen Greifmuster sind bei dieser relativ

Abbildung 5.10.: Identifizierte Greifmuster und Greifklassen der untersuchten anthropomorphen Roboterhand [75].

groben Einteilung allerdings wirklich als **Muster** zu sehen, d. h. als eine verallgemeinerte Beschreibung eines bestimmten Griffs. Für die Ausführung des Greifmusters mit einem bestimmten Greifobjekt muss es jeweils an ein konkretes Objekt angepasst werden können. Dazu müssen die Greifmuster zunächst parametrisiert[5] werden, d. h. Merkmale wie z. B. geeignete Größenangaben müssen identifiziert werden. Für einzelne konkrete Greifobjekte müssen die Greifmuster dannach entsprechend parametriert[6] werden, um so den zuvor identifizierten Merkmalen die jeweiligen Wert also Länge, Breite, Durchmesser usw. zuzuweisen.

Tabelle 5.1 auf Seite 69 zeigt die Zuordnung der identifizierten Greifmuster zu den Fähigkeiten aus Abschnitt 2.3. Einige Greifmuster können sowohl für das sichere Greifen als auch für das Manipulieren verwendet werden. Durch die große Kontaktfläche ist das Greifobjekt bei den Kraftgriffen aber sehr in der Hand fixiert, d. h. es kann seine Orientierung zur Hand nicht ändern. Die eigentliche Manipulation erfolgt dann durch die Bewegung des Armes, wie das am Beispiel des Bedienen eines Drehknopfes mittels eines Lateralgriffs zuvor bereits erläutert wurde.

Eine Bewertung welche Kombinationen aus Greifobjekt und Greifmuster im vorliegenden Szenario wie relevant ist zeigt die Tabelle 5.2. Die Bewertung ergibt sich zum Einen aus den in Abschnitt 2.3 geforderten Fähigkeiten

---

[5]*parametrisieren*: Ein System mit Parametern versehen.
[6]*parametrieren*: Vorgegebene Parameter mit Werten versehen.

Greifmuster	F-1: Sicheres Greifen	F-2: Manipulieren	F-3: Gestikulieren
prismatischer Kraftgriff	x	x*	–
sphärischer Kraftgriff	x	x*	–
Lateralgriff	x	x*	–
prismatischer Präzisionsgriff	x	x	–
kreisförmiger Präzisionsgriff	x	x	–
Drei-Finger-Griff	x†	x	–
Pinzettengriff	x†	x	–
Knopf bedienen	–	x	–
Schiebegriff	–	x	–
Hakengriff	–	x	–
Zeigen	–	–	x
Flache Hand	–	–	x
Daumen-hoch	–	–	x
Winken	–	–	x

* : eingeschränkt, Manipulation erfolgt über die Bewegung des Armes
† : eingeschränkt, kleine Kontaktfläche macht Griff wenig stabil

Tabelle 5.1.: Zuordnung von Greifmustern zu den geforderten Fähigkeiten.

(siehe auch Tabelle 2.2). Zum Anderen spielt auch die Praxisrelevanz ein Rolle, also die Häufigkeit mit der Objekte der Objektklasse mit dem Greifmuster in der realen Anwendung im Szenario gehandhabt werden müssen. Ist eine Kombination selten oder nie zu erwarten, so ist sie auch nicht relevant.

Insgesamt sind die Kraftgriffe, insbesondere der prismatische Kraftgriff, aufgrund ihrer vielfältigen Einsatzmöglichkeiten hier am relevantesten. Aber auch speziellere Griffe, wie der Lateralgriff oder der Griff um Knöpfe zu bedienen, sind sehr wichtig. Die Präzisionsgriffe sind dagegen hier weniger relevant, da sie für das sichere Greifen, die Hauptanwendung im Szenario, nur sehr eingeschränkt zu gebrauchen sind. Die Gesten wiederum sind aus den bekannten Gründen wie Sicherheit (A-3) oder Kompatibilität (A-4) zum Menschen ebenfalls relevant.

5.2. Greifskill

Die im letzten Abschnitt eingeführten Greifmuster beschreiben koordinierte Bewegungen der Fingergelenke einer Hand. Wie derartige Beschreibungen von der Handsteuerung in Bewegungsvorgaben für die Roboterhand **umgesetzt** werden, ist damit aber noch nicht geklärt.

Objektklasse	Greifmuster/Greifklasse	Relevanz
Große zylindrische Objekte	prismatischer Kraftgriff	+++
Große zylindrische Objekte	kreisförmiger Präzisionsgriff	++
Große zylindrische Objekte	prismatischer Präzisionsgriff	−+
Kleine zylindrische Objekte	prismatischer Kraftgriff	+++
Kleine zylindrische Objekte	prismatischer Präzisionsgriff	−+
Kleine zylindrische Objekte	Haken	+++
Flache Objekte	Lateralgriff	+++
Flache Objekte	flacher Haltegriff	+++
Bedienelemente von Geräten	Knopf bedienen	+++
Bedienelemente von Geräten	Lateralgriff	+
Bedienelemente von Geräten	kreisförmiger Präzisionsgriff	+
Sphärische Objekte	sphärischer Kraftgriff	+
Sphärische Objekte	kreisförmiger Präzisionsgriff	−+
Kleinteile	Drei-Finger-Griff	+
Kleinteile	Pinzette	+
Sonst. Objekte	Schieben	++
−	Gesten	+++

+++ : sehr wichtig   + : relevant
++ : wichtig   −+ : möglich, aber hier nicht weiter untersucht

Tabelle 5.2.: Bewertung der Relevanz von Kombinationen aus Greifobjekt und Greifmuster (vgl. auch Tabelle 2.2).

Es wird nun zunächst ein einfacher, naiver Ansatz für diese Umsetzung der Greifmuster beschrieben und bewertet. Wie sich schnell zeigt, ist dieser Ansatz jedoch im vorliegenden Szenario unzureichend. Daher wird danach im Rahmen dieser Arbeit ein geeigneterer Ansatz zur Ausführung von Greifmustern mit **Greifskills** entworfen.

5.2.1. Ausführung von Greifmustern

Einfacher Ansatz

Um ein Greifmuster mit einer Roboterhand auszuführen, kann man in einem ersten Ansatz einfach entsprechende Bewegungen aufzeichnen und später wieder abspielen. Dafür müssten in der lokalen Handsteuerung lediglich einmal aufgezeichnete Folgen von Fingergelenkswinkeln $\varphi_i(t)$, sog. *Trajektorien*[7], zeitlich korrekt abgerufen und als Sollwerte für die Low-Level Regelung der Finger vorgegeben werden.

---

[7]Lateinisch: *Trajektorie* = Bahnkurve [148]

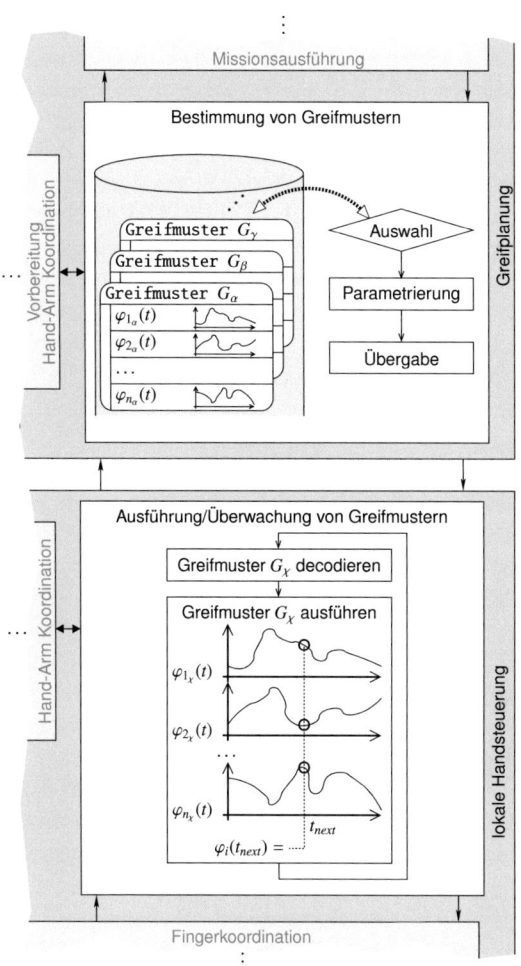

Abbildung 5.11.: Vergrößerter Ausschnitt aus Abbildung 4.8: Bewegungs-steuerung durch einfaches Abspielen von aufgezeichneten Gelenkwinkel-trajektorien $\varphi_i(t)$. Die Bewegungen lassen sich nur unzureichend parame-trisieren. Auf Änderungen in der Umgebung kann nicht reagiert werden.

Abbildung 5.11 zeigt, wie so eine einfache, direkt auf Greifmustern basierende Bewegungssteuerung innerhalb der beschriebenen Handsteuerung aussehen könnte. Die Schichten zur Auswahl bzw. Ausführung von Greif*skills* aus den Abbildungen 4.8 – 4.10 wurden dabei durch einfachere, Greif*muster* verarbeitende Schichten ersetzt. Die Greifplanung kann auf verschiedene Greifmuster ($G_\alpha, G_\beta, G_\gamma, \dots$) zurückgreifen. Für jedes derartige Greifmuster sind entsprechende Fingergelenkwinkel-Trajektorien ($[\varphi_{1_\alpha}(t) \cdots \varphi_{n_\alpha}(t)]$, $[\varphi_{1_\beta}(t) \cdots \varphi_{n_\beta}(t)]$, $[\varphi_{1_\gamma}(t) \cdots \varphi_{n_\gamma}(t)], \dots$) der n Gelenkwinkel abgespeichert. In der Greifplanung wird aus der Reihe von Greifmustern ein geeignetes Greifmuster G_χ ausgewählt. In der lokalen Handsteuerung wird dieses ausgewählte Greifmuster decodiert und die fest vorgegebenen Trajektorien dann ausgeführt. Dazu werden für den nächsten Interpolationsschritt t_{next} die abgespeicherten $\varphi_{i_\chi}(t)$ als Zielvorgaben für die Sollwinkel $\varphi_i(t_{next})$ verwendet.

Unzulänglichkeit des einfachen Ansatz

Im vorliegenden Szenario ist ein solcher einfacher Ansatz jedoch **nicht** ausreichend. Wie bereits in Abschnitt 2.4 erläutert, muss die Handsteuerung die Besonderheiten des Einsatzszenarios (unvollständiges/ungenaues Umweltmodell, dynamische Umgebung, Interaktion mit dem Menschen) berücksichtigen und selbständig agieren und insbesondere **reagieren** können (Anforderung A-2). Dafür müssen die Bewegungen jedoch situationsgerecht angepasst werden können. Ein quasi-statischer Ansatz, bei dem einmal aufgezeichnete Bewegungen lediglich eins zu eins abgespielt werden, erlaubt genau dies jedoch nicht.

Es gibt im Wesentlichen zwei Unzulänglichkeiten bei diesem einfachen, direkt auf Greifmustern basierenden Ansatz, bei dem Bewegungen vollständig durch aufgezeichnete Gelenkwinkeltrajektorien vorgegebenen sind:

- Einmal aufgezeichnete Bewegungen sind hochspezifisch, können aber nur unzureichend parametrisiert werden.

- Der Ablauf aufgezeichneter Bewegungen ist vorab genau festgelegt, kann aber nur unzulänglich modifiziert werden.

Eine aufgezeichnete Bewegung ist immer speziell auf ein ganz bestimmtes, konkretes Greifobjekt zugeschnitten. Die zugrunde liegenden Trajektorien

Abbildung 5.12.: Grundsätzliche Problematik bei der situationsabhängigen Bewegungssteuerung in der Handsteuerung.

können nicht einfach sozusagen mit einem parametrierbaren Faktor multipliziert werden, um sie z. B. auf ähnliche aber unterschiedlich große Objekte derselben Objektklasse anzupassen. Beim Greifen müssen daher für verschiedene Greifobjekte derselben Objektklasse auch verschiedene Gelenkwinkeltrajektorien aufgezeichnet und verwendet werden. Aus dem gleichen Grund kann auch auf äußere Einflüsse lediglich mit *„ignorieren und weitermachen"*, *„pausieren"* oder *„abbrechen"* reagiert werden. Eine Anpassung der Trajektorie, z. B. zum gezielten Nachgreifen mit einzelnen Fingern, ist nicht möglich. Der einfache Ansatz erfüllt damit also insbesondere nicht die Anforderungen A-1 – A-2.

Grundsätzliche Problematik

Die Unzulänglichkeit des beschriebenen einfachen Ansatz ist auch begründet in der notwendigen Trennung in Planung und Steuerung, welche sich wiederum aus den jeweiligen unterschiedlichen Echtzeitanforderungen ergibt. Diese birgt die folgende, auch in Abbildung 5.12 dargestellte, grundsätzliche Problematik für eine **situationsabhängige Bewegungssteuerung**:

- Auf der Ebene der Greifplanung ist das erforderliche Wissen über die Situation und den Kontext der ausgeführten Handhabung vorhanden, jedoch ist keine direkte Ansteuerung der Aktoren und insbesondere keine schnelle Reaktion auf äußere Ereignisse möglich.

- Die lokale Handsteuerung wiederum steuert zwar direkt die Aktoren und kann über die Sensoren schnell auf äußere Ereignisse reagieren, hat aber zu wenig Situationswissen, um situationsspezifisch agieren und reagieren zu können.

Dies ist insbesondere bei interaktiven oder kooperativen Aufgaben ein Problem, da die Roboterbewegungen hierbei von der Umgebung, also zum Beispiel dem kooperierenden Menschen, abhängen und daher gar nicht oder nicht exakt vorhersagbar sind.

5.2.2. Ansatz

Was dem einfachen Ansatz fehlt, ist die Möglichkeit das Greifmuster situationsabhängig gezielt modifizieren zu können. Der im Weiteren untersuchte Ansatz mit **Greifskills** löst dieses Problem und ermöglicht es, Greifmuster zu parametrisieren und so auszuführen, dass sie dynamisch auf Änderungen in der Umgebung reagieren können.

Die grundlegende Idee bei diesem Ansatz ist es neben eher passiven Komponenten wie Datenstrukturen zusätzlich situationsspezifische aktive Komponenten an die lokale Handsteuerung zu übergeben. Passive Komponenten sind z. B. das Greifmuster oder die Parameter, die das Greifobjekt und die Greifaktion beschreiben. Unter den aktiven Komponenten sind ausführbare Programmcodes zu verstehen, also letztlich kleine, auf eine spezifische Situation zugeschnittene Algorithmen. Dadurch kann spezifisches Situationswissen in der Greifplanung ausgewählt und in die lokale Handsteuerung eingebettet werden, um so die effiziente, aber etwas starre und unflexible hierarchische Struktur aufzuweichen.

5.2.3. Definition Greifskill in der vorliegenden Arbeit

Der Begriff *Skill* kommt aus dem Englischen und bezeichnet eine Fertigkeit oder ein Geschick. Er wird in der Robotik häufig gebraucht, um eine ganz bestimmte Fertigkeit eines Roboters zu kennzeichnen.

Definition D-2: *Greifskill*
Unter einer Greifskill ist hier eine Softwarekomponente der Handsteuerung zu verstehen, welche eine ganz spezifische **Fertigkeit der Roboterhand** realisiert. Die Greifskills bilden aus der Sicht der Greifplanung die

Elementaroperationen der Hand, sie steuern die Bewegungen der Finger **spezifisch** und **reaktiv**. Sie machen Zielvorgaben für die Low-Level Regelung der Hand entsprechend einem geeigneten Greifmuster.

Eine Beschreibung und Klassifikation der im vorliegenden Szenario relevanten und von Greifskills abzudeckenden Greifmustern erfolgte bereits zuvor in Abschnitt 5.1. Nun ist noch zu klären, was unter den in der Definition D-2 erwähnten *„spezifischen Fingerbewegungen"* und der *„reaktiven Steuerung"* zu verstehen ist:

- Eine Greifskill realisiert jeweils nur ein ganz bestimmtes Bewegungsmuster der Finger, eben das Greifmuster. Dieses Muster ist **spezifisch** für die von dieser Greifskill realisierte Fertigkeit sowie für die Art des Greifobjekts und der Greifaktion.

- Die Ausführung des Greifmusters durch die Greifskill, also das gezielte Bewegen der Fingergelenke, kann nicht ohne Berücksichtigung der aktuellen Situation erfolgen. Die Ansteuerung der Finger muss auf externe Einflüsse reagieren können und somit **reaktiv** sein. Dadurch können die einzelnen Bewegungen der Hand gezielt an die jeweilige Situation angepasst werden.

Durch eine derartige Greifskill wird jeweils ein bestimmter Aspekt der in Abschnitt 2.3 geforderten Fähigkeiten der Hand realisiert. Beim sicheren Greifen gibt es z. B. verschiedene Skills zum Greifen und zum Ablegen von Objekten und zwar spezialisiert auf eine bestimmt Art von Greifobjekt und Greifaktion. Andere Fähigkeiten, wie Manipulieren oder Gestikulieren, werden ebenfalls durch entsprechende Skills realisiert. Diese haben zwar nicht unmittelbar etwas mit *Greifen* zu tun, der Einfachheit halber werden aber alle hier beschriebenen Skills als *Greif*skills bezeichnet.

Eine Greifskill bewirkt bei ihrer Ausführung eine bestimmte Bewegung der Finger der Hand entsprechend dem Greifmuster. Insbesondere zum Greifen und Ablegen von Objekten können aber auch Armbewegungen notwendig sein, daher kann eine Greifskill über die Hand-Arm Koordination indirekt auch Armbewegungen veranlassen.

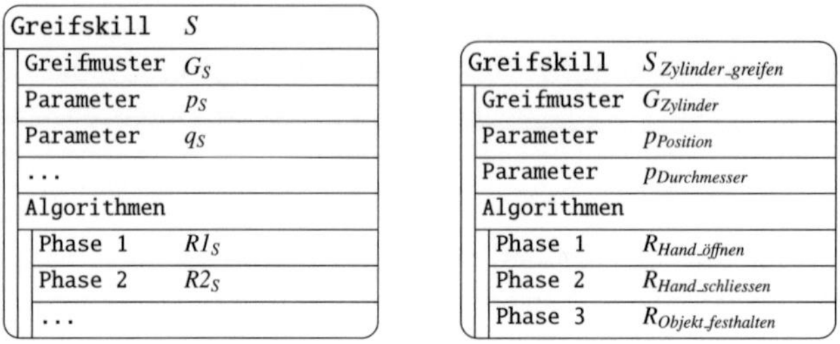

(a) Schematische Darstellung einer Greifskill.

(b) Beispiel für eine Greifskill: Greifen eines Zylinders.

Abbildung 5.13.: Schematische Darstellung von Greifskills als Sammlung von Daten und Algorithmen.

Komponenten von Greifskills

Eine Greifskill kann beschrieben werden durch ihre **Parameter** und das **Greifmuster** das sie realisiert. Diese können als die *passiven Komponenten* einer Greifskill aufgefasst werden. Hinzu kommen noch spezifische **Algorithmen**, also Softwarekomponenten, die auf die jeweilige Fertigkeit, welche die Greifskill realisiert, zugeschnitten sind. Diese Algorithmen sind die *aktiven Komponenten* einer Greifskill.

Die Algorithmen sind der wesentliche Unterschied zwischen Greifmustern und Greifskills. Sie erlauben es, das Greifmuster situationsgerecht, also spezifisch und reaktiv, auszuführen. So kann die geforderte Flexibilität (A-1) in geeigneter Weise ermöglicht werden.

Darstellung von Greifskills

Abbildung 5.13a zeigt eine allgemeine, schematische Darstellung einer Greifskill S. Die einzelnen Bestandteile wie Greifmuster G_S, Parameter p_S, q_S und Algorithmen Rj_S sind durch Felder dargestellt. Ein konkreteres Beispiel einer Greifskill $S_{Zylinder\_greifen}$ zum Greifen eines zylindrischen Objekts ist daneben in Abbildung 5.13b dargestellt. Das Greifmuster beschreibt die Fingerbewegungen, z. B. einen bestimmten prismatischen Griff (Zylindergriff) $G_{Zylinder}$. Die Parameter beschreiben weitere Aspekte, wie die Eigenschaften des Greifobjekt oder der Greifaktion. Hier also beispielsweise die Position $p_{Position}$ des Zylinders oder seinen Durchmesser $p_{Durchmesser}$.

Die Ausführung der Greifskills erfolgt in der Regel als eine Abfolge von Bewegungsphasen entsprechend dem Greifmuster. Den einzelnen Phasen j sind jeweils entsprechende Algorithmen $R_{j\,S}$ zugeordnet, wie z. B. $R_{Hand\_öffnen}$ oder $R_{Hand\_schliessen}$. Aus Sicht der Hand kann man zunächst prinzipiell drei ganz typische Phasen unterscheiden:

- Vor dem Greifen

- Der eigentliche Greifvorgang

- Nach dem Greifen

Vor dem Greifen wird die Hand zum Greifobjekt bewegt. Damit die Finger dabei nicht vorzeitig an das Objekt stoßen nimmt die Hand dazu eine vorbereitende Haltung, die sog. *Preshape*[8]-Konfiguration ein. Je nach Greifmuster ist die Preshape-Konfiguration unterschiedlich. Sie beschreibt diejenige Stellung, welche die Fingergelenke einnehmen müssen bevor das Objekt gegriffen werden kann. Beim Zylindergriff beispielsweise wird die Hand mit $R_{Hand\_öffnen}$ geöffnet, d. h. der Daumen wird in Oppositionsstellung gebracht, aber noch nicht gebeugt sondern, genau wie die anderen Finger, gestreckt. Beim Hakengriff dagegen sind die vorderen Fingerglieder (außer dem Daumen) gebeugt, bilden also schon den Haken der dann nur noch eingehängt werden muss. Die Preshape-Konfiguration ist somit also ganz spezifisch für das Greifmuster.

Zum (Zu-)Greifen muss sich die Hand in unmittelbarer Nähe des Greifobjekts befinden. Spätestens dann treten die Finger in Kontakt mit dem Greifobjekt. Welche Fingergelenke sich dafür wie bewegen ist natürlich wieder abhängig vom Greifmuster. Beim Zylindergriff schließt sich die Hand mit $R_{Hand\_schliessen}$, die bisher gestreckten Finger beugen sich dabei bis sie Kontakt mit der Zylinderfläche haben.

Nach dem Greifen werden die Finger weiterhin von $R_{Objekt\_festhalten}$ mit einer gewissen Kraft zusammengedrückt, so dass der gegriffene Zylinder festgehalten bleibt. Der Griff wird überwacht, so dass bei Bedarf, z. B. wenn über die Sensoren eine ungewollte Änderung der Position des Objekts bemerkt wird, die Greifkraft erhöht werden kann.

Auch das Loslassen eines bereits gegriffenen Objekts kann in entsprechende Phasen „*davor*", „*dabei*" und „*danach*", unterteilt werden. Für die

---

[8]Englisch: *pre* = vor; *shape* = Form/Gestalt

Phase nach dem Loslassen gibt es wieder eine entsprechende *Postshape*[9]-
Konfiguration, welche die Fingerstellungen der Hand nach dem Loslassen
beschreibt. Diese ist aber i. d. R. identisch mit der Preshape-Konfiguration.

Neben dem Greifen können also auch andere Handhabungen in Phasen unterteilt werden. Typisch ist eine vorbereitende Phase, danach die eigentliche
Aktion der Handhabung und eine nachbereitende Phase. Auf die einzelnen
Phasen wird in erweiterter Form auch in Abschnitt 6.3 noch genauer eingegangen, wo sie im Hinblick auf die Koordination der Bewegungen von Hand
und Arm betrachtet werden.

5.2.4. Ausführung von Greifskills

Die Auswahl und Ausführung von Greifskills stellt sich nun wie in Abbildung 5.14 gezeigt dar. In der Greifplanung wird die Ausführung der Mission gesteuert. Dafür wird entsprechend dem Greifobjekt und der Greifaktion
eine geeignete Greifskill S_χ aus einer Reihe zur Verfügung stehender Greifskills S_α, S_β, S_γ, ... ausgewählt. Diese wird parametriert, also zum Beispiel
mit den Parametern, die vom Greifobjekt abhängen, versehen und nach unten
an die lokale Handsteuerung zur Ausführung übergeben.

Dort kommt die übergebene Greifskill S_χ nach der Decodierung zur Ausführung. Die Skill-spezifischen Daten wie Greifmuster G_{S_χ}, Parameter p_{S_χ}
und insbesondere die Algorithmen Rj_{S_χ} stehen dann im Prozess-Kontext
der lokalen Handsteuerung zur Verfügung. Die Schicht zur Ausführung des
Greifmusters ruft die übermittelten spezifischen Algorithmen Rj_{S_χ} auf. Dadurch kann in dieser allgemeinen, unspezifischen Schicht die Ausführung
des Greifmusters situationsabhängig angepasst werden, um so z. B. Umwelteinflüsse zu berücksichtigen oder auf Ereignisse gezielt zu reagieren.

Die Algorithmen Rj_{S_χ} sind spezifisch für die Handhabung, welche die
Greifskill S_χ ausführt. Zur Ausführungssteuerung wird Wissen über die Situation in der die Handhabung abläuft benötigt. Dieses Wissen ist implizit in
dem Programmcode der den Algorithmus implementiert enthalten. Dadurch
kann situationsspezifisches Wissen in die lokale Handsteuerung eingebettet
werden. Dadurch das dieses Wissen in aktiven Algorithmen und nicht in passiven Daten codiert ist, kann es von der ausführenden Schicht in der lokalen
Handsteuerung transparent verwendet werden. Dies erhöht die Flexibilität

---

[9]Englisch: *post* = nach

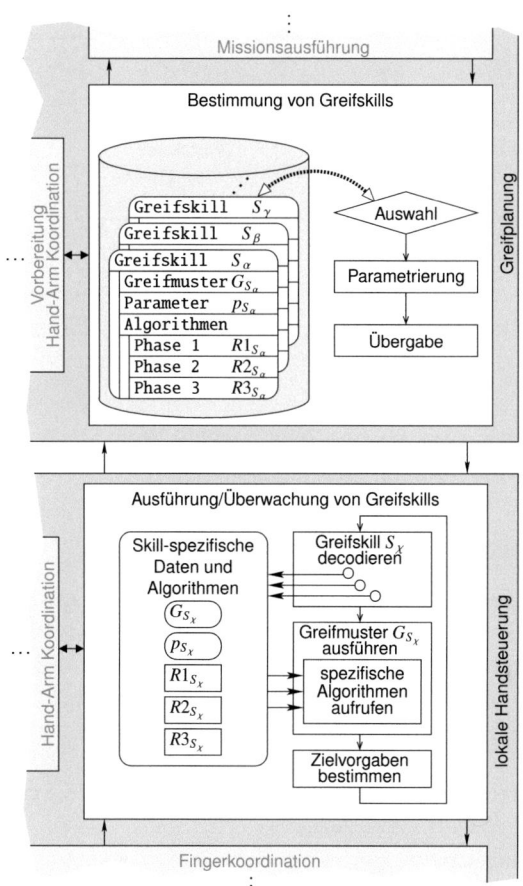

Abbildung 5.14.: Vergrößerter Ausschnitt aus Abbildung 4.8: Auswahl und Ausführung von Greifskills. Neben passiven Daten wie Greifmuster G und Parameter p enthalten Greifskills auch aktive Komponenten, die skill-spezifischen Algorithmen Rj. Dadurch kann situationsspezifisches Wissen in die lokale Handsteuerung eingebettet werden.

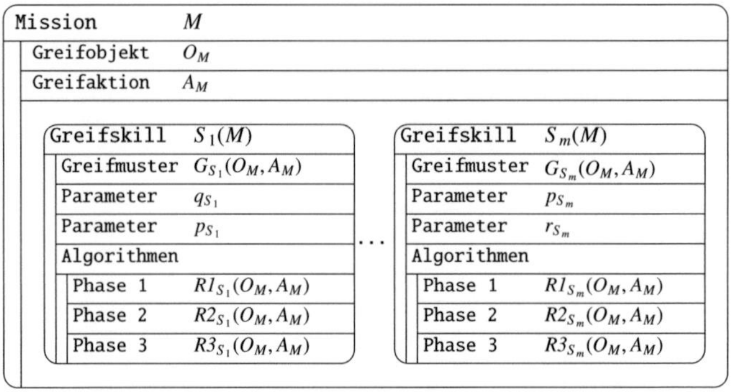

Abbildung 5.15.: Zusammenhang von Mission, Greifskill und Greifmuster.

und insbesondere die Erweiterbarkeit erheblich, da die ausführende Schicht selbst nicht modifiziert oder erweitert werden muss, wenn sich Greifskills ändern oder neue hinzukommen.

Mission, Greifskill und Greifmuster

Zur Ausführung einer der in Abschnitt 4.2.2 beschriebenen Missionen wird in der Regel eine Folge von Greifskills abgearbeitet. Abbildung 5.15 zeigt den Zusammenhang zwischen Mission, Greifskill und Greifmuster schematisch. Die Mission M, gekennzeichnet durch ein Greifobjekt O_M und eine Greifaktion A_M, setzt sich aus mehreren Greifskills $S_1 \ldots S_m$ zusammen. Die Greifskills haben jeweils spezifische Parameter p_{S_i}, q_{S_i} oder r_{S_i}, vom Greifobjekt und der Greifaktion abhängige Greifmuster $G_{S_i}(O_M, A_M)$ sowie spezifische Algorithmen $Rj_{S_i}(O_M, A_M)$

Ein etwas konkreteres Beispiel soll das weiter verdeutlichen: Eine Tasse soll vom Roboter von ihrer aktuellen Position p_1 an eine andere Position p_2 weggeräumt werden. Der Roboter muss dafür die Tasse greifen, transportieren und wieder ablegen. Abbildung 5.16 zeigt (vereinfacht) die für die Handsteuerung wesentlichen Schritte. Die entsprechende Mission „Tasse wegräumen" setzt sich i. W. aus zwei Greifskills zusammen: Eine Greifskill zum Ergreifen der Tasse und eine weitere zum wieder Ablegen.

In der Greifplanung werden einzelne Greifskills nacheinander ausgewählt, parametriert und der lokalen Handsteuerung zur Ausführung übergeben. Die

Mission	$M_{Tasse\_wegräumen}$
Greifobjekt	O_{Tasse}
Greifaktion	$A_{wegräumen}$

Greifskill	$S_{Zylinder\_greifen}$
Greifmuster	$G_{Zylinder}$
Parameter	$p_{Position} = p_1$
Parameter	$p_{Durchmesser} = d$
Algorithmen	
Phase 1	$R_{Hand\_öffnen}$
Phase 2	$R_{Hand\_schliessen}$
Phase 3	$R_{Objekt\_festhalten}$

Greifskill	$S_{Zylinder\_ablegen}$
Greifmuster	$G_{Zylinder}^{-1}$
Parameter	$p_{Position} = p_2$
Parameter	$p_{Orientierung} = o$
Algorithmen	
Phase 1	$R_{Objekt\_festhalten}$
Phase 2	$R_{Hand\_öffnen}$
Phase 3	$R_{Hand\_offen\_lassen}$

Abbildung 5.16.: Beispiel für eine Mission „Tasse wegräumen" als Folge zweier Greifskills „Zylinder greifen" und „Zylinder ablegen".

Parameter werden dabei entsprechend dem Greifobjekt und der Greifaktion bestimmt, insbesondere wird so ein geeignetes Greifmuster ausgewählt. Wenn die Tasse i. W. eine zylindrische Form hat, können z. B. Greifskills zum Handhaben von zylindrischen Objekten verwendet werden, hier also die Skills $S_{Zylinder\_greifen}$ und $S_{Zylinder\_ablegen}$. Beim Ergreifen ist dann neben der Position der Durchmesser d der Tasse (des Zylinders) der wesentliche Parameter der Greifskill. Beim Ablegen der Tasse kann zusätzlich noch die Orientierung o gewählt werden. So kann die Tasse z. B. entweder mit der Öffnung nach oben (um später etwas Einschenken zu können) oder nach unten (beim Einräumen in die Spülmaschine) abgelegt werden. Dies ist ein Beispiel dafür, dass beim Greifen eines Objekts nicht nur das Objekt selbst, also i. W. seine Form, sondern auch die Greifaktion für die Wahl eines Greifmusters bedeutsam ist. Dies wurde bereits in Abschnitt 4.2.2 angesprochen.

Im Beispiel wird die (zylindrische) Tasse durch einen Zylindergriff $G_{Zylinder}$ ergriffen bzw. mit einer entsprechenden „inversen" Greifmuster $G_{Zylinder}^{-1}$ wieder abgelegt. Die Transportphase, während der die Hand mit der gegriffenen Tasse durch den Roboterarm von Position p_1 nach p_2 bewegt wird, wurde dabei hier für die Darstellung außer Acht gelassen, da die Hand währenddessen das Objekt lediglich festhalten muss.

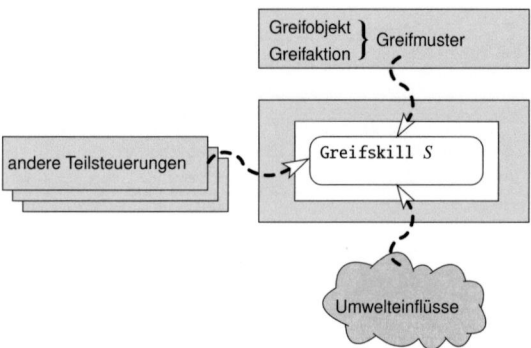

Abbildung 5.17.: Einflüsse auf eine Greifskill.

5.2.5. Eigenschaften von Greifskills

Die beiden in der Definition D-2 genannten Eigenschaften von Greifskills, nämlich spezifisch für ein Greifobjekt und eine Greifaktion zu sein sowie reaktiv auf Umwelteinflüsse reagieren zu können, bestimmen die Umsetzung der Greifskills ganz erheblich. Eine spezifische und reaktive Greifskill muss die in Abbildung 5.17 angedeuteten Faktoren berücksichtigen können:

- Greifmuster-spezifische Faktoren, die sich aus dem Greifobjekt und der Greifaktion ergeben

- Andere Teilsteuerungen des Roboters, um Bewegungen der Hand auf Bewegungen anderer Teile des Roboters abstimmen zu können

- Einflüsse aus der Umwelt des Roboters, die eine Reaktion der Handsteuerung erforderlich machen

Diese Faktoren lassen sich grob in äußere und innere Einflüsse unterteilen, was nun noch etwas detaillierter betrachtet werden soll.

Äußere Einflüsse

Die Berücksichtigung anderer Teilsteuerungen wird über die Hand-Arm-Koordination erreicht, worauf anschließend in Kapitel 6 noch näher eingegangen wird. Beispielsweise könnte die Detektion eines (temporären) Hindernisses durch die optischen Sensoren im Kopf oder durch die taktile Haut auf

dem Arm des Roboters einen Abbruch oder eine Verzögerung der gerade ausgeführten Roboteraktion zur Folge haben, wovon auch die Bewegungen der
Finger betroffen sind. Die Hand-Arm-Koordination bietet hier Möglichkeiten, um auf solche Ereignisse, die in anderen Teilsteuerungen des Roboters
auftreten, reagieren zu können.

Direkte Einflüsse der Umwelt nimmt die Handsteuerung über ihre Sensoren wahr. Bereits auf der Ebene der Low-Level Fingerregelung werden
interne Sensoren der Hand ausgewertet, beispielsweise Winkelpositionssensoren in den Fingergelenken. Jedoch lassen sich nicht alle Sensorsignale
bereits auf dieser niedrigen Ebene korrekt interpretieren. Die Interpretation
kann situationsabhängig sein und ist dann erst auf Ebene der Greifskills sinnvoll durchführbar. Die Greifskill bzw. die enthaltenen aktiven Algorithmen
erfügen über mehr Situationswissen und können so angemessen reagieren.

Ein gutes Beispiel hierfür sind die Signale der taktilen Sensoren der Hand.
Diese liefern Informationen über den Kontakt von einzelnen Fingergliedern
mit der Umwelt, z. B. einem Greifobjekt. Beim Greifen eines Objekts werden
diese Kontaktinformationen dazu verwendet, die Hand bei einem korrekten
Kontakt zu schließen oder bei einem falschen oder ungenügenden Kontakt
neu zu positionieren. Ein korrekter Kontakt tritt zu einem erwarteten Zeitpunkt und an einer erwarteten Stelle auf, während ein falscher Kontakt vorzeitig oder an einer unerwarteten Stelle auftritt. Ob ein Kontakt in diesem
Sinne korrekt oder falsch ist hängt also wieder vom Greifmuster ab und damit letztlich vom Greifobjekt und von der Greifaktion. Anders sieht es dagegen beim Ausführen einer Geste, z. B. einer Zeigegeste, aus. Hierbei soll die
Hand keine Objekte der Umwelt berühren, ein dennoch auftretender Kontakt
ist also unerwartet und muss daher zunächst erkannt und als Fehler interpretiert und danach entsprechend behandelt werden.

Die Interpretation der taktilen Informationen ist also spezifisch für das jeweilige Greifobjekt und die Greifaktion und ermöglicht so eine Anpassung
der geplanten Fingerbewegungen, also letztlich eine angemessene Reaktionen auf Umwelteinflüsse. Das Wissen über das Greifmuster ist auf Ebene der
Greifskills aufgrund der spezifischen Algorithmen vorhanden, darunter, auf
Ebene der Low-Level Regelung, aber nicht.

Die Abbildungen 5.18 (a) und (b) zeigen die angeführten Beispiele im
Bild. Die unterschiedlichen Interpretationen eines Kontakts durch spezifische Algorithmen sind dabei durch verschiedene Flussdiagramme angedeutet. Natürlich ist dies eine stark vereinfachte, schematische Darstellung, sie

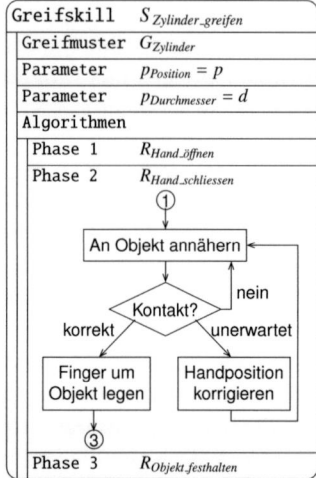

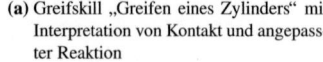

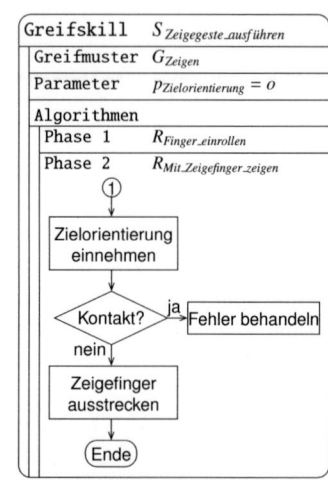

(a) Greifskill „Greifen eines Zylinders" mit Interpretation von Kontakt und angepasster Reaktion

(b) Greifskill „Zeigegeste ausführen" mit Interpretation von Kontakt als Fehler

Abbildung 5.18.: Greifskills mit spezifischen Algorithmen zur situationsabhängigen Reaktion auf Umwelteinflüsse.

dient lediglich dazu die Möglichkeiten, die durch Skill-spezifische Algorithmen eröffnet werden, zu verdeutlichen.

Eine ganz bestimmte Greifskill muss aber natürlich nicht immer alle denkbaren Einflüsse berücksichtigen können. Vielmehr hängen die relevanten Einflüsse sehr stark von der jeweiligen spezifischen Fertigkeit ab, welche die Greifskill realisiert.

Innere Einflüsse

Neben den genannten äußeren Einflüssen haben auch innere Faktoren, die sich aus der Gestaltung der Handsteuerung sowie den Greifobjekten bzw. Greifaktionen ergeben, Auswirkung auf die Umsetzung der Greifskills.

Um die unterschiedlichen Fähigkeiten der Hand zu realisieren werden verschiedene Greifskills benötigt, die jeweils auf unterschiedliche Fertigkeiten und Greifobjekte bzw. Greifaktionen spezialisiert sind. Diese verschiedenen

Greifskills benötigen aber auch unterschiedliche und insbesondere unterschiedlich viele Parameter. Das Datenformat, in dem die Greifskills abgespeichert und übermittelt werden, muss daher also auch wieder entsprechend flexibel und erweiterbar sein.

Gleiches gilt in besonderem Maße auch für die Algorithmen einer Greifskill, den diese sind ja spezifisch für genau die von ihrer Greifskill realisierte Fertigkeit der Hand. Wegen der Forderungen nach Flexibilität (A-1) und Erweiterbarkeit (A-6) auch für zukünftige Aufgabenstellungen könnten zudem neue Aufgabenstellungen andersartige Reaktionen benötigen, da sie z. B. von anderen Umwelteinflüssen abhängen.

Entsprechend dem vorgestellten Konzept der Handsteuerung aus Kapitel 4 werden Greifskills zunächst oben in der Greifplanung ausgewählt und parametriert. Anschließend werden sie unten in der lokalen Handsteuerung ausgeführt. Zur Ausführung einer Greifskill muss diese also inklusive ihrer spezifischen Greifmuster, Parameter und Algorithmen von der Greifplanung an die lokale Handsteuerung übergeben werden können.

5.3. Umsetzung von Greifskills

Nachdem im letzten Abschnitt die notwendigen Eigenschaften von Greifskills für das vorliegende Szenario herausgearbeitet wurden soll nun ihre konkrete Umsetzung, also die Realisierung in Software beschrieben werden, die im Rahmen dieser Arbeit entwickelt wurde.

5.3.1. Anforderungen an die Umsetzung

Die wichtigsten Anforderungen, die sich unter dem Gesichtspunkt der Umsetzung für den hier gewählten Ansatz ergeben sind:

- Greifskills enthalten neben passiven Komponenten, wie Greifmuster und Parameter, auch aktive Komponenten, wie Algorithmen.

- Diese Komponenten sind spezifisch für jede Greifskill. Ihre Art und Anzahl kann von Greifskill zu Greifskill unterschiedlich sein.

- Die Auswahl sowie die Ausführung einer Greifskill erfolgt jeweils in verschiedenen Schichten der Handsteuerung. Diese haben jeweils auch sehr unterschiedlichen Echtzeitanforderungen.

- Greifskills müssen auf einfache Weise anpassbar und erweiterbar sein. Neue Skills sollten sich einfach hinzufügen lassen, ohne dass die schon existierenden dafür modifiziert werden müssen.

5.3.2. Herangehensweise

Der Grundgedanke bei der Umsetzung der Greifskills mit den genannten Eigenschaften stützt sich auf die bekannte Idee der *objektorientierten Programmierung* [65, 142]. Die wichtigsten Aspekte oder auch Paradigmen dieser objektorientierten Herangehensweise und ihre Anwendung bei der Umsetzung von Greifskills sind:

Objektorientierung
Daten und die darauf arbeitenden Algorithmen werden zu Einheiten zusammengefasst, den sog. (Software-)Objekten. Die Daten enthalten den Zustand des Objekts, die Algorithmen werden hier auch die Methoden des Objekts genannt und legen sein Verhalten fest.

Für die folgende Diskussion ist mit einem *„Objekt"* immer ein solches Software-Objekt gemeint. Gegenstände der realen Welt, die von der Hand gehandhabt werden können, werden zur Unterscheidung wie bisher auch weiterhin grundsätzlich als Greifobjekte bezeichnet.

Eine Greifskill kann als ein solches Softwareobjekt aufgefasst werden. Das Greifmuster und die Parameter sind die Daten, die spezifischen Algorithmen sind die Methoden. Erst durch diese Zusammenfassung von Daten und Methoden zu einer Einheit ist es möglich, unterschiedliche Algorithmen mit den verschiedenen Greifskills wie gewünscht flexibel und erweiterbar in die lokale Handsteuerung einzubetten.

Abstraktion
Objekte sind abstrakte Einheiten, die mit anderen Systemteilen interagieren und bestimmte Aufgaben erfüllen können indem ihre Methoden aufgerufen werden. Die anderen Systemteile müssen jedoch nicht wissen, wie diese Aufgaben von dem Objekt erfüllt werden.

Durch die Abstraktion sind die Greifobjekte und die sie benutzende Greifplanung bzw. lokale Handsteuerung relativ unabhängig voneinander. Dies entkoppelt und vereinfacht deren Entwicklung, da jeweils nicht auf alle Details der benutzenden Steuerungsschicht bzw. der benutzten Greifskills Rücksicht genommen werden muss.

Kapselung

Die Art der Interaktion mit einem Objekt wird durch seine Schnittstelle bestimmt. Ein direkter Zugriff auf den internen Zustand eines Objekts von außen ist nicht möglich und auch nicht notwendig.

Die Ausführung einer Greifskill in der lokalen Handsteuerung erfolgt über die Schnittstelle der Greifskills. Die lokale Handsteuerung muss daher nichts über die Interna der jeweiligen Greifskill wissen. Bei Änderungen an Greifskills oder wenn neue Greifskills hinzukommen muss daher die lokalen Handsteuerung nicht angepasst werden, solange sich die Schnittstelle nicht ändert. Dies erleichtert Modifikationen und Erweiterungen erheblich.

Polymorphie

Auch wenn unterschiedliche Objekte die gleiche Schnittstelle anbieten, kann die Implementierung dieser Schnittstelle unterschiedlich sein. Wie ein Objekt bei Aufruf einer bestimmten Methode seiner Schnittstelle reagiert hängt also nicht nur von der Schnittstelle, sondern auch ganz entscheidend von dem aufgerufenen Objekt ab.

Der Aufruf einer bestimmten Methode ruft also u. U. bei verschiedenen Objekten nicht unbedingt die gleichen Auswirkungen hervor. Was zunächst fast wie ein Nachteil klingt hat hier jedoch große Vorteile. Bei gleicher Schnittstelle können unterschiedliche Greifskills so unterschiedliche Reaktionen implementieren, wie es nach Abschnitt 5.2.2 auch erforderlich ist. Vereinfacht dargestellt sagt die lokale Handsteuerung beim Aufruf einer Methode der Greifskill also lediglich „*Ausführen!*" und die aufgerufene Greifskill führt die Handhabung dann, entsprechend ihrer jeweiligen situationsspezifischen Algorithmen, aus. Diese explizite Trennung von „*was*" und „*wie*" ist beabsichtigt und ist ein Teil der Antwort auf die entsprechenden Fragestellungen aus Abschnitt 2.5.1.

Vererbung

Aus vorhandenen Objekten können durch die sog. Vererbung neue Objekte abgeleitet werden. Dabei können neue Komponenten hinzukommen oder vorhandene überschrieben werden. Dies gilt insbesondere auch für die Methoden. Man spricht in diesem Zusammenhang davon, dass ein abgeleitetes (Unter-) Objekt die Eigenschaften (Daten und Methoden) des Objekts erbt, von dem es abgeleitet wurde.

Durch Vererbung lassen sich Hierarchien von Objekten aufbauen. Weiter oben in einer solchen Hierarchie haben die Objekte allgemeine bzw. abstrakte Eigenschaften, weiter unten dagegen immer speziellere bzw. konkretere. Der Vorteil dabei ist, dass sich so Gemeinsamkeiten, insbesondere von Methoden, ausnutzen lassen.

Dies lässt sich direkt auf Greifskills übertragen. Die Methoden einer Greifskill können so von abgeleiteten Greifskills, die sich lediglich in Spezialisierungen unterscheiden, einfach wiederverwendet werden. Das vereinfacht die Umsetzung von ähnlichen Greifskills erheblich.

5.3.3. Umsetzung

Greifskills mit den zuvor herausgearbeiteten Eigenschaften lassen sich unter Anwendung der genannten Paradigmen Objektorientierung, Abstraktion, Kapselung, Polymorphie und Vererbung sehr gut umsetzen. Dabei entsteht durch die Vererbung eine Hierarchie von verwandten Greifskills, wie sie z. B. in Abbildung 5.19 skizziert ist.

Hierarchie von Greifskills

In einer solchen Hierarchie werden speziellere oder konkretere Greifskills aus allgemeineren oder abstrakteren abgeleitet. Eine Greifskill für das Greifen eines ganz bestimmten Greifobjekts befindet sich in der Hierarchie also unterhalb der Greifskill, die für die entsprechende Klasse von Greifobjekten zuständig ist. In der Abbildung wird z. B. die Greifskill *„Tasse ergreifen"* aus der Greifskill *„Zylinder ergreifen"* abgeleitet. Diese beiden Greifskills sind sehr ähnlich, sie verwenden z. B. dasselbe Greifmuster Zylindergriff (wenn diese spezielle Tasse prinzipiell die Form eines Zylinders hat). Die beiden unterscheiden sich jedoch darin, dass die Greifskill *„Tasse ergreifen"*

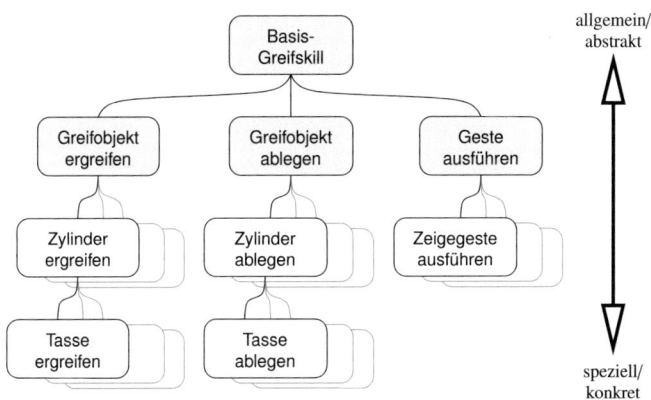

Abbildung 5.19.: Hierarchie von Greifskills. Die Linien verbinden allgemeinere/abstraktere Greifskills (oben) mit den davon abgeleiteten spezielleren/konkreteren Greifskills (unten).

den Henkel der Tasse beim Greifen berücksichtigen muss. Diese Greifskill ist also spezieller als die allgemeinere *„Zylinder ergreifen"*.

Auf diese Weise lassen sich neue Greifskills auf Basis der schon existierenden einfach hinzufügen, wenn z. B. neue zu handhabende Greifobjekte oder andere Fertigkeiten hinzukommen. Die neuen Greifskills können dann auf der Funktionalität der vorhandenen aufbauen, ohne dass die vorhandenen Greifobjekte dafür modifiziert werden müssten. Die neuen Greifskills müssen lediglich die spezifischen Eigenheiten der neu hinzugekommenen Greifobjekte oder Fertigkeiten behandeln. Dieser Mechanismus wird dann später bei der Diskussion der Schnittstelle der Greifskills weiter unten noch sehr viel detaillierter erläutert.

Zur besseren Strukturierung solcher Objekthierarchien werden oftmals zusätzliche Objekte mit aufgenommen, die aber im wirklichen System niemals direkt benutzt werden. Solche Objekte werden abstrakte Objekte genannt, sie dienen dazu, Gemeinsamkeiten von abgeleiteten Objekten zusammenzufassen. In Abbildung 5.19 sind diese abstrakten Greifskill mit grauem Hintergrund dargestellt, also beispielsweise die Greifskills *„Greifobjekt ergreifen"*, *„Greifobjekt ablegen"* oder *„Geste ausführen"*. Bei letzterer fehlt zum Beispiel die Angabe der konkreten Geste, die ausgeführt werden soll. Dennoch ist eine solche Greifskill *„Geste ausführen"* sinnvoll, sie könnte

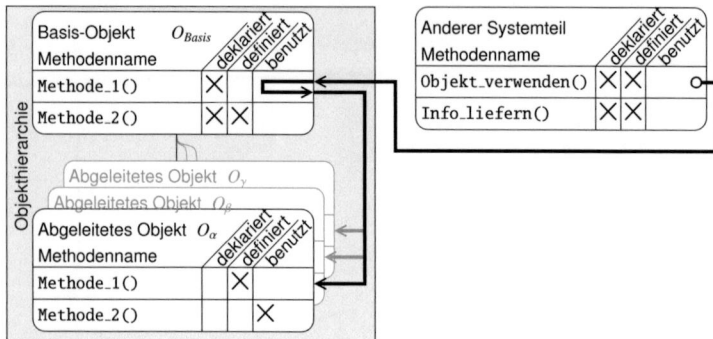

Abbildung 5.20.: Transparente Benutzung der Methoden von abgeleiteten Objekten O_α, O_β oder O_γ (unten links) durch andere Systemteile (oben rechts) über die Schnittstelle des Basis-Objekt O_{Basis} (oben links).

z. B. die Methode enthalten die überprüft, ob die taktilen Sensoren der Hand einen unerwünschten Kontakt mit der Umgebung erkannt haben (vgl. Abschnitt 5.2.5). Diese allgemeine Methode kann dann von allen abgeleiteten Greifskills, wie z. B. der konkreteren *„Zeigegeste ausführen"* einfach wiederverwendet werden, ohne die Methode erneut definieren zu müssen.

Schnittstelle von Greifskills

Besondere Bedeutung kommt dem obersten Objekt, dem Basis-Objekt O_{Basis} einer Objekt-Hierarchie zu. Dessen Schnittstelle, also seine Daten und Methoden, definiert die Schnittstelle aller abgeleiteten Objekte $O_\alpha, O_\beta, O_\gamma, \ldots$. Durch diese Schnittstelle können andere Systemteile die Objekthierarchie transparent benutzen, d. h. ohne genau wissen zu müssen, welches Objekt der Hierarchie verwendet wird. Diese Eigenschaft stützt sich insbesondere auf die oben beschriebenen Paradigmen der Vererbung und der Polymorphie. Sie wird nun zunächst an einem allgemeinen Beispiel beschrieben, bevor sie auf die Greifskills übertragen wird.

In Abbildung 5.20 *deklariert* ein Basisobjekt O_{Basis} einer Objekthierarchie eine Methode (`Methode_1()`), macht sie also gegenüber anderen Systemteilen bekannt. Sie wird jedoch nicht *definiert*, der Programmcode der die Methode implementiert wird also nicht festgelegt. Diese Definition erfolgt

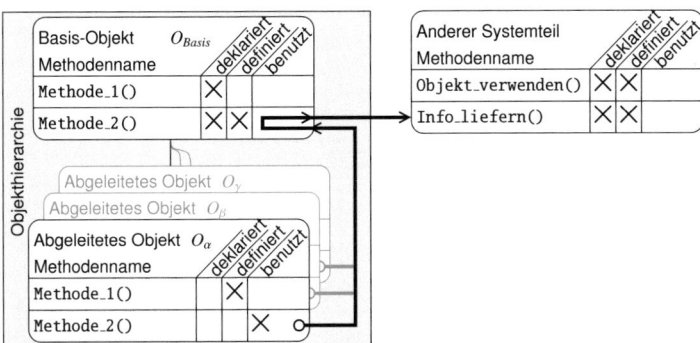

Abbildung 5.21.: Benutzung von Methoden anderer Systemteile über die Schnittstelle des Basis-Objektes durch abgeleitete Objekte.

erst in den abgeleiteten Objekten $O_\alpha, O_\beta, O_\gamma$, usw. Ein Aufruf einer solchen Methode durch einen anderen Systemteil wird über das Basis-Objekt an das zur Laufzeit tatsächlich existierende abgeleitete Objekt weitergeleitet, wo die Methode dann auch definiert ist. Im Beispiel in Abbildung 5.20 benutzt `Objekt_verwenden()` also `Methode_1()` des Basis-Objekts, welches dann wiederum die `Methode_1()` des jeweiligen abgeleiteten Objekts transparent, also ohne dass der Aufrufer dies bemerkt, benutzt.

Umgekehrt können auch die abgeleiteten Objekte $O_\alpha, O_\beta, O_\gamma$, usw. über das Basis-Objekt O_{Basis} auf andere Systemteile zugreifen. Dieser Fall ist in Abbildung 5.21 dargestellt. Die im Basis-Objekt deklarierte und definierte `Methode_2()` kann von den abgeleiteten Objekten benutzt werden. Diese Methode kann dann zum Beispiel selbst wieder Methoden anderer Systemteile wie `Info_liefern()` benutzen. Dadurch vereinfacht sich die Umsetzung der abgeleiteten Objekte, da diese die so vererbten Methoden ohne erneute Definition benutzen können.

Das Basis-Objekt der Greifskills aus Abbildung 5.19 wird mit Basis-Greifskill S_{Basis} bezeichnet. Diese besondere Greifskill legt die Schnittstellen zwischen den Greifskills einerseits und der Greifplanung sowie der lokalen Handsteuerung andererseits fest. Diese Schnittstelle wird durch die Deklaration verschiedener Methoden realisiert und kann in einen äußeren und einen inneren Teil aufgespalten werden: Die Basis-Greifskill S_{Basis} definiert einerseits Methoden, über die Greifplanung $\mathcal{GP}$ und lokale Handsteuerung $\mathcal{LH}$, von

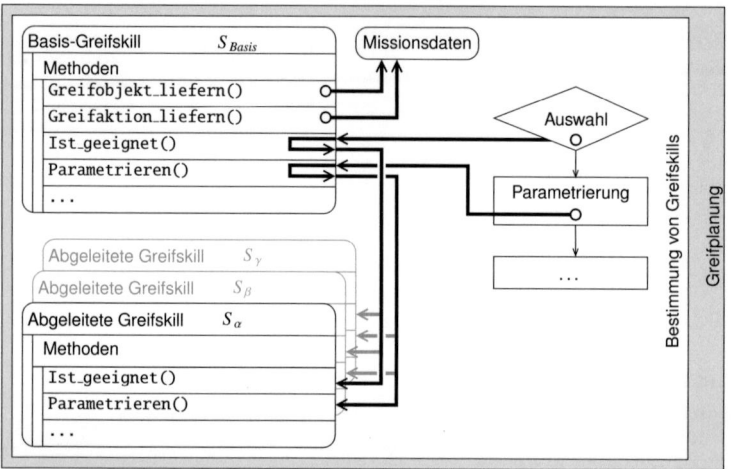

Abbildung 5.22.: Vergrößerter Ausschnitt aus Abbildung 4.9: Die Greifplanung benutzt die verfügbaren abgeleiteten Greifskills $S_\alpha, S_\beta, S_\gamma, \dots$ transparent über die Schnittstelle der Basis-Greifskill S_{Basis}. Abgeleitete Greifskills greifen umgekehrt wiederum über diese Schnittstelle transparent auf Informationen der Greifplanung zu, wie etwa auf die Missionsdaten.

außen aus, auf die Greifskills zugreifen können. Andererseits werden auch Methoden definiert, die eine abgeleitete Greifskills S_χ, von innen heraus, benutzen kann. Tabelle 5.3 zeigt tabellarisch, wie diese in der Basis-Greifskill definierte Schnittstelle prinzipiell aussieht, ohne dabei auf Implementierungsdetails genauer einzugehen. Die Abbildungen 5.22 und 5.23 zeigen grafisch wie von außen durch die Greifplanung bzw. die lokale Handsteuerung und von innen durch eine abgeleitete Greifskill auf die so definierte Schnittstelle zugegriffen wird.

In der Greifplanung werden Greifskills ausgewählt und parametriert. Welche Greifskill aus den zur Verfügung stehenden für die aktuelle Mission geeignet ist, muss die Greifplanung aber nicht allein entscheiden. Hierfür können vielmehr die zur Verfügung stehenden Greifskills selbst befragt werden, indem ihre Methode `Ist_geeignet()` aufgerufen wird. Eine so aufgerufene Greifskill kann wiederum über enthaltene Methoden wie beispielsweise `Greifobjekt_liefern()` und `Greifaktion_liefern()` auf die

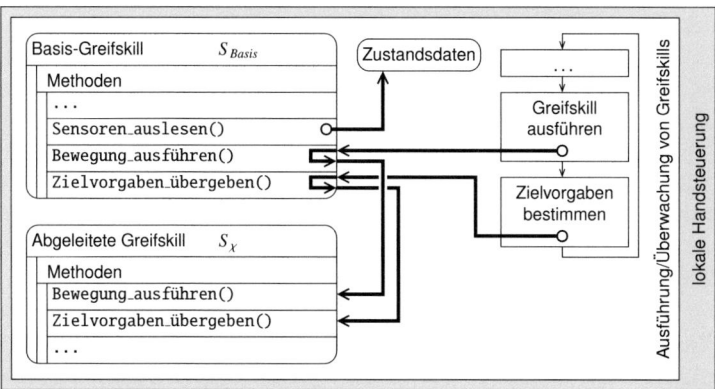

Abbildung 5.23.: Vergrößerter Ausschnitt aus Abbildung 4.10: Die lokale Handsteuerung benutzt die zuletzt übergebene abgeleitete Greifskill S_χ transparent über die Schnittstelle der Basis-Greifskill S_{Basis}. Die abgeleitete Greifskill greift umgekehrt über diese Schnittstelle auf Informationen der lokalen Handsteuerung zu.

Daten der Mission zugreifen und sich so gezielt Informationen über die Situation verschaffen. Die zur Verfügung stehenden Greifskills werden so der Reihe nach befragt, bis sich eine geeignete findet.

Die auf diese Weise ausgewählte Greifskill versorgt sich dann beim Aufruf der `Parametrieren()` Methode ggf. selbst mit weiteren fertigkeitsspezifischen Parametern. Natürlich ist die Menge der möglichen Parameter wiederum durch eine Schnittstelle der Greifplanung vorgegeben, aber die Greifskill selbst bestimmt, welche Parameter sie benötigt. Durch diese Schnittstelle der Greifskills kann die Greifplanung alle Greifskills transparent benutzen, auch wenn die einzelnen Greifskills intern sehr unterschiedlich sind. Abbildung 5.22 zeigt die Kette von Funktionsaufrufen, die bei einer solchen transparenten Benutzung erfolgt: Von der Greifplanung über die Schnittstelle der Basis-Greifskill bis hin zu den abgeleiteten Greifskills.

Der gleiche Mechanismus wird auch innerhalb der lokalen Handsteuerung bei der eigentlichen Ausführung einer Greifskill angewendet. Die lokale Handsteuerung ruft transparent die Methode `Bewegung_ausführen()` der gerade aktiven (d. h. von der Greifplanung zuletzt übergebenen) Greifskill S_χ über die Schnittstelle der Basis-Greifskill S_{Basis} auf. Diese Methode

berechnet den nächsten Schritt der Fingerbewegungen aufgrund der spezifischen Fertigkeit dieser Greifskill. Dabei kann sie den aktuellen Zustand der
Hand, z. B. die Stellung der Fingergelenke oder Informationen über Kontakte
mit der Umgebung durch Methoden wie `Sensoren_auslesen()` auswerten
und berücksichtigen. Die resultierenden Zielvorgaben werden schließlich mit
der Methode `Zielwerte_setzen()` an die darunterliegende Fingerkoordination übergeben. Abbildung 5.23 zeigt wiederum die entsprechende Kette
von Funktionsaufrufen, die von der lokalen Handsteuerung über die Schnittstelle der Basis-Greifskill bis zur aktiven Greifskill reicht.

Die verschiedenen Methoden einer Greifskill werden hierfür also sowohl
im Prozess-Kontext der Greifplanung als auch im Prozess-Kontext der lokalen Handsteuerung aufgerufen. Die aufgerufenen Methoden müssen dabei
jeweils den Echtzeitanforderungen des Kontextes genügen. Insbesondere die
Methode `Bewegung_ausführen()` wird, wie für Steuerungen typisch, zyklisch aufgerufen und muss daher eine vergleichsweise kurze Berechnungs-
zeit haben. Dies ist aber unproblematisch, da ja in jedem Zyklus jeweils nur
ein Schritt der Fingerbewegungen zu berechnen ist.

Übergabe von Greifskills

Greifskills müssen von der Greifplanung an die lokale Handsteuerung übergeben werden. Dies ist für die Umsetzung insofern von Bedeutung, als diese beiden Komponenten Greifplanung und lokale Handsteuerung prinzipiell
auch auf verschiedenen Rechnern der in Abschnitt 4.4.1 vorgestellten Rechnerarchitektur ausgeführt werden können (siehe auch Abbildung 4.12). Daher muss ein geeigneter Mechanismus entwickelt werden, um die Greifskills
auch dann übertragen zu können.

Die in Abschnitt 4.4.1 beschriebene Methode des Datenaustauschs über
die Kanten der MCA2 Basisarchitektur ist hierfür aber nicht geeignet (siehe
auch Abbildung 4.13 und Anhang B). Die Anzahl und Bedeutung der über
Kanten auszutauschenden Daten ist nämlich statisch und lässt sich i. Allg.
nur mühsam durch Modifikationen im Programm-Quellcode ändern. Weiterhin gibt es keine Möglichkeit zur Übermittlung von Objekten, also Daten plus Methoden, über die Kanten. Daher verbleibt die Übermittlung via
Blackboards, die einen viel flexibleren Datenaustausch ermöglichen.

Ähnliche Überlegungen gelten auch für die Übermittlung der Missionen.
Um auch für diese die einfache Möglichkeit für zukünftige Erweiterungen zu

bewahren, werden die Missionen ebenfalls in einem speziellen Blackboard zwischen übergeordneter Robotersteuerung und Greifplanung ausgetauscht.

Die Abbildung 5.24 zeigt, aufbauend auf Abbildung 5.14, wieder den entsprechenden Ausschnitt der Handsteuerung, vervollständigt mit den benötigten Blackboards. Die Missionsplanung legt die zu erfüllende Mission in das Mission-Blackboard ((a) im Bild) und teilt über die Kante (c) mit, dass eine neue Mission vorliegt. In der Greifplanung wird zur Ausführung der Mission das Greifobjekt und die Greifaktion aus dem Mission-Blackboard ermittelt ((b) im Bild). Dann wird eine bestimmte Greifskill passend zu Greifobjekt und Greifaktion aus einer Reihe von Greifskills ausgewählt. Die Greifskill wird über ein spezielles Skill-Blackboard ausgetauscht, der Zugriff erfolgt direkt, wie es (d) und (e) in der Abbildung andeuten. Da es sich bei der Greifskill um ein komplexeres (Software-)Objekt handelt spricht man auch davon, dass es im Skill-Blackboard erzeugt oder instantiiert wird. Über die Kanten zwischen Greifplanung und lokaler Handsteuerung ((f) im Bild) werden dagegen lediglich einfache Informationen wie *„Neue Greifskill vorhanden"* oder *„Greifskill abgearbeitet"* übermittelt.

Methode	dekla- riert v.	defi- niert v.	aufge- rufen v.	Beschreibung
Im Kontext der Greifplanung:				
Ist_geeignet()	S_{Basis}	S_χ	$\mathcal{GP}$	Bestimmt, ob die Greifskill für die aktuelle Mission geeignet ist
Parametrieren()	S_{Basis}	S_χ	$\mathcal{GP}$	Die Greifskill versorgt sich mit den Parametern, die sie benötigt
Greifobjekt_liefern()	S_{Basis}	S_{Basis}	S_χ	Liefert das Greifobjekt aus der Mission zurück
Greifaktion_liefern()	S_{Basis}	S_{Basis}	S_χ	Liefert die Greifaktion aus der Mission zurück
Im Kontext der lokalen Handsteuerung:				
Bewegung_ausführen()	S_{Basis}	S_χ	$\mathcal{LH}$	Führt den nächsten Schritt der Fingerbewegungen aus
Sensoren_auslesen()	S_{Basis}	S_{Basis}	S_χ	Liefert Zustandsinformationen der lokalen Handsteuerung
Zielwerte_setzen()	S_{Basis}	S_{Basis}	S_χ	Übergibt Zielvorgaben an die unterlagerte Fingerkoordination

S_{Basis} : Basis-Greifskill $\mathcal{GP}$: Greifplanung
S_χ : abgeleitete Greifskill $\mathcal{LH}$: Lokale Handsteuerung

Tabelle 5.3.: Die wichtigsten Methoden der Schnittstelle von Greifskills. Für jede Methode gibt die Tabelle an, wer sie deklariert, also bekannt gibt (2. Spalte); wer sie definiert, also implementiert (3. Spalte) und von wem sie aufgerufen, also benutzt wird (4. Spalte).

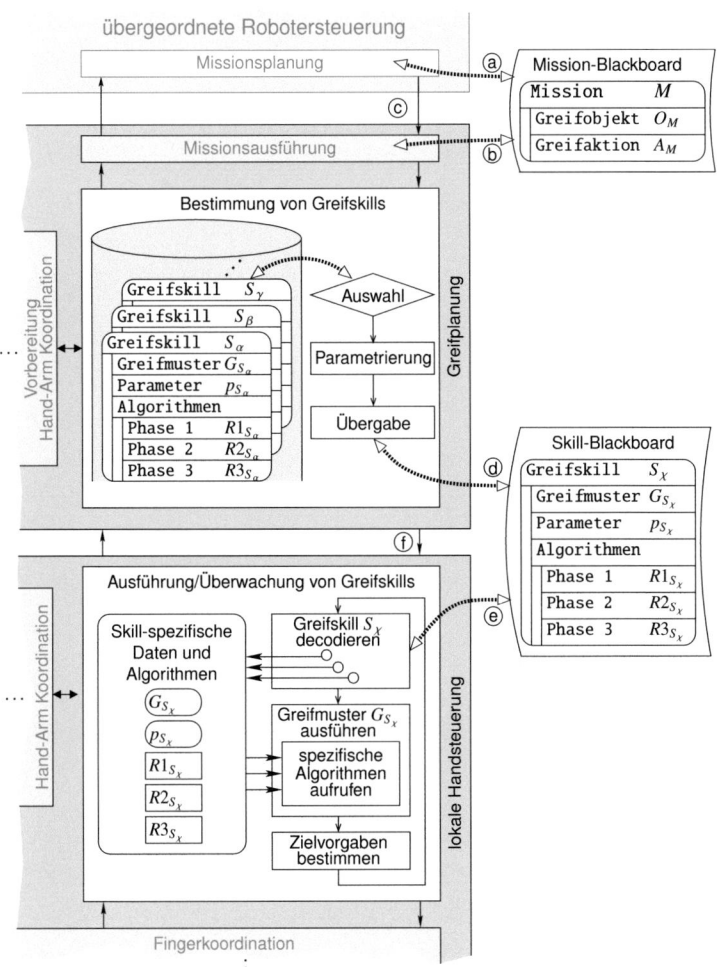

Abbildung 5.24.: Verfeinerte Darstellung von Abbildung 5.14: Austausch von Missionen und Greifskills über Blackboards.

6. Bewegungskoordination mit erweiterten Petri-Netzen

In den vorangegangenen Kapiteln wurde bereits mehrfach auf die Notwendigkeit der Koordination von Bewegungen zwischen verschiedenen Teilsteuerungen hingewiesen. In diesem Kapitel wird ein geeigneter Lösungsansatz beschrieben, der diese Problemstellung P-3 aus Abschnitt 2.5.2 behandelt. Der Ansatz ist entsprechend den Anforderungen A-1 und A-6 flexibel sowie einfach erweiterbar. Weiterhin lässt er sich sehr gut in das Konzept der Handsteuerung aus Kapitel 4 integrieren und mit den in Kapitel 5 eingeführten Greifskills kombinieren. Somit kann mit dem Ansatz also auch die Anforderung A-4 (Kompatibilität) erfüllt werden.

6.1. Vorüberlegungen zur Bewegungskoordination

Zunächst werden nun die Begriffe Bewegung und Koordination, so wie sie hier verstanden werden sollen, eingeführt. Danach werden weitere Rahmenbedingungen für die Koordination von Bewegungen des Roboters erläutert. Daraufhin wird dann die Problemstellung der hier untersuchten Bewegungskoordination exakt formuliert.

6.1.1. Begriffe

Bewegung

Ein Roboter, insbesondere ein humanoider Roboter, hat viele verschiedene Freiheitsgrade (vgl. Abbildung 2.1). Einige dienen der Fortbewegung (Lokomotion) des Roboters als ganzes und befinden sich entsprechend in seinen Beinen bzw. Rädern. Andere ermöglichen es, die akustischen oder optischen

Sensoren gezielt auszurichten, z. B. im Hals des Roboters zur Positionierung des Kopfes (Blickrichtungssteuerung). Und schließlich dienen weitere Freiheitsgrade, insbesondere in den Armen, aber in geringerem Umfang auch im Torso, zur Positionierung der Greifwerkzeuge über die oberen Gliedmaßen (Gestik[1], Pantomimik (Körperhaltung)).

Die einzelnen Gliedmaßen wie z. B. Torso, Oberarm, Unterarm, Hand und Fingerglieder sind durch mechanische Gelenke verbunden, welche die Freiheitsgrade realisieren. Die Gelenke, wie z. B. Schulter-, Ellbogen-, Hand- oder Fingergelenke, werden wiederum über Aktoren und Sensoren und damit letztlich von den entsprechenden Teilsteuerungen des Roboters angesteuert. Bei den Gelenken handelt es sich i. d. R. um Drehgelenke, so dass die dadurch verbundenen Gliedmaßen relativ zueinander verdreht werden können. Werden mehrere Gelenke gleichzeitig verdreht, so entsteht über die sog. kinematische Kette [139] eine **Gesamtbewegung**.

Eine Bewegung soll hier daher nicht nur im ganz allgemeinen Sinne als ein *„veränderlicher Zustand jenseits der Ruhe"* [150] oder im einfachen physikalischen/mathematischen Sinne als eine *„Veränderung der Position über die Zeit"* [124] verstanden werden. Vielmehr ist eine **Bewegung** im kinematischen oder physiologischen/medizinischen Sinne als eine Folge von aufeinander abgestimmte Gelenkbewegungen zu verstehen, die zielgerichtet mit einer bestimmten Absicht ausgeführt werden.

Koordination

Ein wichtiger Aspekt der obigen Begriffserklärung ist, dass die Bewegungen einzelner Gelenke aufeinander abgestimmt, also koordiniert werden müssen. Unter **Koordination** soll dabei *„das Abstimmen verschiedener Aktivitäten aufeinander, die Verbesserung des Zusammenspiels und des Zusammenwirkens"* [151] verstanden werden.

Eine koordinierte Bewegung kann, je nachdem welche Gelenke an der Bewegung beteiligt sind, nur eine oder aber mehrere Teilsteuerungen des Roboters betreffen. Insbesondere die in diesem Kapitel genauer untersuchte Koordination mehrerer Teilsteuerungen ist nicht trivial und muss **explizit** gemacht werden. Das heißt, die Koordination muss in einer geeigneten Form

---

[1]Hier: Bewegungen der Arme [133]; nicht zu verwechseln mit den Handgesten aus Abschnitt 5.1.4

ausdrücklich zwischen den beteiligten Teilsteuerungen vereinbart werden, um sie dann entsprechend bei der Ausführung berücksichtigen zu können.

6.1.2. Koordination innerhalb von Teilsteuerungen

Wenn an einer koordinierten Bewegung nur Gelenke einer einzigen Teilsteuerung beteiligt sind, dann kann diese Koordination durch eine geeignete Steuerungsschicht **innerhalb** dieser Teilsteuerung und unabhängig von anderen Teilsteuerungen erreicht werden. Eine derartige innere Koordination kann höhere Echtzeitanforderungen, also schnelle Reaktions- und Berechnungszeiten, erfüllen. Dies wird dadurch erreicht, dass alle betroffenen zu koordinierenden Gelenke gemeinsam von ein und derselben Steuerungsschicht angesteuert werden.

Innerhalb der Armsteuerung werden koordinierte Armbewegungen durch die sog. Bahn- oder Trajektoriensteuerung erreicht. Entsprechend ist innerhalb der Handsteuerung die in Abschnitt 4.3.2 angesprochene Fingerkoordination für koordinierte Fingerbewegungen der Hand zuständig [56].

Um beispielsweise die Hand am Ende der kinematischen Kette des Armes aus Schulter, Schultergelenk, Oberarm, Ellbogengelenk, Unterarm und Handgelenk auf einer bestimmten Bahn (Trajektorie) zu einem Zielpunkt zu bewegen, müssen die jeweilien Einzelbewegungen der Armgelenke genau aufeinander abgestimmt sein. Entsprechendes gilt beim Zugreifen mit der Hand für die einzelnen Fingergelenke, wie auch bereits in Abschnitt 5.1 bei der Diskussion der Greifmuster erläutert.

6.1.3. Koordination verschiedener Teilsteuerungen

Die Gelenke des Roboters werden von verschiedenen dedizierten Teilsteuerungen der Robotersteuerung angesteuert (vgl. Abbildungen 4.2 und 4.7). Bei einer größeren gemeinsamen Gesamtbewegung sind also u. U. Gelenke beteiligt, die von **verschiedenen** Teilsteuerungen angesteuert werden. Da die einzelnen Teilsteuerungen unabhängig voneinander arbeiten[2], erfordern koordinierte Bewegungen somit auch eine **koordinierte Ansteuerung** der jeweiligen Gelenke durch alle beteiligten Steuerungssysteme. Dies betrifft

---

[2]Die einzelnen Teilsteuerungen können sogar auf verschiedenen Rechnern innerhalb der in Abschnitt 4.4.1 vorgestellten Rechnerarchitektur ausgeführt werden, s. Abbildung 4.12

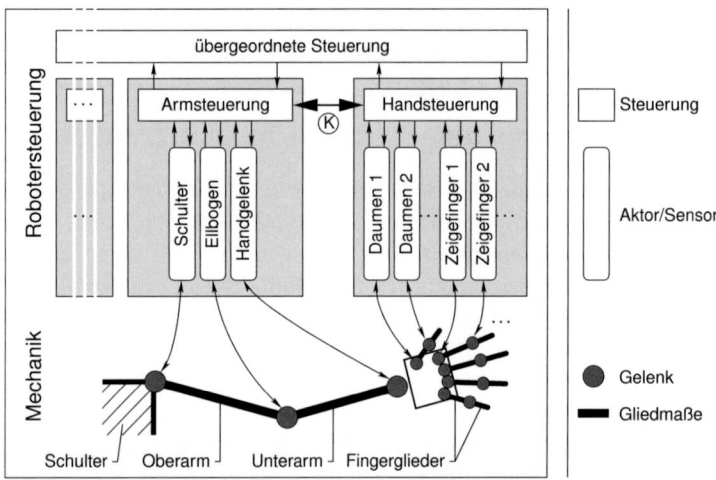

Abbildung 6.1.: Die Ansteuerung der einzelnen Gelenke von Arm und Hand über die Aktoren/Sensoren durch die dedizierten Teilsteuerungen macht explizite Koordination Ⓚ erforderlich.

natürlich auch insbesondere die Handsteuerung, was auch bereits in Anforderung A-5 dargelegt wurde.

Die Bewegungen der Roboterhand müssen also in geeigneter Weise mit Bewegungen anderer Teile des Roboters, insbesondere des Armes, koordiniert werden. Am Beispiel des Greifens eines Gegenstandes wird dies unmittelbar einsichtig: Vor dem eigentlichen Greifen einer Flasche mit dem Zylindergriff müssen die Finger durch die Handsteuerung ausgestreckt werden, um die Hand zu öffnen. Gleichzeitig führt die Armsteuerung gezielte Bewegungen von Schulter-, Ellbogen- und Handgelenk aus, um die Hand auf einer bestimmten Bahn zu der Flasche hin zu bewegen. Vor dem eigentlichen (Zu-)Greifen wird dann die Armbewegung gestoppt, sobald die Hand Kontakt zur Flasche hat, damit sich die Finger anschließend beim Zugreifen um die Flasche schließen können.

Abbildung 6.1 zeigt diese Koordination schematisch: Die Armsteuerung steuert über die entsprechenden Aktoren und Sensoren das Schulter-, Ellbogen- und Handgelenk des Roboterarmes. Entsprechend steuert die Handsteuerung die einzelnen Fingergelenke der Roboterhand. Für koordinierte

Hand-Arm-Bewegungen müssen die Hand- und die Armsteuerung miteinander koordiniert werden, was im Bild mit Ⓚ angedeutet ist. Mit den Details genau dieser Koordination beschäftigt sich dieses Kapitel im Folgenden.

6.1.4. Methoden zur Bewegungskoordination

Eine Bewegungskoordination mit verschiedenen beteiligten Teilsteuerungen kann prinzipiell auf zwei unterschiedliche Arten erreicht werden:

- Zeitgesteuerte Ausführung genau festgelegter Bewegungen

- Durch Kommunikation abgestimmte Ausführung von Bewegungen

Zeitgesteuerte Ausführung

Die **zeitgesteuerte Ausführung** erfordert eine genaue zeitliche Festlegung aller Teilbewegungen. Schon vor der Bewegung muss dabei der Ablauf jeder Teilbewegung aller beteiligten Gelenke genau festgelegt werden. Die Koordination besteht dann i. W. darin, für die Bewegung eine gemeinsame Dauer festzulegen und einen gemeinsamen Startzeitpunkt zu bestimmen. Dies schränkt die Einsatzmöglichkeiten einer derartigen Koordination erheblich ein, da z. B. nicht koordiniert auf äußere Einflüsse reagiert werden kann. Ein reaktives Verhalten ist aber nach den Abschnitten 5.2.3 und 5.2.5 insbesondere dann erforderlich, wenn die Hand des Roboters an einer Bewegung beteiligt ist. Beim Ergreifen eines Gegenstandes muss beispielsweise die vom Arm durchgeführte Positionierung der Hand im Raum gestoppt bzw. korrigiert werden können, sobald die Hand Kontakt mit dem Gegenstand hat.

Mit einer Metapher aus dem Sport entspricht die zeitgesteuerten Ausführung in etwa dem Synchron-Turmspringen: Sobald die Sportler abgesprungen sind, wird ihr Sprung (i. W.) von den Gesetzen der Physik bestimmt und kann nur noch wenig beeinflußt werden. Um eine synchrone (koordinierte) Bewegung zu erreichen, müssen die Sportler zuvor genau festlegen, welchen Sprung sie ausführen und wann sie abspringen.

Koordination durch Kommunikation

Rein zeitgesteuerte Bewegungen sind hier also unzureichend, da koordinierte Bewegungen in dem vorgegebenen Szenario aufgrund der erforderlichen

Reaktivität nicht vollständig zeitlich festgelegt werden können. Daher ist eine geeignete **Kommunikation** zwischen den einzelnen Teilsteuerungen zur Abstimmung der Teilbewegungen während ihrer Ausführung unbedingt erforderlich. Die mit Ⓚ gekennzeichnete Koordination aus Abbildung 6.1 kann also nur durch geeignete Kommunikation zwischen den Teilsteuerungen erreicht werden. Durch diese Kommunikation können sich die Teilsteuerungen bei Bedarf immer wieder neu aufeinander abstimmen, auch wenn einzelne Teilbewegungen durch unvorhersehbare äußere Ereignisse beeinflusst und z. B. verzögert werden.

Wiederum übertragen auf den Sport, kann man durch Kommunikation abgestimmte Bewegungskoordination mit dem Synchronschwimmen oder dem Paartanz vergleichen: Es gibt zwar eine vorgegebene Choreografie, also einen festgelegten Plan, die Ausführung der Bewegungen wird jedoch mittels Kommunikation abgestimmt[3].

6.1.5. Problematik der Bewegungkoordination

Die Schwierigkeit der Koordination von Bewegungen über mehrere Teilsteuerungen ist nun, dass sich eine koordinierte Bewegung zwar meist recht einfach verbal beschreiben lässt, die Umsetzung dieser Beschreibung in den beteiligten Teilsteuerungen ist aber in der Regel nicht so einfach. Es liegt in der Natur der Koordination, dass jeweils (mindestens) zwei Seiten beteiligt sind und aufeinander abgestimmt werden müssen.

Einfacher Ansatz zur Bewegungskoordination

Bei einem einfachen, naiven Ansatz wird die Koordination durch zusätzliche, spezielle Koordinationsanweisungen direkt im Programmcode der zu koordinierenden Teilsteuerungen realisiert. Solche Koordinationsanweisungen sind etwa gezielte Bedingungs- und Ereignisabfragen oder auch Warteschleifen. Diese müssen an den entsprechenden Stellen im Programmcode aller an der koordinierten Bewegung beteiligten Teilsteuerungen eingefügt werden.

Diese Vorgehensweise bewirkt, dass Änderungen in der Implementierung auf der einen Seite meist auch Änderungen auf der oder den anderen Seiten erforderlich machen. Für **eine** koordinierte Bewegung müssen daher immer

---

[3]Auch wenn bei den angesprochenen Beispielen die nonverbal ausgetauschten Zeichen und Gesten von einem außenstehenden Beobachter nur schwer wahrzunehmen sind.

die Implementierungen von (mindestens) **zwei** Steuerungssystemen angepasst werden. Dies erschwert die Umsetzung und erhöht den manuellen Aufwand, insbesondere bei Modifikationen und Erweiterungen beträchtlich, ist also **unflexibel** und **schlecht erweiterbar**.

Zusätzlich hängt die Koordination auch stark von der auszuführenden Aufgabe ab. Beim Ergreifen eines Gegenstandes von einer bestimmten Position und dem wieder Ablegen des Gegenstandes an dieser Position führt der Arm zwar i. W. die gleichen Bewegungen aus, die Bewegungen der Hand und damit auch die notwendige Koordination zwischen Hand und Arm sind aber unterschiedlich. Je nach Aufgabe kann die gleiche Bewegung also unterschiedliche **Koordinationsmuster** erfordern. Die Armsteuerung müsste hier daher beide Fälle, also sowohl *„Armbewegung zur Greifposition"* als auch *„Armbewegung zur Ablageposition"*, gesondert berücksichtigen, was den Aufwand in diesem einfachen Ansatz weiter unnötig erhöht.

Problematik des einfachen Ansatz zur Bewegungskoordination

Der einfache, naive Ansatz ist also unzureichend, da er insbesondere die Anforderungen A-1 und A-6 wie erläutert nicht erfüllen kann. Die grundlegende Problematik des naiven Ansatz besteht darin, dass dabei zwei Fragestellungen miteinander verquickt werden. Es handelt sich dabei wieder um die Fragen nach dem *„Wie ist es zu tun"* und *„Wann ist es zu tun"* aus der Beschreibung der Zielsetzung in Abschnitt 2.5.1.

6.1.6. Problemstellung der Bewegungskoordination

Um alle gestellten Anforderungen erfüllen zu können muss daher, wie schon am Ende von Abschnitt 2.4.3 angesprochen, ein ausgefeilterer Ansatz zur Bewegungskoordination konzipiert werden. Die spezifische Problemstellung lässt sich dabei wie folgt formulieren:

> Es wird ein spezielles Verfahren gesucht, mit dem sich mehrere Einzelbewegungen, die von verschiedenen Teilsteuerungen gesteuert werden, zu einer gemeinsamen, koordinierten Gesamtbewegung vereinen lassen.

Das Verfahren muss dafür einerseits die Möglichkeit bieten, die jeweiligen speziellen Eigenheiten einer koordinierten Bewegung **beschreiben** zu können. Andererseits muss das Verfahren aber auch auf einfache Weise in den beteiligten Teilsteuerungen **umgesetzt** werden können. Einfache Umsetzung bedeutet dabei, dass das Verfahren von den menschlichen Programmierern leicht und möglichst unkompliziert in den Teilsteuerungen verwendet bzw. eingebaut werden kann.

Ein Ansatzpunkt für das zu entwickelnde Verfahren ergibt sich aus dem oben beschriebenen einfachen aber unzureichenden Ansatz: Die Fragen nach dem Wie und dem Wann müssen im Gegensatz zu oben **explizit** und **getrennt** beantwortet werden. Dadurch lässt sich dann sowohl die Beschreibung als auch die Umsetzung koordinierter Bewegungen erheblich vereinfachen. Bei Ausführung des Verfahrens entscheidet dieses dann für alle an einer koordinierten Gesamtbewegung beteiligten Teilsteuerung, **wann** die einzelnen Teilbewegungen jeweils auszuführen sind, während die einzelnen betroffenen Teilsteuerungen wiederum wissen, **wie** sie die Teilbewegungen jeweils auszuführen haben.

6.2. Merkmale einer koordinierten Bewegung

Ein wichtiger Aspekt der Bewegungskoordination sind geeignete Beschreibungen für koordinierte Bewegungen. Hierfür werden nun zunächst die wichtigen charakteristischen **Merkmale** einer koordinierten Bewegung herausgearbeitet. Der entwickelte eigene Ansatz zur Bewegungskoordination verwendet dann diese identifizierten Merkmale und beschreibt wie diese in dem entwickelten Verfahren repräsentiert werden.

Die Merkmale einer koordinierten Bewegung lassen sich sehr gut anhand eines Beispiels erläutern. Zur weiteren Veranschaulichung wird daher das bereits zuvor angeführte Beispiel *„Greifen eines Gegenstandes"* nun und in den folgenden Abschnitten immer weiter ausgeführt. Eine einfache verbale Beschreibung dieser koordinierten Hand-Arm-Bewegung zeigt Tabelle 6.1. Darin können, entsprechend der folgenden Aufzählung, die für die Bewegungskoordination wichtigen **Merkmale** identifiziert werden:

- Die von den einzelnen Teilsteuerungen auszuführenden **Aktivitäten**: *„bewegen", „öffnen", „greifen", „halten", „abrücken"*

- Die zeitliche oder logische **Abfolge** der verschiedenen Aktivitäten: *„dann", „oder", „anschließend", „danach"*

- Das erwartete Auftreten von internen oder auch externen **Ereignissen**: „*bis*", „*sobald*"

- Explizite Gleichzeitigkeit oder **Parallelität** von mehreren Aktivitäten: „*dabei*", „*während*"

Eine solche verbale Beschreibung muss auf geeignete Weise **formalisiert** werden, um sie dann, zumindest teilautomatisch, in die entsprechenden Teilsteuerungen einbinden zu können. Die identifizierten allgemeinen Merkmale **Aktivität**, **Abfolge**, **Ereignis** und **Parallelität** einer koordinierten Bewegung müssen dafür in sinnvoller und geeigneter Weise formal dargestellt und berücksichtigt werden können.

6.3. Bewegungsphasen

Die in Abschnitt 6.1.4 beschriebene und für die Koordination erforderliche Kommunikation ist ein ganz wesentlicher Teil des gesuchten Verfahrens zur Bewegungskoordination. Zur genaueren Bestimmung dieser Kommunikation ist es sinnvoll, eine koordinierte Gesamtbewegung in einzelne

Nr.	Verbale Beschreibung
1.	Der Arm **bewegt** die Hand in die Nähe des Greifobjekts, **dabei** öffnen sich die Finger der Hand.
2.	Dann **bewegt** der Arm die geöffnete Hand zum Greifobjekt, **bis** die Finger Kontakt haben **oder** eine bestimmte Position erreicht ist.
3.	Anschließend **greift** die Hand zu.
4.	**Sobald** das Greifobjekt sicher gegriffen ist, **rücken** Arm und Hand mit dem Greifobjekt **ab**.
5.	Danach **hält** die Hand das Greifobjekt, **während** der Arm die Hand und das Greifobjekt zu einer Zielposition **bewegt**.

Tabelle 6.1.: Verbale Beschreibung einer koordinierten Hand-Arm-Bewegung am Beispiel des „*Greifen eines Gegenstandes*". Die wichtigen Merkmale sind durch Fettdruck hervorgehoben.

Bewegungsphasen zu unterteilen. Diese stellen eine Erweiterung der Phasen einer Greifskill aus Abschnitt 5.2.3 dar.

Eine Bewegungsphase dient dabei jeweils einem bestimmten Zweck und erfüllt einen Teilaspekt der mit der **Gesamtbewegung** zu erfüllenden Aufgabe. Diese Berücksichtigung der Gesamtbewegung ist ein wesentlicher Punkt, sie macht die Beteiligung der zu koordinierenden Teilsteuerungen und ihr Zusammenwirken für die Erfüllung der Aufgabe explizit.

In einer bestimmten Phase müssen sich aber nicht notwendigerweise alle an der Gesamtbewegung beteiligten Gelenke bewegen. Einzelne Gelenke oder sogar ganze Teilsteuerungen können in einer Phase u. U. also lediglich mit Warten beschäftigt sein, was für die Gesamtbewegung aber durchaus relevant sein kann und daher ebenfalls koordiniert werden muss.

6.3.1. Bewegungsphasen beim Greifen

Die Unterteilung in Bewegungsphasen entspricht auch dem üblichen Vorgehen in der Robotik, beispielsweise bei der Greifsteuerung [44, 48, 34, 43, 61]. Aber auch in der Physiologie, bei der Analyse menschlicher Bewegungen, werden diese in einzelne Bewegungsphasen unterteilt [95]. Eine solche physiologische Analyse kann dann auch wieder in der Robotik, z. B. für das Programmieren durch Vormachen [48, 49] oder eben auch für die hier benötigte Bewegungsplanung von humanoiden Robotern, eingesetzt werden [117, 18, 66, 109].

Die Anzahl und Bezeichnung der verschiedenen Bewegungsphasen ist in den genannten Arbeiten uneinheitlich und hängt natürlich auch von der Art der Gesamtbewegung ab. Die einzelnen im Beispiel *„Gegenstand greifen"* aus Tabelle 6.1 aufgeführten Schritte 1 – 5 stellen bereits eine sinnvolle grobe Unterteilung der Gesamtbewegung in Einzelphasen dar. Diese sollen im Folgenden mit **Grobannäherung**, **Feinannäherung**, **Greifen**, **Abrücken** und **Transport** bezeichnet werden. Abbildung 6.2 zeigt dies einzelnen Phasen für das Beispiel nochmals bildlich.

Abbildung 6.3 zeigt den Ablauf dieser Phasen bei einem Greifvorgang über die Zeit t. Im oberen Teil der Abbildung sind die Verläufe der Greifkraft F, der Kontaktfläche A und des Abstands zwischen Hand und Greifobjekt d qualitativ dargestellt. Die Zuordnung der hier verwendeten Bezeichnungen der Bewegungsphasen ist in der Mitte dargestellt. Im unteren Teil

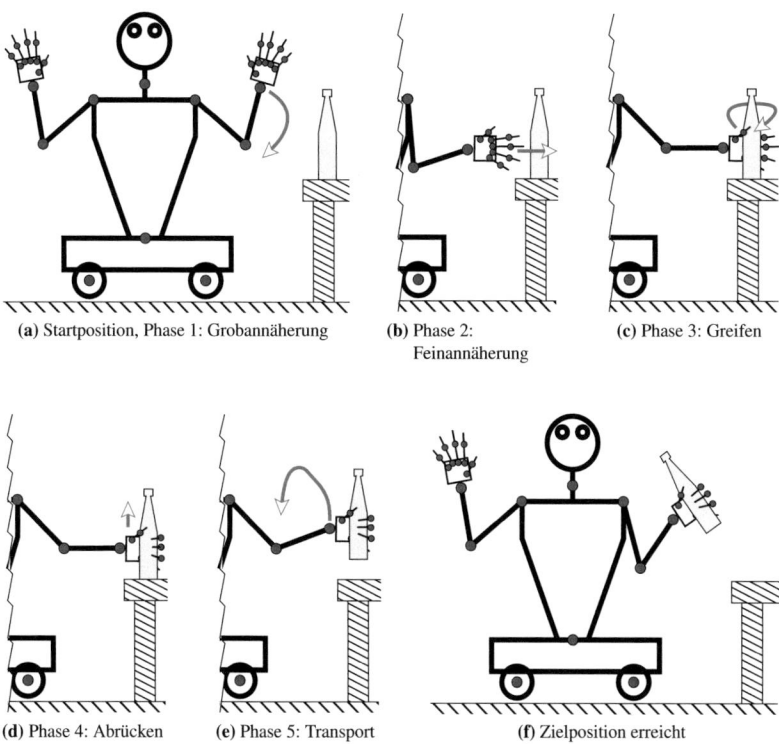

(a) Startposition, Phase 1: Grobannäherung   **(b)** Phase 2: Feinannäherung   **(c)** Phase 3: Greifen

(d) Phase 4: Abrücken   **(e)** Phase 5: Transport   **(f)** Zielposition erreicht

Abbildung 6.2.: Greifphasen für das Beispiel aus Tabelle 6.1. Die Flasche soll gegriffen, angehoben und transportiert werden.

werden diesen dann die entsprechenden Bezeichnungen aus der Literatur gegenübergestellt. Die letztgenannten Bezeichnungen sind z. T. in englisch, werden aber im Folgenden noch genauer erläutert.

Grobannäherung

Neben den unterschiedlichen Bezeichnungen in den verschiedenen Quellen fällt auf, dass die hier gewählte Unterscheidung der Phasen vor dem eigentlichen Greifen in Grobannäherung und Feinannäherung von anderen so nicht

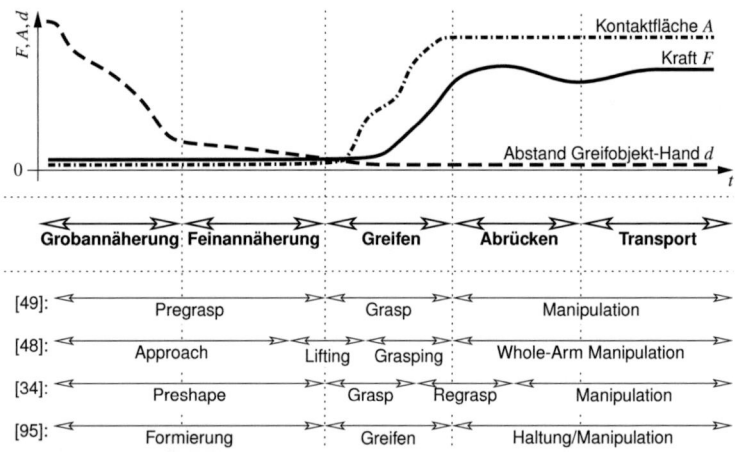

Abbildung 6.3.: Ablauf eines Greifvorgangs über die Zeit t:
Oben: Qualitatives Diagramm des Verlaufs von Zeit t vs. Greifkraft F, Kontaktfläche A bzw. Abstand Hand/Greifobjekt d.
Mitte: Die in der vorliegenden Arbeit gewählten Bezeichnungen für die einzelnen Bewegungsphasen und ihre zeitliche Zuordnung.
Unten: Einzelne Bewegungsphasen werden in den angegebenen Quellen unterschiedlich bezeichnet und zeitlich zugeordnet.

getroffen wird. Diese Phasen werden unter *Pregrasp*[4] (vor dem Greifen) [49], *Preshape* (Vor-Formieren) [34], *Approach* (Annäherung) oder, in der Physiologie, unter Formierung [95] zusammengefasst.

Typisches Merkmal der Grobannäherung ist, dass noch kein Kontakt zum Greifobjekt besteht und folglich auch keine Greifkraft auf das Objekt ausgeübt werden kann. In dieser Phase wird die Hand vom Arm mit relativ großer Geschwindigkeit in die Nähe des Greifobjekts bewegt, der Abstand zwischen Greifobjekt und Hand nimmt also schnell ab. Die Hand, genauer gesagt die Finger der Hand, werden gleichzeitig so umpositioniert, dass das Objekt später gegriffen werden kann. Die Hand nimmt dazu die schon in Abschnitt 5.2.3 beschriebene Preshape-Konfiguration ein, sie wird also i. d. R. geöffnet. In dieser Phase ist ein Kontakt mit der Umgebung zunächst noch

---

[4]Englisch: *pre* = vor; *grasp* = der Griff/das Greifen

unerwünscht, er muss aber trotzdem erkannt und dann als Fehler aufgefasst und entsprechend behandelt werden. Die taktilen Sensoren müssen also auch hierbei überwacht werden, um dann entsprechend reagieren zu können

Feinannäherung

In der Phase der Feinannäherung wird die Hand weiterhin vom Arm auf das Greifobjekt zubewegt, allerdings mit verringerter Geschwindigkeit und i. Allg. auf einer geradlinigen Bahn. Die Finger der Hand bewegen sich in dieser Phase nicht, die Handsteuerung ist aber dennoch aktiv und überwacht die taktilen Handsensoren, um so den Kontakt zum Greifobjekt zu erkennen. Wird ein Kontakt erkannt, so wird die Armbewegung gestoppt und die eigentliche Greifphase kann beginnen.

Eine Unterscheidung zwischen Grobannäherung und Feinannäherung ist aufgrund der unterschiedlichen Eigenschaften und der unterschiedlichen Aktivitäten, die jeweils von den beteiligten Steuerungssystemen auszuführen sind, also durchaus sinnvoll. Sie spiegelt die in der vorliegenden Arbeit deutlicher berücksichtigte explizite Betrachtung einer Handbewegung als Teil einer größeren Gesamtbewegung – eben der koordinierten Hand-Arm-Bewegung – wider. Sie erleichtert so die notwendige Integration der Handsteuerung in die Gesamtsteuerung des humanoiden Roboters. Das Gleiche gilt auch für die weiter unten beschriebene Unterteilung der Phasen nach dem eigentlichen Greifen in Abrücken und Transport.

Greifen

In der eigentlichen Greifphase werden die Finger um das Greifobjekt gelegt, die Kontaktfläche zwischen Hand und Greifobjekt erhöht sich bis zu einem für Greifobjekt und Greifmuster typischen, erwarteten Wert. Entsprechend nimmt auch die Greifkraft, also die Summe der Kräfte, welche die Hand auf das Greifobjekt ausübt, zu. Die Greif- oder *Grasp*-Phase wird von [48] noch weiter in eine *Lifting* (Anheben) und *Grasping* Phase unterteilt, da hier speziell das Aufklauben kleiner bzw. flacher Gegenstände untersucht wurde. In [34] schließt sich an die Greifphase noch eine *Regrasp* (Nachgreifen) Phase an, mit der versucht wird, auch mit fehlgeschlagenen Griffen umzugehen.

Abrücken

Nach dem Greifen soll das gegriffene Objekt in der gewünschten Weise gehandhabt werden können. Hierfür muss es zunächst etwas von der bisheri-
gen Position entfernt werden. Der Arm bewegt dazu die Hand wieder von
der Greifposition weg, jetzt aber mit dem gegriffenen Objekt. Die Handsteuerung überwacht den Griff und korrigiert z. B. bei Bedarf die Greifkraft.
Die Geschwindigkeit ist zunächst geringer, um besser und mit weniger dras-
tischen Auswirkungen auf eventuelle Fehler reagieren zu können. Dieses
Abrücken von der Greifposition dient auch dazu, einen gewissen Abstand
von der (ursprünglichen) Auflagefläche zu gewinnen, um in der folgende
Phase das Greifobjekt dann einfacher und schneller kollisionsfrei zum Zielpunkt bewegen zu können.

Transport/Manipulation

In der abschließenden Transport- oder Manipulationsphase wird das Greifobjekt zu einer Zielposition bewegt. Je nach Greifobjekt und Greifaktion entspricht dies eher einem Transport (wie im Beispiel mit der zu bewegenden
Flasche) oder einer Manipulation im Sinne der Fähigkeit F-2 (wie etwa beim
Öffnen einer Schublade oder beim Betätigen eines Schalters). Die Unterscheidung zwischen Abrück- und Transportphase ist für die Armsteuerung
wichtiger als für die Handsteuerung. Die Handsteuerung muss in beiden Phasen i. W. das gegriffene Objekt sicher festhalten.

Die beiden Phasen Abrücken und Transport bzw. Manipulation werden
in der Literatur auch wieder weniger stark unterschieden. Sie werden unter *Manipulation* [49, 34, 95] oder *Whole-Arm Manipulation*[5] [48] zusammengefasst. In der Physiologie wird weiterhin noch explizit zwischen um-
schließendem Greifen und nicht umschließenden Haltungen unterschieden.
Die Haltungen entsprechen somit den nicht klammernden Griffen aus Abschnitt 5.1.4, wie etwa dem Hakengriff oder dem Schiebegriff.

6.3.2. Weitere Bewegungsphasen

Die einzelnen, oben aufgeführten Bewegungsphasen können je nach Situation noch weiter unterteilt werden. Innerhalb der eigentlichen Greifphase kann

---

[5]Englisch: Ganz-Arm Manipulation

Phase	Armsteuerung	Handsteuerung	Objekt
Grobannäherung	Hand in die Nähe des Greifobjekt bei Position p_0 bewegen	Hand für Greifen vorbereiten (Preshape-Konfiguration)	Anfangsposition p_0
Feinannäherung	Hand ganz zum Greifobjekt bei Position p_0 hin bewegen	Warten auf Kontakt	Position p_0
Greifen	Position halten, ggf. Nachführen	Zugreifen bis zum sicheren Umschließen	In der Hand
Abrücken	Hand und Objekt von p_0 wegbewegen	Halten, ggf. Griff korrigieren	Fest in der Hand
Transport	Hand und Objekt in die Nähe von p_1 bewegen	Halten, ggf. Griff korrigieren	Fest in der Hand
Anrücken	Hand und Objekt ganz zu p_1 hinbewegen	Halten, ggf. Griff korrigieren	Fest in der Hand
Ablegen	Position halten, ggf. Nachführen	Öffnen bis zum Loslassen (Postshape-Konfiguration)	In der Hand
Feinabrücken	Hand weg losgelassenen Objekt wegbewegen	Hand geöffnet lassen (Postshape-Konfiguration)	Position p_1
Grobabrücken	Hand zur Endposition bewegen	beliebig (neue Preshape-Konfiguration, Ruheposition, . . .)	Endposition p_1

Tabelle 6.2.: Bewegungsphasen beim koordinierten Greifen, Transportieren und wieder Ablegen eines Objekts von der Anfangsposition p_0 zur Endposition p_1. Für jede Phase zeigt die Tabelle, was die Arm- bzw. Handsteuerung jeweils tut und wo sich das Objekt befindet.

es beispielsweise notwendig sein, die Position der Hand relativ zum Greif-objekt zu modifizieren, wenn über die Sensoren, insbesondere die taktilen Sensoren der Hand, eine Fehlpositionierung erkannt wurde. Aus der Greif-phase wird dann bei Bedarf also noch eine weitere Bewegungsphase für die **Positionskorrektur** ausgeführt.

Die genannten Bewegungsphasen gelten in dieser Form nur für das Grei-fen eines Gegenstandes. Für andere von Hand und Arm auszuführenden Ge-samtbewegungen lassen sich aber vergleichbare Bewegungsphasen identifi-zieren. Je nach Aufgabe kann dabei die Anzahl, die Art und/oder die Abfolge der einzelnen Phasen variieren, einige Beispiele sollen dies verdeutlichen:

Wenn ein gegriffenes Objekt wieder **abgelegt** werden soll, so werden die Phasen quasi invers abgespielt: Grobanrücken (statt Grobannäherung), Fein-anrücken (statt Feinannäherung), Ablegen (statt Greifen) und Abrücken. Ta-belle 6.2 zeigt die Abfolge der Bewegungsphasen für eine Kombination aus Greifen, Transportieren und Ablegen.

Beim Ausführen einer **Handgeste**, wie etwa dem Zeigen, verbleiben nur die zwei Phasen Grobannäherung und das Ausführen der eigentlichen Hand-geste, was der Greifphase entspricht. Bei den einfachen **Manipulationen**, wie Schublade öffnen oder Schalter betätigen, entfällt die Abrückphase, da das zu manipulierende Greifobjekt ja anschließend nicht frei bewegt bzw. transportiert werden soll.

Weiterhin ist die Abfolge der einzelnen Bewegungsphasen nacheinander nicht ganz so starr festgelegt wie in den einfachen Beispielen beschrieben. Für die Fehlerbehandlung oder für die interaktive Kooperation mit dem Men-schen müssen Phasen bei Bedarf abgebrochen oder wiederholt werden oder es muss eine alternative Bewegungsphase eingeschoben werden können.

6.3.3. Übergang zwischen Bewegungsphasen

Für koordinierte Bewegungen müssen die beteiligten Steuerungssysteme die Abfolge der einzelnen Bewegungsphasen aufeinander abstimmen. Daher ist der **Übergang** von einer Phase P_i zur darauf folgenden Phase P_j interessant, da dieser Übergang von allen Teilsteuerungen **gleichzeitig** und **übereinstim-mend** erfolgen muss. Übereinstimmend bedeutet dabei: Alle beteiligten Teil-steuerungen stimmen darin überein, dass die aktuelle Phase abgeschlossen werden kann, z. B. weil alle Bewegungen der Phase beendet sind. Durch die

Unterteilung der Gesamtbewegung in einzelne Bewegungsphasen kann die
Bewegungskoordination also durch eine **Synchronisation**[6] **der Übergänge
zwischen den Bewegungsphasen** erreicht werden. Diese Herangehensweise
ist ein Grundgedanke des weiter unten entwickelten eigenen Ansatzes.

Bedingungen für den Phasenübergang

Der Übergang von einer Phase P_i zu einer Phase P_j kann erfolgen, sobald
entsprechende **Bedingungen** für den Übergang $P_i \curvearrowright P_j$ erfüllt sind. Solche
Bedingungen können von den Bewegungsphasen, von den beteiligten Teilsteuerungen und auch von der Art der Gesamtbewegung abhängen. Das Eintreten der Bedingungen kann als internes oder externes **Ereignis** betrachtet
werden. Solche Vorbedingungen bzw. Ereignisse, die den Übergang zu einer
anderen Phase ermöglichen, sind z. B.:

- Die angesteuerten Gelenke befinden sich in ihrer vorbestimmten Zielposition für diese Bewegungsphase P_i. Das Erreichen dieser Zielposition ist ein internes Ereignis.

- Die taktilen Sensoren melden Kontakt mit der Umwelt. Ein so erkannter Kontakt mit dem Greifobjekt ist ein externes Ereignis und erfordert
  ggf. eine Reaktion der Greifsteuerung.

Je nachdem welches Ereignis auftritt, können auf eine Phase P_i unterschiedliche Phasen $P_j, P_k, \ldots$ folgen. Dadurch kann auf verschiedene Ereignisse
gezielt reagiert werden, indem eine geeignete Bewegungsphase eingeleitet
wird. Die Reaktion auf externe Ereignisse ist dabei auch nicht immer als
Sonderfall zur Fehlerbehandlung zu sehen. Beispielsweise wird die Feinannäherung beim Greifen eines Gegenstandes gerade dadurch beendet, dass
die Hand Kontakt zum Greifobjekt bekommt. Ein anderes Beispiel ist das
in Abschnitt 4.1.1 erwähnte Führen des Roboters über seine taktilen Sensoren. Dabei reagiert der Roboter auf Berührung durch den Menschen, ein
erkannter Kontakt löst also eine neue Bewegungsphase aus [154].

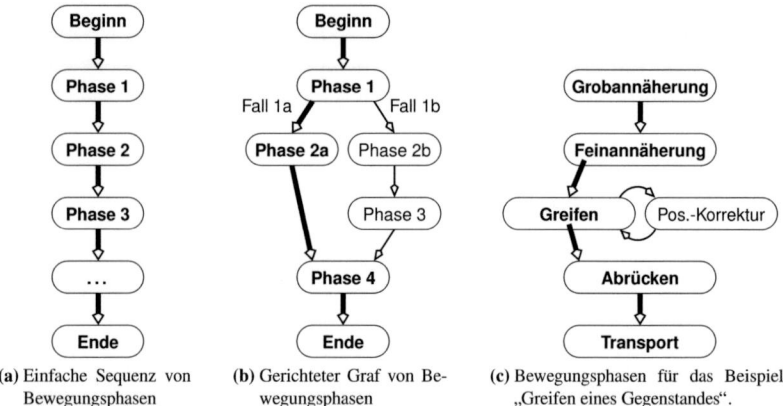

(a) Einfache Sequenz von Bewegungsphasen

(b) Gerichteter Graf von Bewegungsphasen

(c) Bewegungsphasen für das Beispiel „Greifen eines Gegenstandes".

Abbildung 6.4.: Schematische Darstellung einer Gesamtbewegung als Abfolge von Bewegungsphasen. Eine Sequenz hat nur eine mögliche Abfolge. In einem Grafen sind mehrere Abfolgen (sog. Pfade) möglich.

Darstellung von Bewegunsphasen

In einer realen Gesamtbewegung aus mehreren Bewegungsphasen kann die Reihenfolge der vom Roboter ausgeführten Phasen also wie beschrieben auch von äußeren, nicht vorab planbaren, Ereignissen abhängen. Ob ein Ereignis überhaupt eintritt und welches der berücksichtigten Ereignisse tatsächlich eintritt bestimmt dabei, welche Phase P_j auf eine Phase P_i tatsächlich folgt. Eine koordinierte Bewegung ist also nur im einfachsten Fall eine feste Sequenz von Bewegungsphasen wie in Abbildung 6.4a. Im allgemeinen Fall stellt sich eine koordinierte Bewegung eher wie ein Graf möglicher Sequenzen dar, siehe Abbildung 6.4b. Eine real ausgeführte Bewegung entspricht dann einem Pfad in diesem Grafen. In Abbildung 6.4b ist beispielsweise die fett dargestellte Abfolge **Beginn, Phase 1, Phase 2a, Phase 4, Ende** eine mögliche Sequenz von Bewegungsphasen. Abbildung 6.4c zeigt die Sequenz von Bewegungsphasen für das Beispiel *„Greifen eines Gegenstandes"* mit der bereits angesprochenen, möglichen Zusatzphase zur Positionskorrektur der Hand beim Greifen. Die Abbildungen zeigen jedoch nur

---

[6]Griechisch: *sýn* = zusammen, *chrónos* = Zeit. Wörtlich etwa: „Herstellen von Gleichlauf"

eine grobe, schematische Darstellung. Es fehlen noch Details für die explizite Koordination mehrerer Teilsteuerungen.

Kommunikation

Um von einer Phase zur nächsten überzugehen muss gewährleistet sein, dass alle beteiligten Steuerungen die Phase beendet haben. Diese Bedingung muss auf geeignete Art und Weise zwischen den beteiligten Steuerungssystemen ausgetauscht, also kommuniziert werden. Hierfür müssen die folgenden Informationen zwischen den Teilsteuerungen ausgetauscht werden:

- Der Zeitpunkt, an dem die Phase beendet wird

- Die Bedingungen, welche die Phase beenden

Werden diese Informationen zyklisch abgefragt, so lässt sich die erste Information – der Zeitpunkt – mit einem einfachen booleschen `wahr`/`falsch` Datum übermitteln. Dieses bleibt solange `falsch` wie die Phase noch nicht beendet ist und wird dann `wahr`. Die zweite Information – die Bedingung – kann über ein Datum mit mehreren Werten, im einfachsten Fall einer Ganzzahl, übermittelt werden. Jeder Wert steht dann für ein bestimmtes, eingetretenes Ereignis. Spezielle Werte stehen für *„kein Ereignis eingetreten"* oder *„Zielposition erreicht"* usw.

Werden die Informationen dagegen nicht zyklisch, sondern ereignisgesteuert übermittelt, dann kann die erste Information sogar entfallen. Der Zeitpunkt ist dann bereits in der ereignisgesteuerten Übermittlung selbst codiert. Die für die Koordination erforderliche Kommunikation ist damit durch folgende Eigenschaften gekennzeichnet:

- Die Datenübermittlung kann zyklisch oder ereignisgesteuert erfolgen

- Es müssen nur sehr kleine Datenmengen übermittelt werden

- Die Daten sind jeweils zwischen den verschiedenen beteiligten Teilsteuerungen zu übermitteln

- Die Reaktion auf eine Übermittlung hängt von der Teilsteuerung und von der Gesamtbewegung ab

In Abhängigkeit von der Gesamtbewegung müssen unterschiedliche und auch unterschiedlich viele (auch mehr als zwei) zu koordinierende Teilsteuerungen miteinander kommunizieren können. Weiterhin kann die erforderliche Reaktion auf die übermittelten Daten, insbesondere die Übergangsbedingung, sehr stark von der jeweils ausgeführten koordinierten Gesamtbewegung abhängen. Daher muss, entsprechend den Anforderungen A-1 und A-6, also sowohl die Datenübermittlung als auch die Interpretation der übermittelten Daten flexibel und erweiterbar sein.

6.4. Ansatz

Der hier konzipierte Ansatz zur Bewegungskoordination basiert auf dem Konzept der Petri-Netze. Diese ermöglichen neben einer **formalen mathematischen** auch eine **anschauliche grafische** Darstellung. Wie bereits in Abschnitt 6.2 gefordert, können dadurch verbale Beschreibungen von koordinierten Bewegungen einerseits systematisch formalisiert werden, bleiben andererseits aber auch nachvollziehbar und damit einfach umsetzbar.

Zunächst wird nun das bekannte Konzept der Petri-Netze, soweit es für das Verständnis erforderlich ist, erläutert. Zusätzlich werden einige typische Anwendungen von Petri-Netzen vorgestellt. Danach folgen dann in Abschnitt 6.5 die Details des eigenen Ansatzes.

6.4.1. Grundlagen von Petri-Netzen

Das theoretische Konzept der Petri-Netze wurden von C. A. Petri 1962 eingeführt [78]. Es diente der formalen mathematischen und grafischen Beschreibung von *nebenläufigen* Prozessen. Seit dieser Erfindung der Petri-Netze wurde das Konzept immer wieder ergänzt, spezialisiert und erweitert, so dass es heute in vielfältigen Bereichen zur Modellierung, Simulation oder Analyse von Systemen eingesetzt wird [11].

Definition eines Petri-Netzes

Was genau ist nun also ein Petri-Netz? Bei den hier zugrunde liegenden Petri-Netzen handelt es sich um sog. Stellen/Transitionen-Netze (S/T-Netze). Deren formale, mathematische Definition lautet [27]:

Definition D-3: *Petri-Netz (Stellen/Transitionen Netz)*
Ein Petri-Netz N ist ein 6-Tupel aus der Menge der Stellen S, der Menge
der Transitionen T, der Flussrelation F (den Kanten), den Kapazitäten K,
den Gewichten W und einer Markierung M.
Also $N = (S, T, F, K, W, M)$ mit:

$$S \cap T = \emptyset \tag{6.1}$$

$$F \subseteq (S \times T) \cup (T \times S) \tag{6.2}$$

$$K : S \rightarrow \mathbb{N} \tag{6.3}$$

$$W : (S \times T) \cup (T \times S) \rightarrow \mathbb{Z} \tag{6.4}$$

$$M : S \rightarrow \mathbb{Z} \tag{6.5}$$

Grafische Darstellung von Petri-Netzen

Neben dieser formalen Beschreibung von Petri-Netzen gibt es eine sehr anschauliche grafische Darstellung, anhand derer sich die Bezeichnungen und
die Gleichungen 6.1 – 6.5 gut erläutern lassen. Abbildung 6.5 zeigt die grafischen Darstellungen der Grundelemente Stellen, Transitionen, Kanten, Kapazitäten, Gewichte und Marken von Petri-Netzen, während Abbildung 6.6
ein vollständiges Petri-Netz N_{Bsp} zeigt.

Ihre Dynamik erhalten Petri-Netze durch die Marken. Diese werden gra-
fisch durch schwarze Punkte innerhalb der Stellen dargestellt. Über die Kanten von Transitionen zu Stellen werden Marken von der Transition erzeugt
und in der Stelle abgelegt. Über die Kanten von Stellen zu Transitionen
werden Marken aus der Stelle entfernt und von der Transition verbraucht.

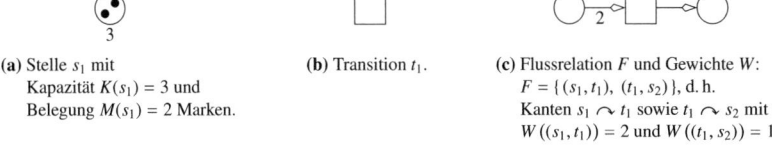

(a) Stelle s_1 mit
Kapazität $K(s_1) = 3$ und
Belegung $M(s_1) = 2$ Marken.

(b) Transition t_1.

(c) Flussrelation F und Gewichte W:
$F = \{(s_1, t_1), (t_1, s_2)\}$, d. h.
Kanten $s_1 \curvearrowright t_1$ sowie $t_1 \curvearrowright s_2$ mit
$W((s_1, t_1)) = 2$ und $W((t_1, s_2)) = 1$.

Abbildung 6.5.: Grafische Darstellung der Elemente Stellen, Marken, Transitionen und Kanten von Petri-Netzen.

Wieviele Marken erzeugt bzw. verbraucht werden bestimmt dabei das Gewicht $W((u,v))$ der Kante (u,v). Eine Stelle s kann maximal soviele Marken enthalten (mit so vielen Marken belegt sein), wie ihre Kapazität $K(s)$ angibt. Als Markierung M eines Petri-Netzes bezeichnet man die Belegung der Stellen mit Marken. Die Startmarkierung ist die anfängliche Belegung mit Marken und wird mit M_0 bezeichnet.

Ist in der grafischen Darstellung die Kapazität einer Stelle s nicht angegeben, so hat sie die Standardkapazität $K(s) = \infty$, kann also beliebig viele Marken aufnehmen. Für eine Kante ist das Standardgewicht bei fehlender Gewichtungsangabe dagegen 1.

Ein Petri-Netz N ist also eine statische Struktur, die einen bipartiten, gerichteten Grafen über die Stellen S und die Transitionen T des Netzes beschreibt. Die Mengen S und T sind nach Gleichung 6.1 disjunkt. Die Flussrelation F definiert die Kanten des Grafen, also die Verbindungen zwischen

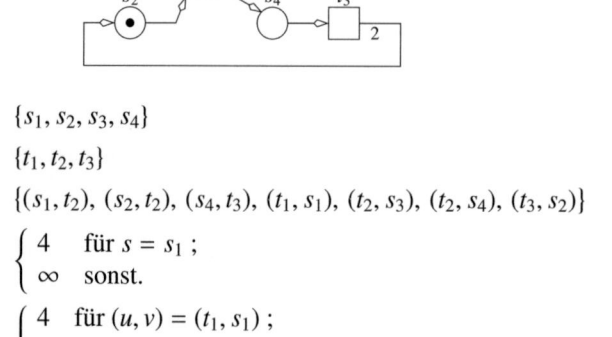

$$
\begin{aligned}
S &= \{s_1, s_2, s_3, s_4\} \\
T &= \{t_1, t_2, t_3\} \\
F &= \{(s_1, t_2), (s_2, t_2), (s_4, t_3), (t_1, s_1), (t_2, s_3), (t_2, s_4), (t_3, s_2)\} \\
K(s) &= \begin{cases} 4 & \text{für } s = s_1 \,; \\ \infty & \text{sonst.} \end{cases} \\
W((u,v)) &= \begin{cases} 4 & \text{für } (u,v) = (t_1, s_1)\,; \\ 2 & \text{für } (u,v) = (s_1, t_2)\,; \\ 1 & \text{sonst.} \end{cases} \\
M_0(s) &= \begin{cases} 1 & \text{für } s = s_2 \,; \\ 0 & \text{sonst.} \end{cases}
\end{aligned}
$$

$$(6.6)$$

Abbildung 6.6.: Grafische Darstellung und formale Definition eines einfachen, vollständigen Petri-Netz $N_{Bsp} = (S, T, F, K, W, M_0)$.

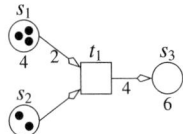   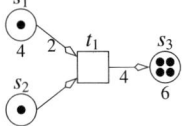

(a) Vor dem Feuern der Transition t_1 (b) Nach dem Feuern der Transition t_1

Abbildung 6.7.: Beim Feuern einer Transition werden Marken entsprechend den Gewichten der Kanten verbraucht und erzeugt.

Stellen und Transitionen. Bipartit bedeutet, dass eine Kante immer entweder eine Stelle s mit einer Transition t verbindet ($s \frown t = (s,t) \in F$) oder aber umgekehrt eine Transition mit einer Stelle ($t \frown s = (t,s) \in F$).

Als Eingabestellen $\bullet t$ einer Transition t werden die Stellen s bezeichnet, für die es eine Kante $(s,t) \in F$ im Netz gibt. Entsprechend sind die Ausgabestellen $t^\bullet$ einer Transition über eine Kante $(t,s) \in F$ mit t verbunden. In Abbildung 6.7 sind also s_1 und s_2 die Eingabestellen von Transition t_1 und s_3 ist die Ausgabestelle: $\bullet t_1 = \{s_1, s_2\}$, $t_1^\bullet = \{s_3\}$.

Dies Notation kann natürlich auch auf die Stellen angewendet werden, um entsprechend Eingabe- ($\bullet s$) und Ausgabetransitionen ($s^\bullet$) zu kennzeichnen [92, 27]. Für $u \in S \cup T$ gilt also:

$$\bullet u = \{v \in S \cup T \text{ mit: } (v,u) \in F\} \qquad (6.7)$$

$$u^\bullet = \{v \in S \cup T \text{ mit: } (u,v) \in F\} \qquad (6.8)$$

Schaltregel

Ein Petri-Netz ändert seinen Zustand, d. h. die Belegung der Stellen mit Marken, entsprechend der sog. Schalt- oder auch Feuerregel. Diese beschreibt die Bedingungen, unter denen eine Transition schalten oder feuern kann und wie dabei Marken verbraucht bzw. erzeugt werden. Jedoch kann nur eine freigegebene Transition feuern. Eine Transition $t_x \in T$ eines Petri-Netzes $N = (S, T, F, K, W, M)$ ist freigegeben genau dann wenn:

- Alle Eingabestellen s von t_x mindestens mit sovielen Marken belegt sind, wie dem Gewicht der Kante (s, t_x) entspricht

- Alle Ausgabestellen s von t_x noch mindestens soviele Marken aufnehmen können, wie dem Gewicht der Kante (t_x, s) entspricht

Also: $\forall s \in {}^\bullet t_x$ gilt: $\qquad M(s) \geqq W\big((s, t_x)\big)$ (6.9)

und: $\forall s \in t_x^\bullet$ gilt: $\qquad K(s) - M(s) \geqq W\big((t_x, s)\big)$ (6.10)

Wenn eine freigegebene Transition t_x feuert, dann ändert sich die Markierung M des Netzes zu M' wie folgt:

- Von allen Eingabestellen s von t_x werden soviele Marken entfernt, wie dem Gewicht der Kante (s, t_x) entspricht

- In alle Ausgabestellen s von t_x werden soviele Marken hinzugefügt, wie dem Gewicht der Kante (t_x, s) entspricht

- Die Markierung aller anderen Stellen bleibt unverändert

$$M'(s) = \begin{cases} M(s) - W((s, t_x)) & \text{wenn } s \in {}^\bullet t_x \text{ und } s \notin t_x^\bullet \,; \\ M(s) + W((t_x, s)) & \text{wenn } s \notin {}^\bullet t_x \text{ und } s \in t_x^\bullet \,; \\ M(s) - W((s, t_x)) + W((t_x, s)) & \text{wenn } s \in {}^\bullet t_x \text{ und } s \in t_x^\bullet \,; \\ M(s) & \text{sonst.} \end{cases}$$
(6.11)

Abbildung 6.7 zeigt das Feuern der Transition t_1 in einem einfachen Petri-Netz. Vor dem Feuern in Teilabbildung (a) links ist t_1 freigegeben, da die eine Eingabestelle s_1 mit $M(s_1) = 3 \geqq 2 = W((s_1, t_1))$ und die andere Eingabestelle s_2 mit $M(s_2) = 2 \geqq 1 = W((s_2, t_1))$ Marken belegt ist. Weiterhin enthält die Ausgabestelle s_3 keine Marken und kann damit entsprechend ihrer Kapazität noch $W((t_1, s_3)) = 4 \leqq 6 = K(s_3)$ Marken aufnehmen. Nach dem Feuern im rechten Abbildungsteil (b) ist t_1 nicht mehr freigegeben, da weder die Eingabestelle s_1 über genügend Marken verfügt noch die Ausgabestelle s_3 genügend viele Marken aufnehmen kann.

Vor dem Feuern sind insgesamt 5, danach 6 Marken im Netz vorhanden. Hier wird nochmals deutlich, dass die Marken nicht durch das Netz wandern, sondern erzeugt oder verbraucht werden. Die Marken an sich sind selbst also keine begrenzte Ressource in einem Petri-Netz.

Ob eine freigegebene Transition tatsächlich feuert, wird durch das Petri-Netz jedoch nicht festgelegt. Konflikte, d. h. Situationen in denen mehrere Transitionen freigegeben sind, aber nicht alle feuern können, werden nicht-deterministisch[7] aufgelöst [92].

6.4.2. Anwendung von Petri-Netzen

Anwendungsbereiche

Nach der obigen, formalen Einführung der Petri-Netze bleibt noch die Frage, was man mit diesem theoretischen Konzept praktisch anfangen kann. Die ursprüngliche Verwendung in [78] lag in der Identifikation und Analyse von grundlegenden, damals (1962) noch völlig neuen Aspekten verteilter Systeme und nebenläufiger Prozesse [92, 79]. In der Literatur finden sich jedoch viele weitere, höchst unterschiedliche Anwendungsgebiete für Petri-Netze.

Beispielsweise lassen sich Zustandsmaschinen oder auch endliche Automaten [129] mit Petri-Netzen darstellen. Dabei übernehmen die Stellen im Petri-Netz die Rolle der Zustände, die Zustandsübergänge des Automaten werden durch Transitionen dargestellt. Alle Transitionen haben dabei immer genau eine Eingangs- und eine Ausgangsstelle ($\forall t \in T : |{}^\bullet t| = |t^\bullet| = 1$) [68]. Zustandsmaschinen sind also spezielle Petri-Netze.

Während Zustandsmaschinen jedoch immer nur **einen** aktuellen Zustand haben, können in einem Petri-Netz bei Vorhandensein mehrerer Marken in verschiedenen Stellen auch **mehrere** Transitionen gleichzeitig freigegeben sein. Dadurch lassen sich auch parallele Vorgänge darstellen, also solche die gleichzeitig, aber an verschiedenen Orten und/oder von verschiedenen Verarbeitungseinheiten ausgeführt werden. Die Darstellung paralleler oder nebenläufiger Vorgänge erweitert die Anwendungsmöglichkeiten für Petri-Netze im Vergleich zu Zustandsmaschinen erheblich. Weiterhin lässt sich bei Petri-Netzen die explizite Unterscheidung zwischen Zustand und Zustandsübergang (Transition) noch deutlicher treffen als bei Zustandsmaschinen, siehe auch Tabelle 6.3.

Petri-Netze können beispielsweise zur Modellierung von Protokollen, insbesondere (Tele-)Kommunikationsprotokollen [47, 24], zur Darstellung von Material-, Daten-, Signal- oder Kontrollflüssen in technischen Systemen oder

---

[7]Petri-Netze sind daher ein theoretisches Konzept, das sich in dieser Form zunächst nicht mit einem deterministischen (und damit praktisch realisierbaren) Algorithmus umsetzen lässt [141].

Petri-Netz	Zustandsmaschine
Mehrere Stellen können gleichzeitig aktiv sein Mehrere Transitionen können gleichzeitig freigegeben sein	Immer nur ein Zustand kann gleichzeitig aktiv sein
Zustand (Stelle) und Zustandsübergang (Transition) sind explizit voneinander getrennt	Zustand und Übergang sind miteinander verquickt

Tabelle 6.3.: Vergleich der Eigenschaften von Petri-Netzen und Zustandsmaschinen bzw. endlichen Automaten.

auch zur Modellierung der Zugriffskontrolle auf gemeinsame genutzte Ressourcen [68] verwendet werden. Insbesondere die letztgenannte Anwendung ist hier relevant, da dabei unterschiedlichste **Synchronisations-** oder **Koordinationsmuster**, wie etwa Parallelisierung und Sequentialisierung, gegenseitiger Ausschluß, Leser-Schreiber-Prinzip oder Erzeuger-Verbraucher-Prinzip verwendet werden. Solche Methoden lassen sich mit Petri-Netzen, in denen die Transitionen mehr als eine Eingangs- und/oder Ausgangsstelle besitzen können, sehr einfach darstellen, wie Abbildung 6.8 zeigt.

In Abbildung 6.8a können zwei Transitionen t_{2a} und t_{2b} unabhängig voneinander und insbesondere auch parallel zueinander schalten. Diese Parallelisierung wird durch Feuern von Transition t_1 gestartet und von t_3 beendet. t_3 kann erst feuern, wenn sowohl t_{2a} als auch t_{2b} gefeuert haben. Abbildung 6.8b zeigt dagegen, wie ein Erzeugerkreislauf aus s_{E1}, t_{E1}, s_{E2}, t_{E2} (oben) einen Verbraucherkreislauf aus s_{V1}, t_{V1}, s_{V2}, t_{V2} (unten) kontrollieren kann. Jedes Feuern von t_{E1} erzeugt auch eine Marke in der Pufferstelle s_{Puffer}. Der Verbraucher kann immer nur dann über t_{V1} anlaufen, wenn Marken im Puffer vorhanden sind, also erzeugte Marken verbraucht werden können.

Einsatzmöglichkeiten

In den genannten Bereichen werden Petri-Netze im Wesentlichen zur **Modellierung** von realen Systemen eingesetzt. Ein Petri-Netz repräsentiert dann bestimmte Aspekte eines bereits existierenden oder noch zu erstellenden realen Systems. Neben der **Anschaulichkeit** haben Petri-Netze nämlich noch

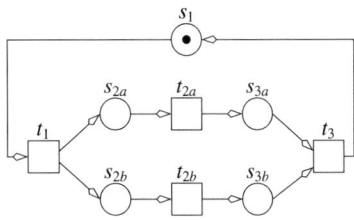

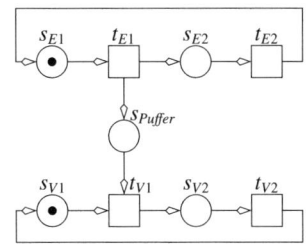

(a) Parallelisierung und Sequentialisierung: t_1 vor t_{2a} und t_{2b}, t_{2a} parallel zu t_{2b} und t_3 nach t_{2a} und t_{2b}.

(b) Erzeuger-Verbraucher-Prinzip: Erzeugerkreislauf s_{E1}, t_{E1}, s_{E2}, t_{E2} bestimmt Verbraucherkreislauf s_{V1}, t_{V1}, s_{V2}, t_{V2} über Pufferstelle s_{Puffer}.

Abbildung 6.8.: Synchronisationsmethoden mit Petri-Netzen.

den Vorteil der **mathematischen Analysierbarkeit**. Das Petri-Netz kann, unabhängig von dem realen System das es modelliert, untersucht werden.

Es lassen sich allgemeine strukturelle sowie markierungsabhängige Eigenschaften von Petri-Netzen bestimmen, die Aussagen über das Verhalten des Netzes erlauben. Aus der Analyse dieser Eigenschaften eines konkreten Petri-Netz, welches ein bestimmtes System modelliert, lassen sich so Aussagen über das Verhalten dieses Netzes und damit über das des modellierten Systems selbst, ableiten. Solche Eigenschaften betreffen z. B. die Erreichbarkeit (englisch: *Reachability*) von Stellen, also die Möglichkeit, dass bestimmte Markierung überhaupt möglich sind, die Lebendigkeit (englisch: *Liveness*), also die Verklemmungsfreiheit, die Beschränktheit der Anzahl der Marken (englisch: *Boundedness*) usw., siehe [68, 27]. Durch die formale, mathematische Analyse des Petri-Netzes eines Systems können so beispielsweise strukturbedingte Fehler im Systemverhalten unabhängig von dem realen System automatisch identifiziert werden, um sie dann gezielt beseitigen zu können.

Eine weitere Einsatzmöglichkeit ist die **Simulation** des Verhaltens eines modellierten Systems [47, 24]. Dafür wird das Petri-Netz mit rechnergestützten Werkzeugen ausgeführt und beobachtet. Hierfür werden sog. höhere Petri-Netze, wie z. B. zeitbehaftete Petri-Netze und stochastische Petri-Netze eingesetzt. Bei diesen können einzelnen Vorgängen konstante oder auch zufällige Zeitspannen zugeordnet werden. Diese beeinflussen dann das simulierte Verhalten, also die Feuerreihenfolge der Transitionen und damit

Eingabestellen	Transition	Ausgabestellen	Marken
Vorbedingungen	Ereignis	Nach-bedingungen	Bedingung wahr/ falsch
Eingabedaten	Verarbeitungs-schritt	Ausgabedaten	Datum vorhanden/ nicht vorhanden
Eingangssignal	Signal-verarbeitung	Ausgangssignal	Signal gültig/nicht gültig
Benötigte Ressourcen	Aufgabe	Freigegebene Ressourcen	Ressource verfügbar/nicht verfügbar
Bedingungen	Logische Klausel	Schluss-folgerungen	Bedingung wahr/ falsch
(Eingabe-) Puffer	Prozeß/Prozessor	(Ausgabe-) Puffer	Puffer voll/leer

Tabelle 6.4.: Typische Interpretationen der Elemente Stellen, Transitionen und Marken in der Anwendung von Petri-Netzen.

die Änderungen der Markierungen [60, 42]. Dadurch wird das weiter oben erwähnte nichtdeterministische Verhalten eines Petri-Netz in ein deterministisches oder zumindest wahrscheinlichkeitsbasiertes abgewandelt. Durch die Simulation kann das Systemverhalten unter verschiedenen Lastbedingungen studiert werden, um so Verarbeitungsengpässe bzw. Verarbeitungskapazitäten erkennen und bei Bedarf erweitern zu können.

Für die Modellierung oder Simulation eines realen Systems mit einem Petri-Netz muss letzterem jeweils eine geeignete **Semantik** gegeben werden. Das heißt den Stellen, Transitionen und Marken muss eine bestimmte Bedeutung zugeordnet werden. Tabelle 6.4 zeigt einige derartige Interpretationen nach [92, 68]. Bei diesen gängigen Interpretationen repräsentieren die Transitionen also die aktiven und die Stellen eher die passiven Komponenten. Die Marken bilden die dynamischen Komponenten und beeinflussen je nach gewählter Interpretation durch ihr Vorhanden- oder nicht Vorhandensein bzw. durch ihre Anzahl das Schaltverhalten des Petri-Netzes.

6.5. Eigener Ansatz zur Bewegungskoordination

Ausgehend von den in den vorangegangenen Abschnitten herausgearbeiteten Eigenschaften, Anforderungen und Grundlagen, kann nun der hier entwickelte eigene Ansatz zur Bewegungskoordination genau erläutert werden. Dieser Ansatz führt die in [73, 70] vorgestellten grundlegenden Ideen ganz detailliert aus und liefert das gesuchte Verfahren zur Koordination von unterschiedlichen Teilsteuerungen. Das Verfahren nutzt die zuvor schon in Abschnitt 6.3.3 vorgestellte Unterteilung einer Gesamtbewegung in einzelne Bewegungsphasen und es erreicht so eine Bewegungskoordination durch die Synchronisation der Phasenübergänge.

Durch geeignete, im Folgenden beschriebene Erweiterungen an dem zugrunde liegenden Konzept der Petri-Netze, können alle noch fehlenden Details der Koordination formalisiert und explizit festgelegt werden.

Besonderheiten des eigenen Ansatz

Der in der vorliegenden Arbeit gewählte Ansatz zur Bewegungskoordination mit erweiterten Petri-Netzen unterscheidet sich in den zwei folgenden, ganz wesentlichen Punkten von den in Abschnitt 6.4.2 beschriebenen üblichen Anwendungen von Petri-Netze:

- Zum Einen werden die Petri-Netze hier **in das reale System integriert**, d. h. direkt in den Teilsteuerungen des Roboters eingesetzt. Petri-Netze dienen also nicht nur zur Modellierung oder Simulation unabhängig vom eigentlichen System, sondern sie sind integraler Bestandteil des Systems selbst. Sie **implementieren** einen Teil des Systemverhaltens, genauer gesagt die Ablaufsteuerung.

- Zum Anderen erhalten hier auch die **Stellen** eines erweiterten Petri-Netzes eine etwas **aktivere Rolle** und können das Systemverhalten direkt mit beeinflussen. Mit Systemverhalten ist dabei das Verhalten der jeweiligen Teilsteuerung gemeint, in welche das Petri-Netz integriert ist und nicht lediglich das Schaltverhalten des Petri-Netzes selbst.

6.5.1. Interpretation von Stellen und Transitionen

Auch beim Einsatz von erweiterten Petri-Netzen zur Bewegungskoordination im realen System muss eine geeignete Interpretation für die Stellen, Transitionen und Marken im Kontext der **zyklisch** arbeitenden Robotersteuerungen gewählt werden. Die gebräuchliche, in Tabelle 6.4 an erster Stelle aufgeführte Interpretation mit den Stellen als Vor- bzw. Nachbedingungen und den Transitionen als Ereignissen ist zwar prinzipiell geeignet, aber hier noch nicht ganz ausreichend.

Die **Transitionen** lassen sich sehr gut mit den internen und externen **Ereignissen** aus den Abschnitten 6.2 und 6.3.3 identifizieren. Das Auftreten eines Ereignis entspricht dann dem Feuern der zugehörigen Transition. Werden die Stellen jedoch nur als rein passive Bedingungen interpretiert, so fehlt die Repräsentation der von den Teilsteuerungen zyklisch auszuführenden **Aktivitäten** aus Abschnitt 6.2 im Petri-Netz. Die Ansteuerung der Freiheitsgrade erfordert ständige, zustandsabhängige Aktivitäten und nicht nur (Re-)Aktionen bei auftretenden Ereignissen. Daher dürfen Aktivitäten nicht nur dann ausgelöst werden, wenn eine Transition feuert, sich die Markierung des Petri-Netzes also ändert, sondern sie müssen auch dann ausgeführt werden, wenn eine bestimmte Markierung vorhanden ist.

Daher können **Stellen** hier neben Bedingungen auch einen **Zustand** repräsentieren, der eine Aktivität beinhaltet. Eine Stelle, die mit mindestens einer Marke belegt ist, wird als **aktiv** bezeichnet und kann durch die enthaltene Aktivität das Systemverhalten gezielt beeinflussen. Dabei lässt sich der zuvor in Abschnitt 6.4.2 und Tabelle 6.3 beschriebene Vorteil der Petri-Netze gegenüber einfachen Zustandsmaschinen auch auf die Stellen übertragen: Bei Vorhandensein von Marken in verschiedenen Stellen können mehrere Zustände gleichzeitig aktiv sein. Dadurch lassen sich nun auch **parallele** Aktivitäten, wie etwa gleichzeitig auszuführende Bewegungen, sehr einfach darstellen. Dies betrifft parallele Aktivitäten sowohl innerhalb einer Teilsteuerung als auch über verschiedene Teilsteuerungen hinweg. In einem erweiterten Petri-Netz für koordinierte Hand-Arm Bewegungen gibt es z. B. für jede Bewegungsphase eine oder mehrere Stellen, welche die in dieser Phase erforderlichen Aktivitäten des Armes bzw. der Hand repräsentieren. Dies wird weiter unten auch noch ausführlich dargestellt, siehe Abbildung 6.11 in Abschnitt 6.5.4 und Abbildung 6.13 in Abschnitt 6.5.5.

6.5.2. Erweiterung von Petri-Netzen mit Funktionen

Entsprechend dem konzipierten eigenen Ansatz sollen Petri-Netze in das reale System, also in die einzelnen Teilsteuerungen des Roboters, integriert werden und von dort den Ablauf der koordinierten Bewegung steuern. Hierfür fehlt bisher aber noch eine konkrete Möglichkeit, die Stellen und Transition eines Petri-Netz in die Teilsteuerungen einbinden zu können. Eine Transition muss das Auftreten des Ereignisses, das sie repräsentiert, beispielsweise durch Abfragen von Sensorsignalen innerhalb einer Teilsteuerung, überprüfen können. Gleichermaßen muss eine aktive Stelle die konkrete Aktivität, die sie repräsentiert, z. B. eine bestimmte Teilbewegung, in der Teilsteuerung auslösen können. Es fehlt also ein Möglichkeit zur Umsetzung der wichtigen, aber bisher nur verbal beschriebenen Merkmale *„Aktivität"* und *„Ereignis"* einer koordinierten Bewegung.

Die Idee des Ansatzes ist es daher, Petri-Netze um spezielle **Funktionen** zu erweitern, die dann diese Merkmale bereitstellen. Diese Funktionen überprüfen bei Ausführung beispielsweise, ob bestimmte Ereignisse, wie etwa das in Tabelle 6.1 aus Abschnitt 6.2 genannte *„bis die Finger Kontakt haben"*, eingetreten sind. Eine andere Aufgabe für solche Funktionen ist es, Aktivitäten, wie etwa das *„der Arm bewegt die Hand"* oder *„die Hand greift"*, durch entsprechende Bewegungen des Roboters auszulösen.

Jeder Transition t kann in einem **erweiterten Petri-Netz** daher eine sog. Auslöse- oder englisch **Trigger-Funktion** $f_t()$ zugeordnet werden. Ebenso kann auch jeder Stelle s eine sog. Rückruf- oder englisch **Callback-Funktion** $f_s()$ zugeordnet werden. Weiterhin wird ein so erweitertes Petri-Netz zyklisch, im Takt der Teilsteuerung in die es integriert ist, ausgeführt, worauf in Abschnitt 6.5.4 noch genauer eingegangen wird. Ob und wann die Callback- und Trigger-Funktionen bei dieser Ausführung des erweiterten Petri-Netzes aufgerufen werden, hängt von der Markierung des Petri-Netzes ab, entsprechend den folgenden Definitionen:

Definition D-4: *Trigger-Funktion*
Die Trigger-Funktion $f_t()$ einer Transition t wird nur aufgerufen, wenn die Transition t freigegeben ist, siehe Gleichungen 6.9 – 6.10. Die Trigger-Funktion liefert weiterhin einen booleschen Rückgabewert zurück. Ist dieser `wahr`, so feuert die Transition, ist er `falsch` dann nicht.

(a) Stelle s mit Callback-Funktion $f_s()$ (b) Transition t mit Trigger-Funktion $f_t()$

Abbildung 6.9.: Darstellung von Stellen und Transitionen mit Callback-bzw. Trigger-Funktionen in erweiterten Petri-Netzen.

Definition D-5: *Callback-Funktion*
Eine Callback-Funktion $f_s()$ einer Stelle s wird nur dann aufgerufen, wenn die Stelle aktiv ist, also Marken enthält ($M(s) > 0$). Eine Callback-Funktion hat keinen Rückgabewert.

Der Rückgabewert der Trigger-Funktion entscheidet somit ob und wann die zugehörige Transition feuert. Dies beseitigt den für den Einsatz zur Modellierung oder Simulation nützlichen, für die Steuerung von Robotern aber ungeeigneten Nichtdeterminismus von Petri-Netzen. Hier bestimmt das erweiterte Petri-Netz, also seine statische Struktur und die dynamische Markierung zusammen mit den Trigger-Funktionen, das Schaltverhalten vollständig.

Eine mögliche Darstellung der Elemente von solchermaßen erweiterten Petri-Netzen mit Callback- und Trigger-Funktionen zeigt Abbildung 6.9. Unter den Stellen bzw. Transitionen sind jeweils zusätzlich die Callback- bzw. Trigger-Funktionen angedeutet. Abbildung 6.10 zeigt eine Variante des Petri-Netzes aus Abbildung 6.8a mit zwei möglichen Markierungen. Die Teilbilder geben an, welche Callback- und Trigger-Funktionen bei der jeweiligen Markierung aufgerufen werden, wenn das Petri-Netz ausgeführt wird.

6.5.3. Definition eines erweiterten Petri-Netzes

Aufbauend auf der Definition D-3 kann ein Petri-Netz mit den beschriebenen Erweiterungen wie folgt formal definiert werden:

Definition D-6: *Erweitertes Petri-Netz mit Callback- und Trigger-Funktionen*
Ein erweitertes Petri-Netz $N = (S, T, F, K, W, M, R, A, Z)$ ist ein 9-Tupel mit den bereits bekannten Eigenschaften von S, T, F, K, W und M. Die Erweiterung besteht in der Menge der Callback-Funktion R (Rückruf),

der Menge der Trigger-Funktionen A (Auslöser) und der Zuordnungsrelation Z. Zu den Gleichungen 6.1 – 6.5 aus Definition D-3 kommen noch folgende Eigenschaften hinzu:

$$R = \{ f_s() \mid s \in S \} \tag{6.12}$$

$$A = \{ f_t() \mid t \in T \} \tag{6.13}$$

$$R \cap A = \emptyset \tag{6.14}$$

für $s \in S$: $\quad f_s() : \text{Systemzustand} \rightarrow \text{Systemzustand}' \tag{6.15}$

für $t \in T$: $\quad f_t() : \text{Systemzustand} \rightarrow \{\text{wahr}, \text{falsch}\} \tag{6.16}$

$$Z : (S \cup T) \rightarrow (R \cup A \cup \{\epsilon\}) \tag{6.17}$$

für $s \in S$: $\quad Z(s) = \begin{cases} f_s() \in R\,; \\ \epsilon\,. \end{cases} \tag{6.18}$

für $t \in T$: $\quad Z(t) = \begin{cases} f_t() \in A\,; \\ \epsilon\,. \end{cases} \tag{6.19}$

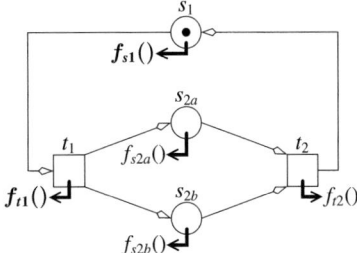

(a) Stelle s_1 ist aktiv: Callback-Funktion $f_{s1}()$ wird aufgerufen. Transition t_1 ist freigegeben: Trigger-Funktion $f_{t1}()$ wird aufgerufen

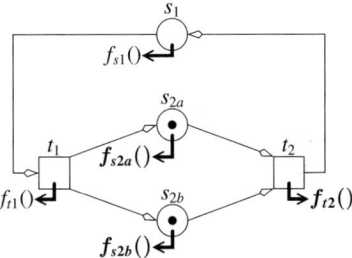

(b) Stellen s_{2a} und s_{2b} sind aktiv: Callback-Funktionen $f_{s2a}()$ und f_{s2b} werden aufgerufen. Transition t_2 ist freigegeben: Trigger-Funktion $f_{t2}()$ wird aufgerufen

Abbildung 6.10.: Ein Petri-Netz erweitert um Callback- und Trigger-Funktionen. Beide Teilabbildungen zeigen das gleiche Petri-Netz, aber mit unterschiedlicher Markierung. Die Markierung in (a) geht nach Feuern von t_1 in die Markierung in (b) über. Je nach Markierung werden bei Ausführung des Netzes wie in der Bildunterschrift angegeben unterschiedliche Callback- und Trigger-Funktionen aufgerufen.

Merkmal	Umsetzung im erweiterten Petri-Netz N
Aktivität	Stelle $s \in S$ mit Callback-Funktion $f_s() \in R$
Abfolge	Flussrelation F des Petri-Netzes, also die Kanten
Ereignis	Transition $t \in T$ mit Trigger-Funktion $f_t() \in A$
Parallelität	Verschiedene, gleichzeitig als aktiv markierte Stellen

Tabelle 6.5.: Die identifizierten Merkmale einer Bewegungskoordination aus Abschnitt 6.2 und ihre formale Umsetzung in einem erweiterten Petri-Netz $N = (S, T, F, K, W, M, R, A, Z)$.

Der in Gleichung 6.15 und 6.16 verwendete Begriff *„Systemzustand"* bezieht sich wieder auf den Zustand der Teilsteuerung, in die das Petri-Netz integriert ist. Die Callback- und Trigger-Funktionen können also jeweils den Zustand der gesammten zugehörigen Teilsteuerung beeinflussen bzw. berücksichtigen und nicht nur die Markierung des Petri-Netzes.

Nach Gleichungen 6.17–6.19 ist die Zuordnungsrelation Z eine partielle Relation, d. h. nicht jeder Stelle und jeder Transition muss eine Callback-bzw. Trigger-Funktion zugeordnet werden. Wird keine Funktion zugeordnet, so liefert Z die Leerfunktion ϵ zurück. Für diese Stelle oder Transition muss also bei Ausführung des erweiterten Petri-Netzes keine Funktion aufgerufen werden. Eine Stelle s mit leerer Callback-Funktion, also $Z(s) = \epsilon$ codiert daher wieder eine Vor- oder Nachbedingung der zugehörigen Transition. Sie beeinflußt den Systemzustand damit nicht direkt, auch dann nicht wenn sie aktiv ist, sondern sie nimmt lediglich Einfluss auf das Schaltverhalten des Petri-Netzes. Da die Trigger-Funktion einer Transition auch den Zeitpunkt des Feuerns bestimmt, feuert eine Transition t mit leerer Trigger-Funktion, also $Z(t) = \epsilon$, sobald sie freigegeben ist. Auch diese Variante ist nützlich, z. B. wenn ein Phasenübergang erfolgen soll, sobald eine Reihe von Vorbedingungen erfüllt sind, die alle direkt im Petri-Netz selbst codiert sind.

Mit dieser Definition lassen sich nun alle in Abschnitt 6.2 identifizierten Merkmale einer Bewegungskoordination mit einem erweiterten Petri-Netz abbilden. Tabelle 6.5 zeigt die Zuordnung der Merkmale zu Eigenschaften eines erweiterten Petri-Netzes. Für jedes Merkmal **Aktivität**, **Abfolge**, **Ereignis** und **Parallelität** existiert also eine Entsprechung im erweiterten Petri-Netz. Die informale, verbale Beschreibung einer Bewegungskoordination kann dadurch wie gefordert formalisiert und damit systematisch in die Teilsteuerungen des Roboters eingebracht werden.

6.5.4. Ausführung von erweiterten Petri-Netzen

Die erweiterten Petri-Netze werden hier zur Koordination verschiedener Teilsteuerungen eingesetzt. Ein solches Petri-Netz wird dazu in mehrere Teilsteuerungen integriert oder besser formuliert: von mehreren Teilsteuerungen gleichzeitig genutzt und ausgeführt. Diese beiden Aspekte *„Integration eines Petri-Netz in eine Teilsteuerung"* und *„Ausführung eines Petri-Netz"* werden nun im Detail erläutert.

Explizite Trennung von Ablaufsteuerung und Ausführungssteuerung

Die Teilsteuerungen arbeiten zyklisch, d. h. in jedem Zyklus werden bestimmte Bedingungen und Ereignisse überprüft sowie ein Teilschritt der anstehenden Aktivitäten ausgeführt. Die Bedingungen, Ereignisse und Teilschritte hängen von der Bewegungsphase ab und müssen mit anderen Teilsteuerungen koordiniert werden.

Die Entscheidung darüber, welche Bedingungen und Ereignisse wann zu überprüfen sind bzw. welche Aktivitäten wann anstehen, wird, bei dem hier entwickelten Ansatz, von einem speziellen, dafür geeigneten erweiterten Petri-Netz getroffen. Dieses entscheidet also, **was** getan wird und **wann** es getan wird, während die beteiligten Teilsteuerungen dann wiederum festlegen, **wie** es getan wird. Die Unterteilung in Ablaufsteuerung (*„was"* und *„wann"*) einerseits und Ausführungssteuerung (*„wie"*) andererseits wird somit explizit zwischen dem erweiterten Petri-Netz und den Teilsteuerungen vorgenommen. Dies lässt sich wie folgt zusammenfassen:

- Die statischen Elemente eines erweiterten Petri-Netzes, also die Stellen und Transitionen sowie die Callback- und Trigger-Funktionen, bestimmen, **was** bei einer koordinierten Bewegung getan wird, also welche Aktivitäten ausgeführt werden.

- Die statische Struktur eines erweiterten Petri-Netzes, also die Flussrelation bzw. die Kanten, bestimmt die **Abfolge** der Aktivitäten.

- Die dynamische Markierung des Petri-Netzes entscheidet dabei ob bzw. **wann** die Callback- oder Trigger-Funktionen aufgerufen werden. Der ereignisabhängige Rückgabewert einer Trigger-Funktionen entscheidet ob die Transition feuert.

- Die durch die Callback- und Trigger-Funktionen aufgerufenen Methoden der Teilsteuerungen wissen, **wie** die verlangte Aktivität, also z. B. eine Teilbewegung, **ausgeführt** wird.

Integration erweiterter Petri-Netze in Teilsteuerungen

Die Integration der Petri-Netze in die einzelnen Teilsteuerungen erfolgt durch die Callback- und Trigger-Funktionen. Diese werden im Prozess-Kontext der zu koordinierenden Teilsteuerungen ausgeführt und können daher direkt auf deren Funktionalität zurückgreifen. Somit können die Callback- und Trigger-Funktionen die Funktionalität der Arm- oder Handsteuerung, wie etwa die Methoden der Greifskills aus Abschnitt 5.3.3, direkt aufrufen. Dies lässt sich sehr gut anhand einer Abbildung erläutern:

Die Abbildung 6.11 zeigt schematisch, wie eine Bewegung von Hand und Arm über ein erweitertes Petri-Netz koordiniert werden kann. In der Abbildung ist dargestellt, wie einige der in den vorigen Kapiteln erzielten Ergebnisse genutzt und miteinander kombiniert werden: Die grundlegende Struktur der Steuerungen entstammt den Abbildungen 4.7 – 4.10 aus Abschnitt 4.3.1. Die dargestellten Skill-spezifischen Methoden in der lokalen Handsteuerung, also etwa die Callback-Funktion `Bewegung_ausführen()` oder die Trigger-Funktion `Sensoren_auslesen()`, entsprechen denjenigen aus den Abbildungen 5.23 – 5.24 in Abschnitt 5.3.3. Vergleichbare Methoden, wie z. B. `Grob_bewegen()` oder `Position_halten()`, existieren auch auf der Seite der lokalen Armsteuerung.

Das in der Abbildung dargestellte Petri-Netz zeigt den für eine bestimmte Bewegungsphase zuständigen Ausschnitt aus einem typischen Netz für koordinierte Bewegungen. Bei der Planung der Bewegung wurde das dargestellte erweiterte Petri-Netz zwischen Greif- und Armplanung vereinbart und vorbereitet. Während der Ausführung der koordinierten Bewegung wird das so vorbereitete Netz dann selbst, entsprechend dem weiter unten entwickelten Algorithmus, ausgeführt und steuert so den Ablauf der Bewegungen.

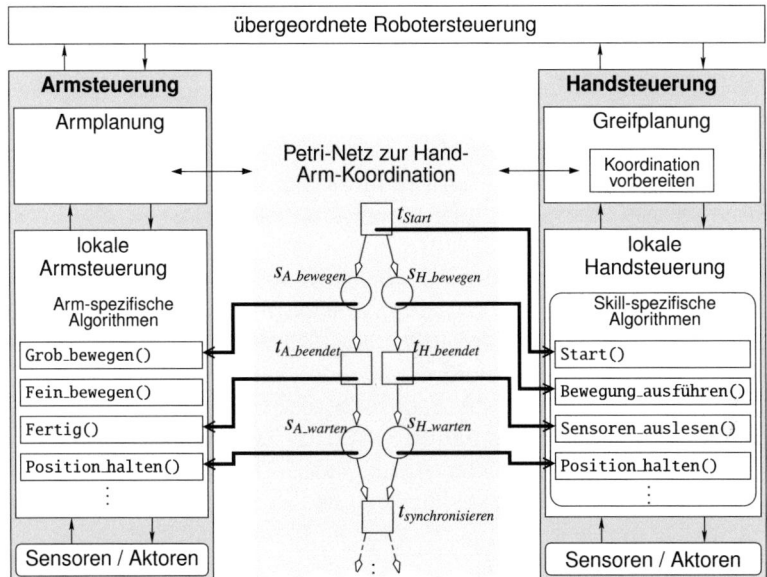

Abbildung 6.11.: Prinzip der Hand-Arm-Koordination mit erweiterten Petri-Netzen: Das Petri-Netz (Mitte) steuert den **Ablauf** einer koordinierten Bewegung, also das **Was** und das **Wann**, während die Teilsteuerungen (Links und Rechts) die **Ausführung** steuern, also das **Wie**. Die Callback- und Trigger-Funktionen des Petri-Netzes können somit transparent auf die spezifische Funktionalität der Teilsteuerungen, beispielsweise die Methoden der Greifskills, zurückgreifen.

In dem dargestellten Petri-Netz werden dabei, ausgehend von einer Start-Transition t_{Start}, zwei parallele Aktivitäten über die Stellen $s_{A\_bewegen}$ für den Arm und $s_{H\_bewegen}$ für die Hand angestoßen. Arm und Hand führen dann gleichzeitig Teilbewegungen aus. Das Ende der Teilbewegungen wird jeweils durch eine Transition $t_{A\_beendet}$ bzw. $t_{H\_beendet}$ überprüft, woraufhin die Zustände s_{A_warten} bzw. s_{H_warten} aktiv werden. Sobald diese Zustände beide aktiv sind, feuert $t_{synchronisieren}$ und synchronisiert damit die beiden Teilsteuerungen wieder. Danach kann die nächste, in der Abbildung unten mit „ . . . " angedeutete, Bewegungsphase beginnen.

Die Callback-Funktionen der aktiven Stellen führen die Teilschritte der Aktivitäten aus, die in der Bewegungsphase anstehen. In Abbildung 6.11 greift dabei z. B. die Callback-Funktion der Stelle $s_{H\_bewegen}$ auf die Methode `Bewegung_ausführen()` der Greifskill zu, wie in der Abbildung durch den Pfeil angedeutet. Dadurch wird der nächste Schritt der Teilbewegung von der Handsteuerung ausgeführt. Dies wird im Zyklus der lokalen Handsteuerung wiederholt und zwar genau solange, wie diese Stelle aktiv ist, also bis die Transition $t_{H\_beendet}$ feuert.

Die Trigger-Funktionen der Transitionen können wiederum situationsabhängig gezielt detaillierte Zustandsinformationen der Teilsteuerung, in die das Petri-Netz integriert ist, abfragen. Beispielsweise greift die Trigger-Funktion der Transition $t_{H\_beendet}$ auf die Methode `Sensordaten_auslesen()` der Greifskill zu. Sie überprüft so, ob die aktuelle Bewegung der Finger der Hand bereits beendet ist. Ist das der Fall, dann liefert die Trigger-Funktion **wahr** zurück und die Transition $t_{H\_beendet}$ feuert. Die Transition $t_{synchronisieren}$ benötigt dagegen keine Trigger-Funktion, sie feuert sobald sowohl die Armsteuerung in der Stelle s_{A_warten} als auch die Handsteuerung in s_{H_warten} gegenseitig aufeinander warten.

Algorithmus zu Ausführung erweiterter Petri-Netze

Die Ausführung des erweiterten Petri-Netzes N durch die Teilsteuerungen erfolgt dabei gemäß der in Algorithmus 6.1 detailliert dargestellten Prozedur PN_Ausführen(N, *par*). Diese wird periodisch im Zyklus der Teilsteuerungen von diesen aufgerufen.

Neben dem Petri-Netz N kann noch ein weiterer Parameter *par* an die Prozedur übergeben werden. Die aufgerufene Prozedur PN_Ausführen(N, *par*) ruft dann wiederum, abhängig von der Markierung M von N, die im Petri-Netz hinterlegten Callback- und Trigger-Funktionen mit dem Parameter *par* auf. Der Parameter enthält beispielsweise eine Referenz auf die gerade aktive Greifskill, damit die Callback- und Trigger-Funktionen unter Nutzung der polymorphen Mechanismen aus Abschnitt 5.3.2 in wohldefinierter Weise auf die Funktionalität der Teilsteuerungen zugreifen können. Die Callback- und Trigger-Funktionen können dadurch die spezifischen Methoden der referenzierten Greifskill in der lokalen Handsteuerung transparent benutzen und so schließlich koordinierte Bewegungen ausführen. Abbildung 6.12 zeigt die beschriebene Kette von Funktions- und Methodenaufrufen schematisch am

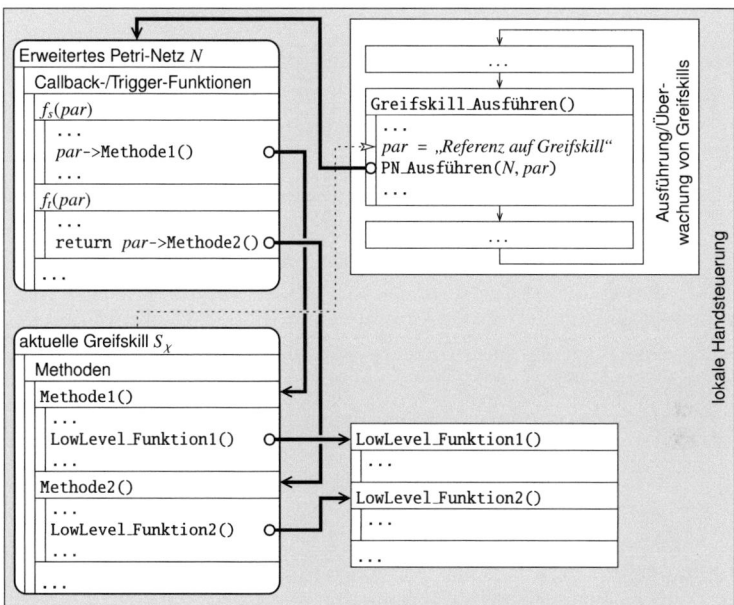

Abbildung 6.12.: Verkettung der Funktionsaufrufe innerhalb der lokalen Handsteuerung bei koordinierten Bewegungen: Die zyklisch aufgerufene Funktion Greifskill_Ausführen() ruft PN_Ausführen() auf. PN_Ausführen() ruft Callback- und Trigger-Funktionen ($f_s()/f_t()$) des integrierten erweiterten Petri-Netzes auf. Diese wiederum rufen über den Parameter *par* Methoden der eingebetteten aktuellen Greifskill auf.

Beispiel der lokalen Handsteuerung. Die hier gezeigte Darstellung ist somit eine Erweiterung von Abbildung 5.23 speziell für koordinierte Bewegungen.

In der Prozedur PN_Ausführen(*N, par*) werden zunächst die Callback-Funktionen aller aktiven Stellen aufgerufen (Zeilen 2–8). Diese Aufrufe haben keinen Einfluss auf die Markierung M des Petri-Netzes. Anders dagegen die Trigger-Funktionen der Transitionen: Da diese über ihren Rückgabewert festlegen, ob die Transition feuert, können sie so die Markierung während der Ausführung von M zu $M' = M_1$, $M_1' = M_2, \dots, M_n$ verändern. Wenn eine aufgerufene Trigger-Funktion $f_{tx}()$ wahr zurückliefert, die Transition t_x also feuert, dann ändert sich die Markierung von M_x zu $M_x' = M_{x+1}$. Dadurch

---

Algorithmus 6.1 Prozedur zur Ausführung erweiterter Petri-Netze.

1: **procedure** PN_Ausführen($N = (S, T, F, K, W, M, R, A, Z)$, par)
2:   **for all** $s \in S$ **do**   # Für alle Stellen s des Petri-Netzes N:
3:     **if** $M(s) > 0$ **then**   # Wenn s aktiv ist,
4:       **if** $Z(s) \neq \epsilon$ **then**   # und s eine nichtleere Callback-Funktion
5:         **call** ($Z(s)(par)$)   #   hat, dann rufe die Callback-Funktion von s
6:       **end if**   #   mit Parameter par auf.
7:     **end if**
8:   **end for**
9:   $L := \emptyset$ # Initialisiere L als leere Liste.
10: **for all** $t \in T$ **do**   # Für alle Transitionen t des Petri-Netzes:
11:    **if** Freigegeben(t, N) **then**   # Wenn t freigegeben ist,
12:      $L := L \cup \{t\}$ #   dann vermerke t als freigegeben in Liste L.
13:    **end if**
14: **end for**
15: **for all** $t \in L$ **do**   # Für alle zuvor freigegebenen Transitionen t:
16:    **if** Freigegeben(t, N) **then**   # Wenn t noch freigegeben ist,
17:      $a :=$ wahr   # initialisiere a mit wahr.
18:      **if** $Z(t) \neq \epsilon$ **then**   # Und wenn t eine nichtleere
19:   #   Trigger-Funktion hat,
20:        $a := $ **call** ($Z(t)(par)$)   #   dann rufe die Trigger-Funktion von t mit
21:   #   Parameter par auf.
22:      **end if**
23:      **if** $a ==$ wahr **then**   # Wenn die Trigger-Funktion wahr
24:   #   zurücklieferte, oder t eine
25:   #   leere Trigger-Funktion hat
26:        $N :=$ Feuern(t, N) #   dann feure t.
27:      **end if**
28:    **end if**
29: **end for**
30: **return** N # Liefere Petri-Netz N mit evtl. geänderter
31: **end procedure**   # Markierung M zurück.

---

können evtl. bisher freigegebene Transitionen nun plötzlich nicht mehr freigegeben sein und umgekehrt. Die Markierung M ändert sich also dynamisch bei der Ausführung von PN_Ausführen(N, par).

Für eine konsistente Ausführung des Petri-Netzes darf die Trigger-Funktion f_{ty} einer anderen Transition t_y nur aufgerufen werden, wenn t_y sowohl zu Beginn der Ausführung, bei Markierung M, als auch bei der inzwischen möglicherweise modifizierten Markierung M_y freigegeben ist. Dagegen darf die Trigger-Funktion f_{tz} einer zu Beginn nicht freigegebenen Transition t_z auch dann nicht aufgerufen werden, wenn sie bei irgend einer modifizierten Markierung M_i freigegeben ist.[8] Genau dies wird in der Prozedur durch eine Liste L der zu Beginn freigegebenen Transitionen und die zweimalige Überprüfung, ob eine Transition freigegeben ist gewährleistet (Zeilen 9–27).

In der konkreten Implementierung des gezeigten Algorithmus werden die Stellen und insbesondere die Transitionen immer in einer ganz bestimmten Reihenfolge abgearbeitet. Dadurch können die in Abschnitt 6.4.1 erwähnten Konflikte eindeutig aufgelöst werden. Die Trigger-Funktion einer in der Reihenfolge zuerst überprüften Transition t_x wird daher *immer* vor derjenigen einer nachfolgenden Transition t_y aufgerufen. Dadurch lassen sich einfache Prioritäten codieren, wie etwa t_x ist wichtiger als t_y.

Die in Algorithmus 6.1 verwendeten Prozeduren Freigegeben(...) und Feuern(...) ergeben sich aus den Gleichungen 6.9 – 6.11, sind aber auch in den Algorithmen 6.2 und 6.3 nochmals als Prozedur dargestellt.

6.5.5. Erweitertes Petri-Netz zum koordinierten Greifen

Bevor auf die Details der Umsetzung der beschriebenen erweiterten Petri-Netze eingegangen wird, soll nun noch ein etwas umfangreicheres Petri-Netz zur Bewegungskoordination betrachtet werden. Als Beispiel dient wieder das koordinierte Greifen eines Gegenstandes aus Tabelle 6.1.

Die Abbildung 6.13 zeigt ein dafür geeignetes Petri-Netz. Auf die Darstellung der Callback- und Trigger-Funktionen wurde aus Gründen der Übersichtlichkeit verzichtet, ihre Wirkungsweise lässt sich aber einfach aus den Bezeichnungen der Stellen und Transitionen ableiten. Die senkrechte Beschriftung ganz links im Bild kennzeichnet zusammen mit den gestrichelten

---

[8]Würde f_{tz} dennoch aufgerufen, so terminiert der Algorithmus u. U. nicht.

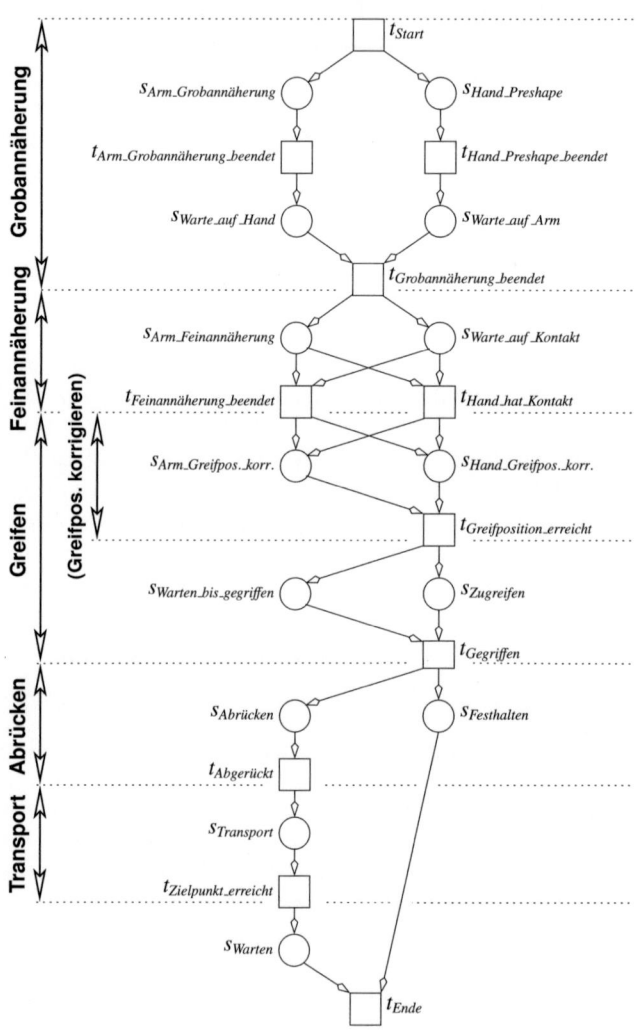

Abbildung 6.13.: Petri-Netz zum koordinierten Greifen eines Gegenstandes.

Algorithmus 6.2 Prozedur um zu überprüfen, ob eine Transition freigegeben ist (nach Gleichung 6.9f.). Die Prozedur liefert `wahr` zurück wenn ja, `falsch` wenn nicht.

1:	**procedure** `Freigegeben`(t, $N = (S, T, F, K, W, M, R, A, Z)$)	
2:	**for all** $s \in {}^{\bullet}t$ **do**	# Für alle Eingabestellen s der Transition t:
3:	**if** ($M(s) < W((s,t))$) **then**	# Wenn s nicht ausreichend viele
4:		# Marken enthält,
5:	**return** `falsch`	# dann gib `falsch` (*„nicht freigegeben"*)
6:	**end if**	# zurück.
7:	**end for**	
8:	**for all** $s \in t^{\bullet}$ **do**	# Für alle Ausgabestellen s der Transition t:
9:	**if** ($s \in {}^{\bullet}t$) **then**	# Wenn s auch Eingabestelle von t ist:
10:	$m := M(s) - W((s,t))$	# dann setze m zu $M(s) - W((s,t))$
11:	**else**	
12:	$m := M(s)$	# sonst setze m zu $M(s)$
13:	**end if**	
14:	**if** $(K(s) - m < W((t,s)))$ **then**	# Wenn die Kapazität von s
15:		# nicht ausreicht,
16:	**return** `falsch`	# dann gib `falsch`
17:	**end if**	# (i. S. v. *„nicht freigegeben"* zurück.
18:	**end for**	
19:	**return** `wahr`	# Alles überprüft, also gib `wahr`
20:	**end procedure**	# (i. S. v. *„freigegeben"*) zurück.

waagrechten Linien zusätzlich die Zuordnung der Stellen und Transitionen zu den einzelnen in Abschnitt 6.3.1 identifizierten Bewegungsphasen.

Der oberste Teil von Abbildung 6.13, genauer die Phase Grobannäherung, entspricht dem bereits zuvor in Abbildung 6.11 gezeigten Petri-Netz. Ein weiteres typisches Merkmal für die Struktur eines erweiterten Petri-Netzes zur Koordination von zwei Teilsteuerungen ist die Aufteilung in Warte- und Bewegungszustände, wie z. B. in den Phasen Feinannäherung und Greifen. In der Phase Feinannäherung wartet die Hand in $s_{Warte\_auf\_Kontakt}$, während der Arm in $s_{Feinannäherung}$ die eigentliche Bewegung zur Feinannäherung ausführt. Die Trigger-Funktion der Transition $t_{Hand\_hat\_Kontakt}$ stellt das Auftreten des erwarteten Kontaktes fest. Das Feuern von $t_{Hand\_hat\_Kontakt}$ beendet die Phase

---

Algorithmus 6.3 Prozedur zum Feuern einer Transition t (nach Gleichung 6.11). Die Prozedur verändert die Markierung und liefert das so geänderte Petri-Netz zurück.

1: **procedure** Feuern(t, $N = (S, T, F, K, W, M, R, A, Z)$)
2: **for all** $s \in {}^{\bullet}t$ **do**   # Für alle Eingabestellen s der Transition t:
3:      $M(s) := M(s) - W((s,t))$ # verbrauche die Marken der Eingabestelle s.
4: **end for**
5: **for all** $s \in t^{\bullet}$ **do**   # Für alle Ausgabestellen s der Transition t:
6:      $M(s) := M(s) + W((t,s))$ # erzeuge die Marken der Ausgabestelle s.
7: **end for**
8: **return** N # Liefere Petri-Netz N mit geänderter
9: **end procedure**   # Markierung M zurück.

---

der Feinannäherung und auch die Feinbewegung des Armes. Diese Phase kann alternativ auch durch die Transition $t_{Feinannäherung\_beendet}$ beendet werden, wenn der Arm die vorgesehene Feinannäherungsposition erreicht.

In der anschließenden Greifphase wird die Greifposition ggf. zunächst korrigiert. Dies ist beispielsweise dann erforderlich wenn die Hand noch keinen Kontakt zum Greifobjekt hat oder die Stelle des erkannten Kontakts eine Umpositionierung erfordert. Hier führt die Hand selbst keine Bewegung aus, macht aufgrund der taktilen Sensorinformationen aber in $s_{Hand\_Greifpos.\_korr.}$ Bewegungsvorgaben zur Positionskorrektur der Hand relativ zur aktuellen Position. Der Arm führt diese Bewegungsvorgaben in $s_{Arm\_Greifpos.\_korr.}$ aus und korrigiert die Position der Hand. Wird eine geeignete Greifposition erreicht, so feuert $t_{Greifposition\_erreicht}$ und das eigentliche Greifen kann beginnen.

In dieser Greif-Phase werden nun die Rollen von Warten und Bewegen getauscht: Die Armsteuerung wartet in $s_{Warten\_bis\_gegriffen}$, während die Handsteuerung in $s_{Zugreifen}$ den Greifvorgang ausführt. Die Phase wird wiederum durch eine Transition ($t_{Gegriffen}$) beendet. In den folgenden Phasen Abrücken und Transport bleibt die Handsteuerung im Zustand $s_{Festhalten}$ und hält das gegriffene Objekt fest, während die Armsteuerung verschiedene Zustände ($s_{Abrücken}$, $s_{Transport}$) über entsprechende Transitionen ($t_{Abgerückt}$, $t_{Zielpunkt\_erreicht}$) durchläuft. Die koordinierte Hand-Arm-Bewegung wird durch eine Transition t_{Ende} beendet. Danach können Hand- und Armplanung ein neues Petri-Netz für die nächste koordinierte Bewegung vereinbaren und vorbereiten.

Abbildung 6.14.: Schematische Vorgehensweise beim Einsatz von erweiterten Petri-Netzen: Aus einer geeigneten Beschreibung eines Petri-Netz wird durch eine Umcodierung der für die Integration in die Teilsteuerungen benötigte Programmcode generiert.

6.6. Umsetzung der Bewegungskoordination

Nachdem der Ansatz zur Bewegungskoordination mit erweiterten Petri-Netzen entwickelt wurde, muss nun noch geklärt werden, wie dieser Ansatz konkret umgesetzt werden kann. Die Fragestellung ist also: Wie können die oben eingeführten erweiterten Petri-Netze beschrieben, erstellt und in die Teilsteuerungen integriert werden.

In Abbildung 6.14 ist dies schematisch dargestellt: Der menschliche Programmierer erzeugt eine geeignete Beschreibung des zu verwendenden erweiterten Petri-Netzes. Daraus wird durch eine Umcodierung der Programmcode generiert, der die beschriebenen Callback- und Trigger-Funktionen implementiert und in die einzelnen Teilsteuerungen integriert werden kann. Sowohl die Art der **Beschreibung** selbst als auch die Methode zur **Umcodierung** werden nun noch genauer erläutert.

6.6.1. Vorüberlegung

Mit der konkreten Beschreibung eines erweiterten Petri-Netzes müssen sowohl die Struktur des zugrunde liegenden Petri-Netzes als auch die Erweiterungen eindeutig festgelegt werden. Für die Form der Beschreibung sind zwei Möglichkeiten denkbar:

- Grafische Beschreibung

- Sprachliche Beschreibung

Grafische Beschreibung

Bei der grafischen Beschreibung werden die Elemente der Petri-Netze, also die Stellen, Transitionen, Kanten usw. mit einem rechnergestützten Werkzeug gezeichnet und bearbeitet. Auf den ersten Blick erscheint diese Möglichkeit wünschenswert, da hierbei die intuitive Anschaulichkeit von Petri-Netzen sehr gut ausgenutzt werden kann. Diese Möglichkeit hat jedoch auch ganz erhebliche Nachteile:

- Ein spezielles Editorprogramm zur Eingabe und Modifikation der erweiterten Petri-Netze wird benötigt.

- Ein weiteres spezielles Programm, ein sog. Parser[9], zur Interpretation der grafischen Beschreibung und zu deren Integration in die Teilsteuerungen wird benötigt.

- Die Callback- und Trigger-Funktionen müssen zusätzlich in Form von Programmcode in die grafische Darstellung eingebunden werden.

- Das automatisierte Einfügen von Elementen, beispielsweise Kanten zu Fehler- oder Pause-Zuständen, lässt sich nur schwer verwirklichen.

Insbesondere die benötigten Editor- und Parserprogramme müssten extra erstellt werden und erhöhen den Aufwand für diese Möglichkeit erheblich. Die wünschenswerten Vorteile einer grafischen Darstellung lassen sich jedoch auch bei einer sprachlichen Beschreibung des Petri-Netzes nutzen. Es ist nämlich erheblich einfacher aus einer sprachlichen Beschreibung eine grafische Darstellung zu generiereren als umgekehrt.

Sprachliche Beschreibung

Aus den oben genannten Gründen wurden in der vorliegenden Arbeit die erweiterten Petri-Netze in sprachlicher Form beschrieben. Hierfür müssen ihre Eigenschaften, also die Stellen, Transitionen, Kanten, Kapazitäten, Gewichte, Callback- und Trigger-Funktionen des Netzes in einer geeigneten Weise sprachlich ausgedrückt, d. h. codiert werden können. Auch hierfür gibt es wiederum mehrere Möglichkeiten:

---

[9]auf deutsch etwa: *„lexikalischer Analysator"* oder *„Syntaxanalysierer"*

- Eine eigene, spezialisierte Sprache

- XML (*Extensible Markup Language*) [10]

- Die Erweiterung einer bereits existierenden Programmiersprache

Die Verwendung einer eigenen, allein auf die Beschreibung von erweiterten Petri-Netzen zugeschnittenen Sprache hat ähnliche Nachteile wie die grafische Beschreibung. Auch dafür würde wieder ein spezieller Parser benötigt, der extra erstellt und gepflegt werden müsste. Dagegen sind Parser für XML oder eine andere schon existierende Sprache bereits vorhanden und können einfach verwendet werden.

XML ist ein erweiterbarer Sprachstandard zur *„Erstellung maschinen- und menschenlesbarer Dokumente in Form einer Baumstruktur"* [149]. Gegen die Verwendung von XML sprechen i. W. zwei Gründe: Die Syntax von XML ist unnötig aufgebläht, da ein zu beschreibendes Element immer in zwei Markierungen, sog. Tags, eingefasst werden muss. Außerdem ist XML keine Programmier-, sondern lediglich eine Auszeichnungs- oder Beschreibungssprache, was die schon angesprochene automatisierte Erstellung von Elementen wiederum erschwert.

Daher wurde in der vorliegenden Arbeit zur Beschreibung der erweiterten Petri-Netze die Möglichkeit der Erweiterung einer existierenden Programmiersprache gewählt. Aufgrund von Eigenschaften wie etwa einfache Erweiterbarkeit oder problemlose Zusammenarbeit mit anderen Programmiersprachen wird die imperative Programmiersprache **Python** [37] verwendet. Diese ausgereifte, objektorientierte Skriptsprache bietet alle notwendigen Voraussetzungen, um in einem ersten Schritt die erweiterten Petri-Netze in einer kompakten, verständlichen Form zu **beschreiben**. In einem zweiten Schritt kann dann aus einer derartigen Beschreibung der zur Integration in die Teilsteuerungen benötigten Programmcode **generiert** werden.

6.6.2. Beschreibung erweiterter Petri-Netze

Die Beschreibung der erweiterten Petri-Netze erfolgt, wie bei einem Programmquellcode, in Form einer Text-Datei, einer sog. pnet-Datei. Zum

---

[10]XML: auf deutsch etwa: "erweiterbare Auszeichnungssprache" zur Darstellung hierarchisch strukturierter Daten in Form von Textdateien [149].

```
transition( id      = 'Ein eindeutiger Bezeichner',
            descr   = 'Eine Beschreibung der Transition',
            partype = 'Parameter-Typ von par: Ein Datentyp der Teilsteuerung',
            parname = 'Parameter-Name von par: Ein Variablenname',
            trigger = 'Programmcode der Trigger-Funktion' )
place(      id      = 'Ein eindeutiger Bezeichner',
            descr   = 'Eine Beschreibung der Stelle',
            partype = 'Parameter-Typ von par: Ein Datentyp der Teilsteuerung',
            parname = 'Parameter-Name von par: Ein Variablenname',
            code    = 'Programmcode der Callback-Funktion' )
arc( 'id der Eingangsstelle/-transition der Kante','id der Ausgangstransition/-stelle der Kante')
```

Abbildung 6.15.: Sprachkonstrukte `transition(...)`, `place(...)` und `arc(...)` einer pnet-Datei zur Beschreibung von erweiterten Petri-Netzen. Die Syntax von Funktionsaufrufen, Kommentaren, Zeichenketten usw. entspricht der Python-Syntax.

Einlesen einer solchen Beschreibung, dem sog. parsen, wird der Python Interpreter als Parser verwendet, die Beschreibung muss also der Python-Syntax genügen. Dies hat enorme Vorteile, denn dadurch steht ein ausgereifter Parser mit genau bekannten Fähigkeiten, wie etwa zur Behandlung von Kommentaren, Zeichenketten oder mathematischen Ausdrücken, zur Verfügung. Weiterhin können dadurch Berechnungen und sogar komplexe funktionale Beschreibungen, wie das angesprochene automatisierte Einfügen von Kanten, realisiert werden, ohne dass dadurch die Umsetzung aufwändiger würde.

Die Erweiterung der Python-Skriptsprache besteht in einigen wenigen speziellen Sprachkonstrukten[11] zur Definition der Elemente des Netzes, also der Stellen, Transitionen, Kanten sowie deren Eigenschaften. Abbildung 6.15 zeigt die Syntax dieser Sprachkonstrukte. Ein etwas umfangreicheres und konkreteres Beispiel findet sich aus Platzgründen etwas weiter hinten in der Abbildung 6.17 auf Seite 151. Dort ist ein Teilausschnitt aus der pnet-Beschreibung des erweiterten Petri-Netzes für das koordinierte Greifen aus der Abbildung 6.13 dargestellt.

Eine Stelle wird in einer pnet-Datei durch den Aufruf `place(...)` in einer Art Funktionsaufruf mit benannten Argumenten definiert. Das Gleiche

---

[11]In der hier untersuchten Umsetzung wurden dafür englische Schlüsselbegriffe zur Kennzeichnung verwendet: place für Stelle, transition für Transition (i. S. v. Übergang), arc für Kante. Weiterhin: id für Identifizierer, descr für Beschreibung, partype für Parameter-Typ, parname für Parameter-Name und schließlich code für die Callback-Funktion sowie trigger für die Trigger-Funktion

gilt für Transitionen (`transition(...)`) und Kanten (`arc(...)`). Die benannten Argumente dieses Aufrufs sind eine eindeutige Zeichenkette, welche die Stelle/die Transition identifiziert (`id`), eine optionale Zeichenkette
zur Beschreibung der Stelle (`descr`), der Typ und der Name des an die Call-
back- bzw. Trigger-Funktion zu übergebenden *par* Parameters (`partype`
und `parname`) sowie der Code für die Callback- bzw. Trigger-Funktion selbst
(`code` bzw. `trigger`). Für die Definition der Kanten werden die `id`-Werte
der zu verbindenden Stelle bzw. Transition verwendet. Mit weiteren, optio-
nalen und in den Beispielen nicht gezeigten Argumenten, können bei Bedarf
die Kapazität, das Gewicht oder die Anfangsbelegung festgelegt werden, sofern sie von den Standardwerten abweichen.

Über die Argumente `partype` und `parname` kann der bereits in Algorithmus 6.1 aus Abschnitt 6.5.4 eingeführte Parameter *par* definiert werden,
der von der Teilsteuerung beim Ausführen des erweiterten Petri-Netzes mittels `PN_Ausführen`(*N, par*) mit übergeben wird. Über diesen Parameter kann
die Callback- oder Trigger-Funktion wie schon beschrieben auf die Funktionalität der Teilsteuerung, in die sie integriert wurde, zugreifen. Im Beispiel
in Abbildung 6.17 wird an die Callback-Funktion der Stelle `Hand_Preshape`
z. B. ein Parameter mit dem Namen `greif_skill` vom Typ `tGreifskill*`,
also eine Zeigervariable, übergeben. Über diese kann die Callback-Funktion
dann unter Nutzung der Polymorphie auf die Methoden der gerade aktiven
Greifskill in der lokalen Handsteuerung zugreifen.

Der Code der Callback- und Trigger-Funktionen wird in der Beschreibung
einfach als Zeichenkette in der Syntax der Zielsprache übergeben. Möglich
sind hierbei die Sprachen C, C++ oder auch Python, je nachdem wie die
Anbindung an die Teilsteuerung, in die der Code integriert wird, erfolgen
soll. Im Beispiel in Abbildung 6.17 sind die Callback- und Trigger-Funktionen in C++ angegeben. Neben einfachen direkten Aufrufen der Methoden
der Arm- bzw. Greifskills können auch komplexere Anweisungen direkt in
der Petri-Netz-Beschreibung definiert werden. Die Definition der Callback-
Funktion der Stelle `Hand_Preshape` besteht aus dem einfachen Methodenaufruf '`greif_skill->Bewegung_ausführen();`'. Ebenso liefert die Trigger-Funktion der Transition **Arm_Grobannäherung_beendet** ihren Rückgabewert über einen Methodenaufruf: '`return arm_skill->Fertig();`'.
Eine etwas komplexere Trigger-Funktion wird dagegen für die Transition
Hand_Preshape_beendet verwendet, in der mehrere Sensorwerte mit der

Funktion 'greif_skill->Sensoren_auslesen()' ausgelesen und auf den
gewünschten Sollwert hin überprüft werden.

6.6.3. Umcodierung/Codegenerator

Die sprachliche Beschreibung eines erweiterten Petri-Netzes ist sehr mächtig
und bietet viele Möglichkeiten zur automatisierten Weiterverarbeitung. Wie
Abbildung 6.16 zeigt, können mit einem entsprechenden Codegenerator aus
einer Beschreibung unterschiedliche Ausgaben generiert werden. In der vorliegenden Arbeit wurde der Codegenerator petrinetgen entwickelt, welcher bisher folgende Möglichkeiten realisiert:

- Generieren von Programmcode, der die Callback- und Trigger-Funktionen zur Integration in die einzelnen Teilsteuerungen bereitstellt

- Erzeugen einer statischen, grafischen Darstellung des Petri-Netzes als
  bipartiter Graf zur bildhaften Veranschaulichung und Dokumentation

- Generieren von Programmcode, der eine dynamische Visualisierung
  des Zustands des Petri-Netzes zur Laufzeit ermöglicht

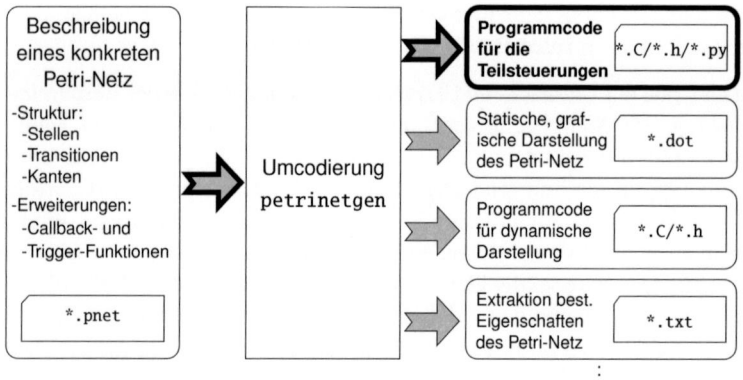

Abbildung 6.16.: Schematische Darstellung der Arbeitsweise des entwickelten Codegenerator petrinetgen zur Erzeugung unterschiedlicher Ausgaben aus einer Petri-Netz-Beschreibung.

- Generieren der textuellen Dokumentation der Stellen, Transitionen, Callback- und Trigger-Funktionen

- Erzeugen von Text, der Eigenschaften des definierten Petri-Netz beschreibt, beispielsweise zur Fehlersuche beim Erstellen der pnet-Datei

Die erstgenannte Möglichkeit ist dabei die wichtigste und gleichzeitig Voraussetzung für das Funktionieren des hier entwickelten eigenen Ansatzes. Der Programmcode wird in Form von C-, C++- (`*.C`/`*.h`) oder Python-Quellcode Dateien (`*.py`) generiert und kann so in den Quellcode für die Teilsteuerungen eingebunden werden.

Die statische, grafische Darstellung erfolgt in Form von Bild-Dateien im Format `*.dot` [40], vergleichbar mit Abbildung 6.13. Die Dokumentation der Petri-Netz-Elemente erfolgt mit Hilfe der in der Beschreibung angegebenen `descr` Elemente über sog. Doxygen-Kommentare [32] im generierten Quellcode. Weitere Details des entwickelten Codegenerators `petrinetgen` finden sich in Anhang C.

6.6.4. Verteilte Ausführung erweiterter Petri-Netze

Bei einer koordinierten Bewegung wird **ein** erweitertes Petri-Netz von **mehreren** Teilsteuerungen gleichzeitig ausgeführt. Der aus der Beschreibung mit `petrinetgen` generierte Code wird dafür in die einzelnen zu koordinierenden Teilsteuerungen integriert. Dadurch wird die Ausführung des erweiterten Petri-Netzes auf mehrere Teilsteuerung verteilt.

Die statische Struktur des erweiterten Petri-Netzes ist in dem generierten Code enthalten, nicht aber die dynamische Markierung. Um dennoch eine konsistente, d. h. in allen ausführenden Teilsteuerungen demselben Gesamtzustand entsprechende, Ausführung zu erreichen, müssen alle Teilsteuerungen auf eine gemeinsame Markierung M des Petri-Netzes zugreifen. Der Austausch dieser Markierung entspricht damit der erforderlichen Kommunikation aus Abschnitt 6.3.3.

Die Markierung wird dazu in einem gemeinsamen Speicher, beispielsweise einem MCA2-Blackboard, abgelegt und in den einzelnen Teilsteuerungen von der Prozedur `PN_Ausführen()` zyklisch gelesen und beschrieben. Durch die Verwendung eines gemeinsamen Speichers können wie gefordert auch mehr als zwei Teilsteuerung miteinander koordiniert werden. Die Größe der auszutauschenden Daten hängt von der Anzahl der Stellen im Netz ab. Die hier untersuchten Netze haben typischerweise ca. 20–30 Stellen, die Datenmenge ist also, wie schon in Abschnitt 6.3.3 erläutert, sehr gering. Dadurch stellt der Zugriff auf den gemeinsamen Speicher keinen Engpass dar, obwohl er aus Konsistenzgründen für jede an der koordinierten Bewegung beteiligte Steuerung exklusiv erfolgen muss.

Die verteilte Ausführung der erweiterten Petri-Netze erfolgt mit Hilfe eines im Rahmen der Arbeit erstellten und „*mcapetri*" benannten Tools [72]. Der beschriebene Codegenerator `petrinetgen` ist das zentrale Element des Tools. Darüberhinaus ist *mcapetri* vollständig in das MCA2 [97, 96] Software-Framework eingebettet. Dadurch kann der beschriebene Ansatz zur Bewegungskoordination mit erweiterten Petri-Netzen in der Implementierung sehr einfach wie jedes andere Software-Werkzeug benutzt werden.

```
# pnet-Beschreibung für das koordinierte Greifen (Auszug):
# - Zuerst die Transitionen und Stellen definieren:
transition( id     = 'Start',
            descr  = 'Startet die koordinierte Hand-Arm-Bewegung',
            partype = 'tGreifskill*',
            parname = 'greif_skill',
            trigger = 'return greif_skill->Start();' )

place(      id     = 'Arm_Grobannäherung',
            descr  = 'Bewegt den Arm zur Position der Grobannäherung',
            partype = 'tArmskill*',
            parname = 'arm_skill',
            code    = 'arm_skill->Grob_bewegen();' )

place(      id     = 'Hand_Preshape',
            descr  = 'Bewegt die Hand in die Preshape-Konfiguration',
            partype = 'tGreifskill*',
            parname = 'greif_skill',
            code    = 'greif_skill->Bewegung_ausführen();' )

transition( id     = 'Arm_Grobannäherung_beendet',
            descr  = 'Feuert sobald der Arm die Grobannäherung beendet hat',
            partype = 'tArmskill*',
            parname = 'arm_skill',
            trigger = 'return arm_skill->Fertig();' )

transition( id     = 'Hand_Preshape_beendet',
            descr  = 'Feuert sobald die Preshape-Konfiguration erreicht ist',
            partype = 'tGreifskill*',
            parname = 'greif_skill',
            trigger = 'return (greif_skill->Sensoren_auslesen(0) == 0.0
                        && greif_skill->Sensoren_auslesen(1) == 0.0);' )
...

# - Nun noch die Kanten definieren:
arc( 'Start',                'Arm_Grobannäherung' )
arc( 'Start',                'Hand_Preshape' )
arc( 'Arm_Grobannäherung',   'Arm_Grobannäherung_beendet' )
arc( 'Hand_Preshape',        'Hand_Preshape_beendet')
...
```

Abbildung 6.17.: Auszug aus der pnet-Datei, die das erweiterte Petri-Netz beschreibt, welches zum koordinierten Greifen eines Gegenstandes nach Abbildung 6.13 verwendet wird. Der dargestellte Teil definiert die Transitionen, Stellen und Kanten für die Phase der Grobannäherung.

7. Ergebnisse

Die vorherigen drei Kapitel untersuchten jeweils Teile der in Abschnitt 2.5.2 herausgearbeiteten Problemstellungen. Die im Einzelnen entworfenen Ansätze wurden dann vom Autor wie beschrieben umgesetzt. Somit wurde ein vollständiges Steuerungssystem für eine anthropomorphe Roboterhand erstellt, welches die gegebenen Problemstellungen löst. Um die mit der vorliegenden Arbeit erreichten Ergebnisse zu diskutieren wird nun zunächst auf die mit einem realen humanoiden Roboter durchgeführte Evaluation des erstellten Systems eingegangen.

7.1. Evaluation

Zur Evaluation der Ansätze und des erstellten Handsteuerungssystem dient der bereits in Abschnitt 1.3 erwähnte Roboterarm mit menschenähnlicher Kinematik sowie einer anthropomorphen Roboterhand mit taktiler Sensorik, siehe auch Abbildungen 1.1b und 1.2. Mit diesem im Rahmen des Sonderforschungsbereich 588 aufgebauten Demonstratorsystem soll eine Reihe von szenariotypischen Handhabungen ausgeführt werden, welche nun zunächst einmal beschrieben werden.

Konkret soll der Roboter eine gefüllte 0,5 Liter PET-Flasche von einer grob bekannten Position ergreifen und an einen Menschen übergeben. Danach soll der Roboter die Flasche wieder entgegen nehmen und an einer weiteren bekannten Position ablegen. Die einzelnen Schritte sollen dabei vom Roboter selbständig ausgeführt werden, d. h. insbesondere ohne dass ein Operator dem Roboter nach Beginn der Ausführung die jeweils passenden Befehle über Tastatur oder Maus eingibt. Der Roboter muss dafür über seine Sensoren, insbesondere die taktilen Sensoren der Hand, mit der belebten und unbelebten Umwelt interagieren und auf äußere Einflüsse reagieren.

Die Lösung dieser Aufgabe erfordert verschiedene koordinierte Bewegungen von Hand und Arm des Roboters sowie unterschiedliche Fertigkeiten der

Hand. Somit können mit dieser Aufgabe die zuvor beschriebenen Ansätze zur Bewegungskoordination mit erweiterten Petri-Netzen, zur Bewegungssteuerung mit Greifskills und die zugrunde liegende Architektur der Handsteuerung evaluiert werden.

Durch die Ausführung einer Folge von Missionen entsprechend der Definition in Abschnitt 4.2.2 kann der Roboter die Aufgabe selbständig lösen. Neben den beschriebenen Handhabungen zum Greifen und Ablegen führt er dabei zusätzlich auch Gesten aus, um den Ablauf für den mit ihm kooperierenden Menschen intuitiver zu gestalten. Im Einzelnen wurden dazu die folgenden Missionen nacheinander ausgeführt:

1. **Zeigegeste**: Der Roboter zeigt auf die Position, an der er die zu greifende Flasche erwartet. Der Mensch weiß dadurch, was der Roboter als nächstes tut und wo er es tun wird.

2. **Greifen**: Der Roboter greift die Flasche. Eine Abweichung der Position der Flasche im Bereich einiger Zentimeter wird dabei mit Hilfe der taktilen Sensoren der Hand erkannt und korrigiert.

3. **Übergeben**: Der Roboter bietet die Flasche an, indem er sie vor sich hält und leicht anhebt. Der Roboter wartet, bis der Mensch die Flasche gegriffen hat und leicht an ihr rüttelt. Dieses Rütteln kann der Roboter über seine taktilen Sensoren in der Hand erkennen und daraufhin die Hand reaktiv öffnen.

4. **Gib-mir Geste**: Der Roboter fordert die Flasche über eine Geste wieder zurück. Dazu winkt er die Flasche bzw. den kooperierenden Menschen mit dem Zeigefinger zu sich her.

5. **Übernehmen**: Zum Übernehmen fährt der Roboter erneut in den freien Bereich vor sich und wartet mit geöffneter Hand bis der Mensch ihm die Flasche in die Hand übergibt.

6. **Ablegen**: Nun kann der Roboter die gegriffene Flasche ablegen. Da er die genaue Position der Flasche in der Hand über seine Sensoren nicht feststellen kann, erfolgt das Ablegen wiederum reaktiv durch eine langsame Bewegung nach unten, bis ein Kontakt zu der vorgegebenen Abstellfläche erkannt wird.

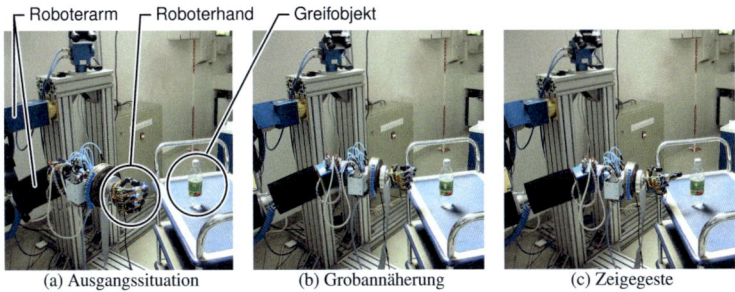

(a) Ausgangssituation   (b) Grobannäherung   (c) Zeigegeste

Abbildung 7.1.: Mission 1: Koordiniertes Zeigen auf die zu greifende Flasche zur Absichtsbekundung.

Die beschriebene Folge von Missionen konnte erfolgreich ausgeführt und untersucht werden. Einzelne Teile dieser Folge werden nun etwas genauer dargestellt und zwar zum Einen qualitativ durch Fotosequenzen und zum Anderen quantitativ mit Diagrammen von Steuerungskenngrößen. Anhand der während der Durchführung der Versuche aufgezeichneten Fotos und Diagramme lassen sich einige der mit den entwickelten Ansätzen erreichten Eigenschaften und Fähigkeiten gut verdeutlichen.

7.1.1. Zeigegeste ausführen

Abbildung 7.1 zeigt Fotos der Zeige-Mission. In der Ausgangssituation in Bildteil a) ist die Roboterhand zunächst geschlossen, die zu greifende Flasche steht rechts im Bild auf einem Rollwagen. Für die Ausführung der Zeigegeste genügen zwei Bewegungsphasen: Eine Grobannäherung (Bildteil b) und die eigentliche Zeigegeste (Bildteil c). In der Grobannäherung bleibt die Hand noch geschlossen und der Arm orientiert die Hand zur Flasche hin. Beim Zeigen wird schließlich der Zeigefinger ausgestreckt und der Arm bewegt die Hand noch ein kleines Stück entlang der Achse des Zeigefingers, wie ein Mensch dies beim Zeigen auch tun würde. Selbst bei dieser simplen Mission ist daher eine – wenn auch einfache – Koordination zwischen Hand- und Armbewegungen unerlässlich, um den gewünschten Effekt zu erzielen.

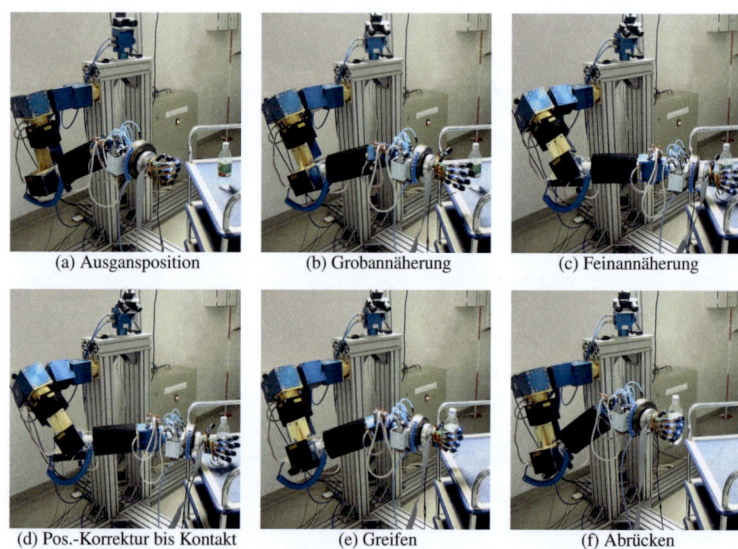

(a) Ausgansposition   (b) Grobannäherung   (c) Feinannäherung

(d) Pos.-Korrektur bis Kontakt   (e) Greifen   (f) Abrücken

Abbildung 7.2.: Mission 2: Koordiniertes Greifen der Flasche.

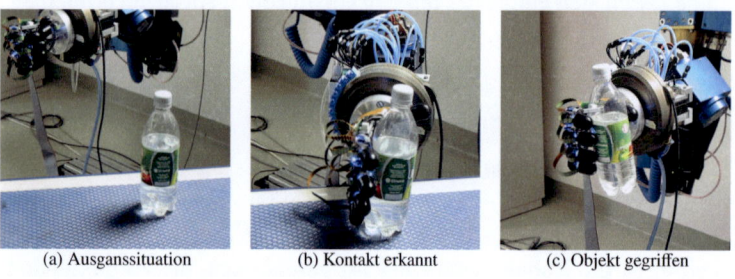

(a) Ausgangssituation   (b) Kontakt erkannt   (c) Objekt gegriffen

Abbildung 7.3.: Mission 2: Detailansichten beim koordinierten Greifen.

7.1.2. Flasche greifen

Interessanter ist die Mission zum koordinierten Greifen der Flasche, da hierbei auf Umwelteinflüsse reagiert werden muss. Die Abbildung 7.2 zeigt wieder Fotos einzelner Bewegungsschritte. Von der Ausgangsposition nach dem Zeigen in Bildteil a) wird die Grobannäherung (Bildteil b) ausgeführt. Anders als beim Zeigen bewegen sich dabei nun auch die Finger der Hand. Sie öffnen sich und nehmen die Preshape Konfiguration ein. Die Feinannäherung in Bildteil c) führt die Hand zur vermuteten Position der Flasche. Wird während der Feinannäherung ein Kontakt mit dem Greifobjekt erkannt, so stoppt die Armbewegung. Wird, wie hier, jedoch kein Kontakt erkannt, so wird die Position der Hand parallel zur Auflagefläche korrigiert, bis ein Kontakt erkannt wird (Bildteil d). Danach schließen sich die Finger mit einem Zylindergriff um die Flasche (Bildteil e) und die Hand kann mit dem Objekt abrücken (Bildteil f). Die Abbildung 7.3 zeigt vergrößerte Ausschnitte des Greifvorgangs aus einer Perspektive etwas weiter von rechts. Bildteil b) zeigt dabei beispielsweise den Zeitpunkt, in dem der Kontakt mit der Flasche über die taktilen Sensoren erkannt wird.

Für die quantitative Analyse der Missionen wurden die Kenngrößen der Robotersteuerung während der Ausführung der Missionen mit einer Taktrate von 50 ms, also mit 20 Hz, aufgezeichnet. Die Abbildungen 7.4 und 7.5 zeigen beispielsweise Diagramme von einzelnen dieser aufgezeichneten Kenngrößen beim koordinierten Greifen. Wichtiger als die konkreten Zahlenwerte einzelner Datenpunkte ist der Verlauf der Kenngrößen, also ihre Änderung über die Zeit. Die verschiedenen Diagramme einer Abbildung haben einen gemeinsamen Zeitindex, so dass sich direkt untereinander liegende Datenpunkte auch in verschiedenen Diagrammen zeitlich entsprechen. Die einzelnen durchlaufenen Bewegungsphasen sind unten im Bild angegeben. Sie lassen sich sehr gut an den Verläufen der einzelnen dargestellten Kenngrößen über die Zeit festmachen.

Das oberste Diagramm in Abbildung 7.4 zeigt einzelne Gelenkwinkel des Arms und damit die Armbewegung in Gelenkwinkelkoordinaten. Das Diagramm in der Mitte zeigt die Signale der taktilen Sensoren, genauer gesagt die Kontaktkraft, die auf einzelne Fingerglieder einwirkt. Das Diagramm unten zeigt die Gelenkwinkel einzelner Fingergelenke und damit die Bewegung der jeweiligen Finger der Hand.

Die Grobannäherung beginnt bei etwa 2,0 s, was an den Änderungen der Arm- und Fingergelenkwinkel deutlich erkennbar ist. In der Feinannäherung ab 10,0 s bewegt sich nur der Arm, bis die Feinannäherungsposition bei etwa 15,5 s erreicht ist. Da bis dahin noch kein Kontakt zum Greifobjekt erkannt wurde, wird eine Positionskorrektur eingeleitet.

Dabei bewegt sich der Arm sehr langsam. Da dies in Abbildung 7.4 nur schwer zu erkennen ist, zeigt Abbildung 7.5 den Zeitbereich von 17,0–22,0 s vergrößert. Die Armbewegung im oberen Diagramm ist dabei nun durch die kartesische x/y-Position der Hand[1] dargestellt. Die nicht dargestellte z-Position, die Höhe, bleibt in der Phase der Positionskorrektur konstant, während sich die x- und y-Positionen wie dargestellt linear ändern.

Im mittleren Diagramm in Abbildung 7.5 sind wieder die Kraftsignale dargestellt. Zu Beginn der Korrekturphase sind diese konstant bei Null, erst ab 18,0 s bekommt ein Fingerglied, hier die Fingerspitze des Ringfinger, als erstes Kontakt zum Greifobjekt. Sobald die gemessene Kraft einen Schwellwert von etwa 10 dN erreicht, wird der Kontakt erkannt. Daraufhin wird die Armbewegung sofort gestoppt, die x- und y-Koordinaten der TCP-Position bleiben dann bis zum Abrücken konstant.

In der Greifphase von 18,2 s bis 20,8 s schließen sich die Finger mit einem Zylindergriff um die Flasche. Die Kontaktfläche zwischen Fingern und Flasche nimmt dabei, wie im unteren Diagramm in Abbildung 7.5 gezeigt, zu. Die kurzfristige zwischenzeitliche Abnahme der Kontaktfläche bei 19,3 s lässt sich wie folgt erklären: Die für die Evaluation verwendete anthropomorphe Roboterhand wird pneumatisch betrieben und hat eine sehr hohe Dynamik. Die Finger bewegen sich also sehr schnell, sogar so schnell, dass sie beim Zugreifen bei Kontakt zunächst etwas zurückprellen.

---

[1] genauer: die TCP-Position; *TCP* = Tool Center Point, ein Punkt in der Handwurzel des Roboters

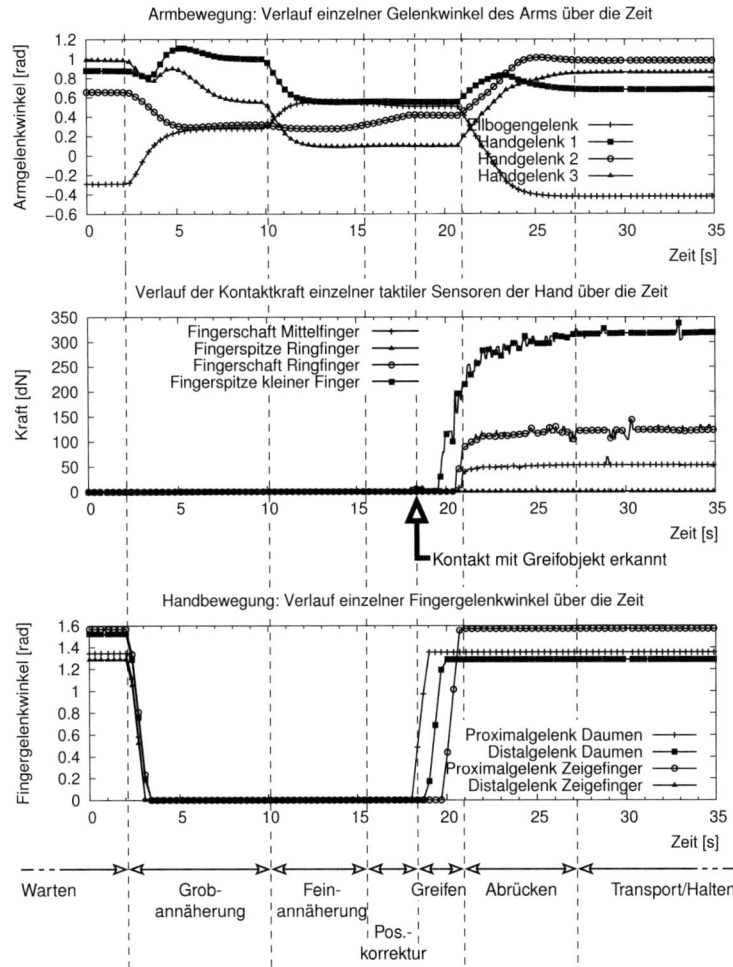

Abbildung 7.4.: Signalverläufe einzelner Signale der Hand- und Armsteuerung beim koordinierten Greifen der Flasche aus Abbildungen 7.2 und 7.3 (Mission 2). Die nachfolgende Abbildung 7.5 zeigt den Ausschnitt von 17-22 s zur Verdeutlichung vergrößert.

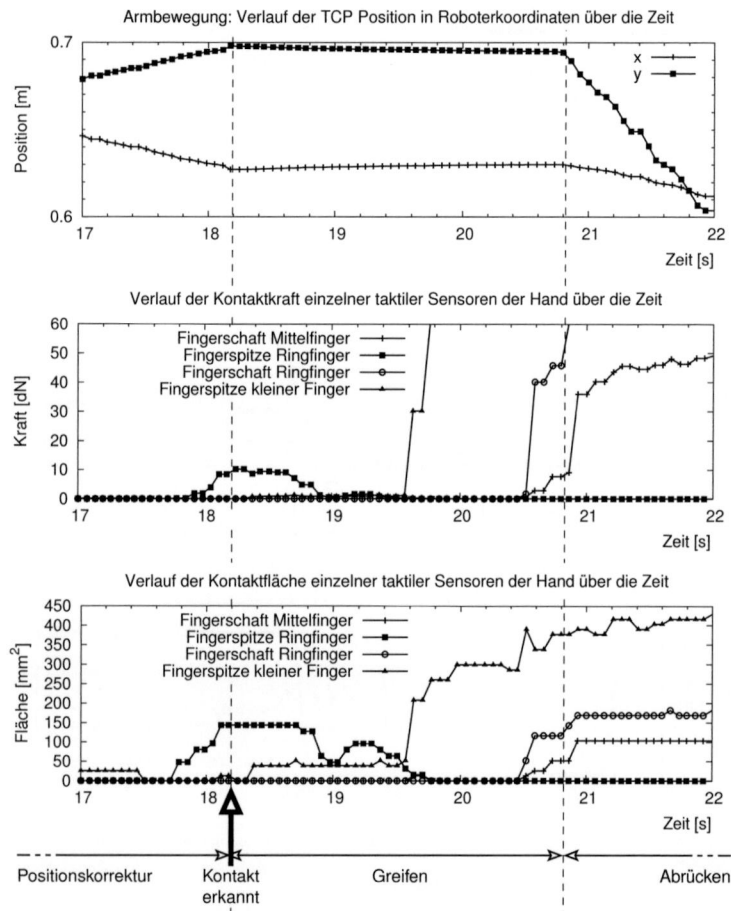

Abbildung 7.5.: Zeitlicher Ausschnitt aus Abbildung 7.4: Signalverläufe einzelner Signale der Hand- und Armsteuerung in den Phasen *„Positionskorrektur"*, *„Greifen"* und *„Abrücken"* beim koordinierten Greifen der Flasche (Mission 2).

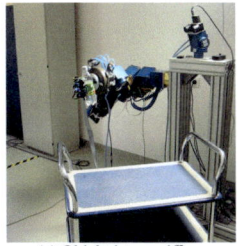

(a) Objekt ist gegriffen

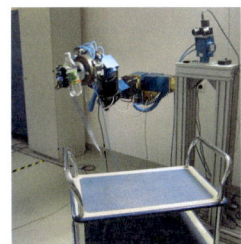

(b) Objekt anbieten

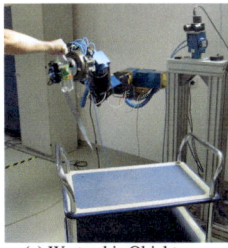

(c) Warten bis Objekt von
Mensch übernommen wird

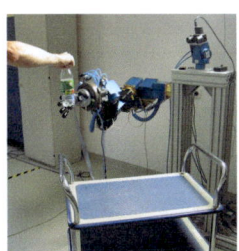

(d) Objekt wurde an Mensch
übergeben

Abbildung 7.6.: Mission 3: Koordiniertes Übergeben der gegriffenen Flasche an einen Menschen (links außerhalb des Bildausschnitts).

7.1.3. Flasche übergeben

Die Mission zum Übergeben der vom Rollwagen gegriffenen Flasche ähnelt der später noch diskutierten Mission zum wieder Übernehmen der Flasche. Abbildung 7.6 zeigt einzelne Ausschnitte der Mission. Von der Ausgangsposition nach dem Ergreifen (Bildteil a) wird in einer Grobbewegung eine Position in dem freien Raum vor dem Roboter angefahren, was dem Grobanrücken entspricht. Im darauffolgenden Feinanrücken ist die angefahrene Position weniger wichtig als die Richtung der Bewegung. Ähnlich wie ein Mensch, der einem anderen etwas anbietet, bewegt der Roboter die Flasche dazu ein Stück nach vorn und etwas nach oben (Bildteil b). Eine weitere Positionskorrektur findet danach nicht statt, der Roboter wartet, bis er über seine taktilen Sensoren in der Hand erkennt, dass der Mensch die Flasche gegriffen hat (Bildteil c). Daraufhin öffnet er die Hand und der Mensch kann die Flasche entnehmen (Bildteil d).

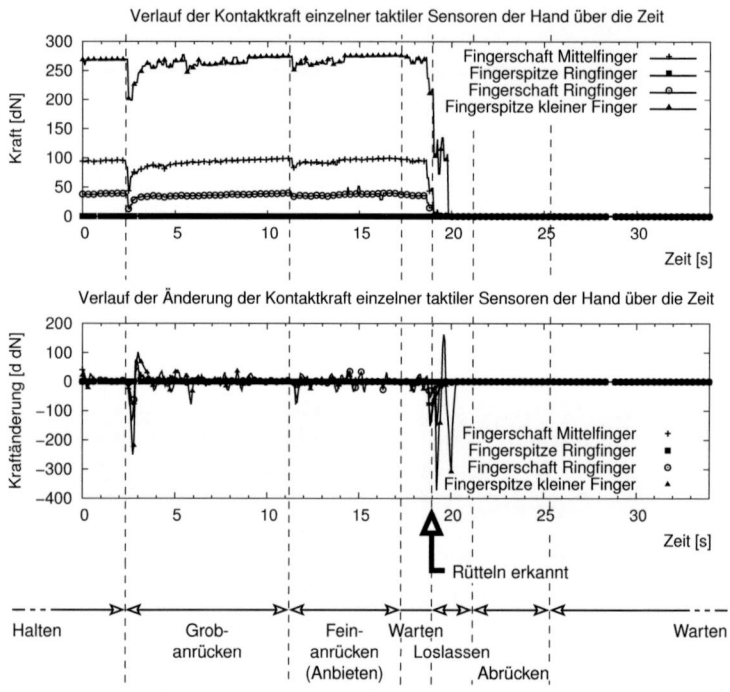

Abbildung 7.7.: Signalverläufe einzelner Signale der Handsteuerung beim koordinierten Übergeben der gegriffenen Flasche an den Menschen aus Abbildung 7.6 (Mission 3).

Das obere Diagramm in Abbildung 7.7 zeigt die Verläufe der Kontaktkräfte bei dieser Mission. Die Massenträgheit des gegriffenen Objekts bewirkt bei Armbewegungen eine Änderung der Kontaktkräfte. Dies ist sehr gut beim beschleunigenden Losfahren zum Grobanrücken ab 2,4 s und zum Feinanrücken ab 11,3 s zu sehen.

Das untere Diagramm in Abbildung 7.7 zeigt die mit einem einfachen Gradientenfilter (Sobelfilter) bestimmte Änderung der Kraftsignale der taktilen Sensoren. Diese Änderung wird letztlich für die Bestimmung des Zeitpunkts der Übergabe verwendet. Wenn sie in der Wartephase nach dem Feinanrücken einen bestimmten Schwellwert über- oder unterschreitet, dann wird die Phase zum Loslassen der Flasche eingeleitet. In der Aufzeichnung rüttelte der Mensch zum Zeitpunkt 19,0 s an der Flasche. Die Handsteuerung, bzw. genauer die aktive Greifskill in der Handsteuerung, erkennt dies sofort und reagiert entsprechend. Auf ähnlich große Änderungen der Greifkraft zu Beginn der Mission (bei 3,0 s), ausgelöst durch die Beschleunigung des Objekts in der Phase des Grobanrückens, reagierte die Greifskill noch nicht, sie agiert also wie gewünscht situationsspezifisch.

7.1.4. Flasche anfordern

Die Mission, in der der Roboter die Flasche durch eine Geste zurückfordert, ist ähnlich wie die oben beschriebene Mission zum Ausführen der Zeigegeste, weshalb auf Fotos oder Diagramme verzichtet wurde. Die Hand wird vom Arm im Raum positioniert und führt dann die Geste, das Winken mit dem Zeigefinger, aus. Anders als bei der Zeigegeste ist dabei die genaue Position der Hand weniger relevant, viel wichtiger ist die Orientierung der Hand mit der Handinnenfläche nach oben.

7.1.5. Flasche übernehmen

Auch die Mission zum Übernehmen der Flasche vom Menschen wird hier nicht genauer dargestellt. Sie ist eine Kombination aus den zuvor beschriebenen Missionen zur Übergabe an den Menschen und zum Ergreifen der Flasche von dem Rollwagen. Die Armbewegung entspricht derjenigen beim Übergeben der Flasche, mit einem kleinen Unterschied: In der Phase, in der der Roboter auf den Kontakt wartet, bewegt er nun die Hand sehr langsam nach vorn. Dies ist der Bewegung nachempfunden, die ein Mensch beim Übergeben eines Gegenstandes ausführt und ist damit eine weitere einfache Maßnahme für eine intuitive Benutzung des Systems.

Die Bewegung der Finger der Hand entsprechen denjenigen beim Greifen des Gegenstand vom Rollwagen und werden auch wieder durch einen erkannten Kontakt ausgelöst. Die Greifskill reagiert dabei auf jeden Kontakt an einem der Finger mit dem Schließen der Hand. Anders dagegen beim Greifen vom Rollwagen: Dort führte ein Kontakt an einer falschen Stelle, beispielsweise am Daumen, zu einer weiteren Positionskorrektur. Auch diese Greifskill agiert somit situationsspezifisch.

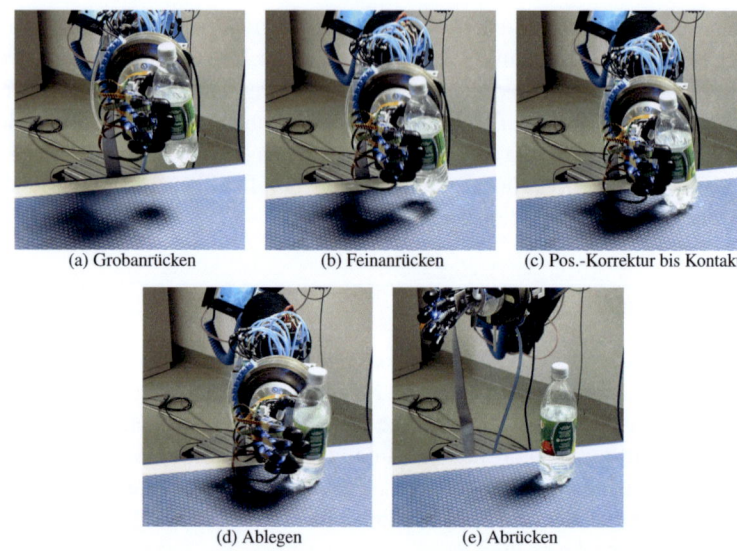

(a) Grobanrücken   (b) Feinanrücken   (c) Pos.-Korrektur bis Kontakt

(d) Ablegen   (e) Abrücken

Abbildung 7.8.: Mission 4: Koordiniertes Ablegen der Flasche.

7.1.6. Flasche ablegen

Zum Abschluss der Missionsfolge wird die vom Menschen übernommene Flasche wieder auf dem Rollwagen abgelegt. Über die taktilen Sensoren kann die Handsteuerung zwar erkennen, ob ein Objekt übernommen wurde, sie kann aber die genaue Lage des Objekts in der Hand nicht erkennen. Insbesondere Verschiebungen entlang der Längsachse der Flasche sind nicht zu erkennen, die Handsteuerung weiß daher nicht, ob sie die Flasche *„weiter oben"* (näher am Verschluß) oder *„weiter unten"* (näher am Flaschenboden) gegriffen hat. Dadurch kann nicht einfach eine vorgegebene Position angefahren werden, sondern das Ablegen muss wiederum reaktiv erfolgen.

In der Phase des Grobanrücken bewegt der Arm die Hand zunächst über die Ablagefläche, Abbildung 7.8 zeigt dies in Teilbild a). In den darauffolgenden Phasen zum Feinanrücken und zur Positionskorrektur werden Hand und Objekt senkrecht nach unten bewegt (Teilbild b), bis ein Kontakt erkannt wird (Teilbild c). Auch dieser Kontakt der gegriffenen Flasche mit der Auflagefläche kann indirekt über Signaländerungen der taktilen Sensoren in den

Fingern der Hand erkannt werden. Danach folgen die Phasen zum Ablegen des Objekts (Teilbild d) und zum Abrücken (Teilbild e).

Die Abbildungen 7.9 und 7.10 zeigen wieder die zugehörigen Diagramme der Kenngrößen der Robotersteuerung. Abbildung 7.9 zeigt den Verlauf der gesamten Mission, während Abbildung 7.10 den Ausschnitt um die eigentliche Ablegephase vergrößert zeigt. Ähnlich wie in den zuvor besprochenen Diagrammen zum Übergeben der Flasche zeichnen sich die Bewegungen des Arms, insbesondere die Beschleunigungen beim Anfahren, in den Signalen der Kontaktkräfte ab. Die Greifskill reagiert jedoch erst ab der Phase der Feinannäherung, hier erst in der Positionskorrektur bei etwa 17,0 s.

Im obersten Diagramm in Abbildung 7.10 ist die Armbewegung wieder kartesisch dargestellt. Die x- und y-Position bleibt bis zum Abrücken konstant, lediglich die z-Position nimmt linear ab. Die Hand wird also langsam nach unten bewegt, bis der indirekte Kontakt schließlich erkannt wird. Danach öffnen sich die Finger der Hand und nehmen die Postshape-Konfiguration ein. Die Abnahme der Kontaktfläche zwischen Hand und Flasche ist im untersten Diagramm in der Abbildung dargestellt.

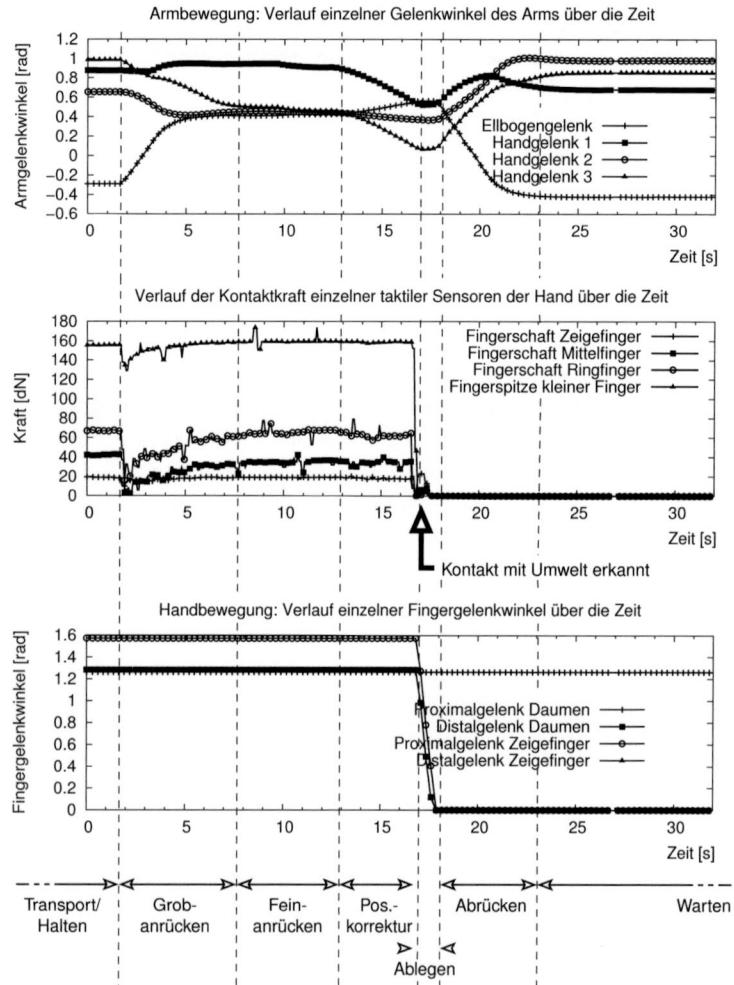

Abbildung 7.9.: Signalverläufe einzelner Signale der Hand- und Armsteuerung beim koordinierten Ablegen der Flasche aus Abbildung 7.8 (Mission 4). Die nachfolgende Abbildung 7.10 zeigt den Ausschnitt von 15-20 s zur Verdeutlichung vergrößert.

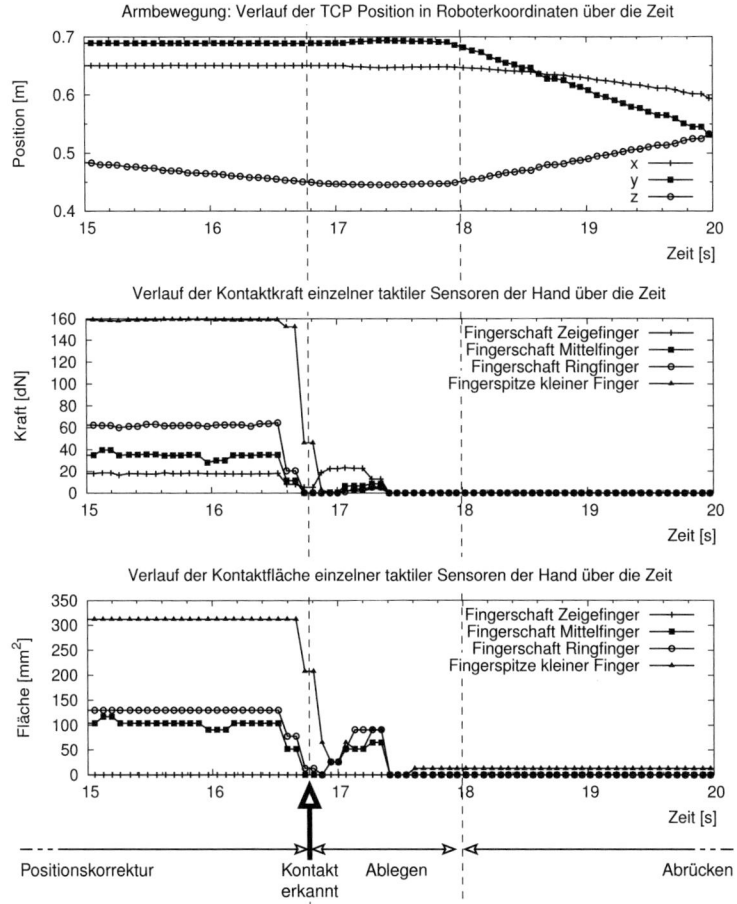

Abbildung 7.10.: Zeitlicher Ausschnitt aus Abbildung 7.9: Signal-verläufe einzelner Signale der Hand- und Armsteuerung in den Phasen *„Positionskorrektur"*, *„Ablegen"* und *„Abrücken"* beim koordinierten Ablegen der Flasche (Mission 4).

7.2. Erreichte Ergebnisse

Die mit der vorliegenden Arbeit erreichten Ergebnisse werden nun in Bezug auf die zugrunde liegende Aufgabenstellung aus Kapitel 2 diskutiert und anhand der dort beschriebenen geforderten Fähigkeiten F-1 – F-3 und der herausgearbeiteten Anforderungen A-1 – A-6 bewertet. Dabei lassen sich einzelne Punkte sehr gut an der beschriebenen Evaluation aus dem vorherigen Abschnitt 7.1 festmachen.

Die erforderlichen mechanischen Fähigkeiten zur Erfüllung der gegebenen szenariotypischen Aufgaben werden durch die Verwendung einer flexiblen anthropomorphen Roboterhand bereitgestellt. Das für die Umsetzung der Fähigkeiten mit dieser Mechanik notwendige dedizierte Handsteuerungssystem wurde hier detailliert untersucht.

7.2.1. Architektur der Handsteuerung

Die in Kapitel 4 erarbeitete **Softwarearchitektur** für die Handsteuerung wurde umgesetzt und bildet die Grundlage der weiteren entwickelten Ansätze. Die Architektur hat eine hierarchische Struktur, was eine hohe Modularität, gute Analysierbarkeit und nicht zuletzt ein definiertes Echtzeitverhalten gewährleistet. Diese Struktur erleichtert die Integration in die natürlicherweise hierarchisch organisierte Gesamtsteuerung des humanoiden Roboters, dient also der geforderten Kompatibilität auf technischer Ebene (A-4). Das definierte Echtzeitverhalten erlaubt angemessen schnelle Reaktionen auf äußere Ereignisse und dient somit der geforderten Sicherheit (A-3).

Der hierarchische Aufbau an sich ist jedoch, besonders im Hinblick auf das benötigte reaktive und situationsspezifische Steuerungsverhalten, recht starr und damit relativ unflexibel und nur schlecht erweiterbar. Dies widerspricht zunächst den Forderungen nach Flexibilität (A-1) und Erweiterbarkeit (A-6), welche in dem vorgegebenen Szenario aufgrund der in Abschnitt 2.2.3 genannten Besonderheiten sehr wichtig sind.

7.2.2. Greifskills

Eine Lösung dieses Problems bietet das vorgestellte Konzept der **Greifskills** aus Kapitel 5. Mit diesem lässt sich die starre hierarchische Struktur der

Handsteuerung sozusagen etwas aufweichen. Neben einfachen Parametern werden dabei spezialisierte, mit dem erforderlichen situationsspezifischen Kontextwissen ausgestattete Softwareobjekte – eben die Greifskills – auf der Planungsebene oben zunächst ausgewählt und dann in die darunterliegende Ausführungsebene eingebettet.

Das Kontextwissen ist in Form von Objektmethoden, also letztlich Programmcode hinterlegt, was eine fast unbegrenzte Flexibilität ermöglicht. Die im Szenario benötigten Fähigkeiten F-1 – F-3 des Greifsystems können mit Hilfe verschiedener, spezialisierter Greifskills erbracht werden. Durch die mit den Objektmethoden gewonnene Flexibilität lassen sich auch die Anforderungen A-2 (Selbständigkeit), A-3 (Sicherheit) und A-4 (Kompatibilität) erfüllen, da die Greifskills so adäquat, d. h. selbständig, sicher (ohne Verletzungsgefahr für den Menschen) und erwartungskonform (kompatibel zum Menschen) auf Umwelteinflüsse reagieren können.

Durch die Verwendung eines objektorientierten Ansatzes bei der Umsetzung der Greifskills sind diese weiterhin auch einfach erweiterbar (A-6). Durch konsequentes Ausnutzen der in Abschnitt 5.3.2 erwähnten Paradigmen Objektorientierung, Abstraktion, Kapselung, Polymorphie und Vererbung kann zusätzliche Funktionalität leicht auf der vorhandenen aufbauen, aber auch völlig neue Funktionen lassen sich schnell und einfach hinzufügen. Dabei bleiben existierende Greifskills von neu hinzukommenden unberührt.

Die in der Evaluation in Abschnitt 7.1 verwendeten Greifskills sind ein gutes Beispiel für die Flexibilität und Erweiterbarkeit des Ansatz: Bei der Implementierung wurden zunächst einfache, von der Armsteuerung unabhängige, Greifskills entwickelt, um die gewünschten Handbewegungen, wie Zeigegesten oder Zylinder ergreifen bzw. loslassen, ausführen zu können. Darauf aufbauend wurden dann Greifskills für koordinierte Gesten, Greif- und Ablegevorgänge hinzugefügt, die zusätzlich die Bewegungen der Hand mit denen des Armes koordinieren können. Die komplexeren koordinierten Greifskills verwenden dabei die Methoden der einfacheren Greifskills wieder, sie bilden deren Funktionalität also nicht noch einmal nach, sondern erweitern diese und fügen die Koordinationsfähigkeit hinzu.

Eine einzelne Greifskill selbst bietet durch ihre Parameter und Methoden natürlich auch eine gewisse Flexibilität. In den oben beschriebenen Missionen zum Ergreifen der Flasche vom Rollwagen und dem Übernehmen der Flasche vom Menschen wurde z. B. die gleiche Greifskill eingesetzt. Über Parameter wurden dafür die Schwellwerte der zu erwartenden Kontaktkräfte sowie das zu überprüfende Kontaktmuster angepasst. Dasselbe gilt für die Greifskills zum Übergeben der Flasche an den Menschen und auch zum Ablegen auf dem Rollwagen.

Weiterhin bleiben die positiven Eigenschaft der hierarchischen Architektur, wie etwa die Modularität, auch bei Verwendung der Greifskills erhalten. Die Greifskills sind kein Ersatz für den hierarchischen, geschichteten Aufbau der Handsteuerung, sondern eine Ergänzung bzw. Erweiterung einzelner Schichten, insbesondere der Ausführungssteuerung in der lokalen Handsteuerung. Dadurch lassen sich z. B. weiterhin einzelne Schichten der Handsteuerung bei Bedarf, beispielsweise bei Änderungen in der Mechanik, Aktorik oder Sensorik, leicht austauschen. Tatsächlich sind in der Evaluationsplattform einzelne Schichten der Handsteuerung in mehreren Varianten vorhanden. Für die Low-Level Ansteuerung der Fingeraktoren sind beispielsweise drei Varianten vorgesehen: Eine zur virtuellen Ansteuerung einer Simulation der Hand, eine zur Ansteuerung der in der Evaluation verwendeten, pneumatisch betriebenen realen Roboterhand und schließlich noch eine weitere für einen hydraulisch betriebenen Handprototypen.

Das hier erarbeitete Konzept der Greifskills wurde aufgrund seiner vielen Vorteile auch in einem anderen Teilprojekt[2] des Sonderforschungsbereichs übernommen, und zwar zur Steuerung des menschenähnlichen Arm des Roboters. Dort werden verschiedene, mit den Greifskills direkt vergleichbare Softwareobjekte, sog. Armskills, für die spezifische Bewegungssteuerung des Armes eingesetzt, beispielsweise für die Nullkraftregelung[3] oder das kontaktgesteuerte Führen des Roboterarmes. Die Verwendung des hier erarbeiteten Konzepts in verschiedenen Teilsteuerungen des humanoiden Roboters hat somit auch einen Beitrag zu der geforderten Kompatibilität auf technischer Ebene geleistet (A-4).

7.2.3. Bewegungskoordination

Die vorliegende Arbeit beschäftigt sich zwar mit dem Steuerungssystem einer anthropomorphen Roboterhand, aufgrund der gegebenen Aufgabenstellung und dem speziellen Einsatzgebiet muss dabei aber auch immer das

---

[2]Teilprojekt K2 *„Mensch-Roboter Kooperation"*, siehe auch [154].

[3]*Nullkraftregelung*: Regelungsart bei der ein Roboterarm über Sensoren externe, z. B. von einem Menschen aufgebrachte, Kräfte misst und diesen ausweicht. Dadurch kann der Roboterarm leicht vom Menschen geführt und dirigiert werden. Siehe auch [77].

Zusammenspiel mit den anderen Teilsteuerungen des Roboters besonders berücksichtigt werden. Ein dediziertes Steuerungssystem für die Hand ist aufgrund ihrer Komplexität zwar unumgänglich, erfordert für die notwendige Koordination der Bewegungen von Hand und Arm aber eine angemessene Vorgehensweise. Dies wurde auch durch die Anforderungen A-4 (Kompatibilität) und A-5 (Koordinationsfähigkeit) festgeschrieben, die Handsteuerung wurde daher schon von Beginn an als Teil des ganzen Steuerungssystem eines humanoiden Roboters entwickelt.

Aus diesen Gründen wurde in Kapitel 6 die Bewegungskoordination detailliert untersucht. Der dabei erarbeitete Ansatz zur Koordination von Bewegungen über mehrere Teilsteuerungen hinweg bietet alle notwendigen Eigenschaften, insbesondere wiederum Flexibilität und Erweiterbarkeit. Der Ansatz verwendet spezielle, um Callback- und Trigger-Funktionen **erweiterte Petri-Netze** zur expliziten Beschreibung der zu koordinierenden Aktivitäten und Ereignisse. Durch die Möglichkeit der grafischen Darstellung einer solchen Beschreibung bleiben diese auch bei komplexeren Koordinationsmustern anschaulich und nachvollziehbar.

Koordinierte Bewegungen werden zunächst in einzelne Bewegungsphasen unterteilt, die durch spezifische Aktivitäten und/oder durch das Auftreten bestimmter Ereignisse gekennzeichnet sind. Die eigentliche Koordination der Bewegungen wird danach durch die Synchronisation der Übergänge zwischen den Bewegungsphasen erreicht. Die einzelnen Phasen müssen dabei aber nicht in einer fest vorgegebenen Sequenz ablaufen, sondern äußere wie innere Ereignisse bestimmen die Abfolge der Phasen und erlauben so auch Alternativen und Wiederholungen.

Die Callback- und Trigger-Funktionen lösen die in den einzelnen Bewegungsphasen vorgesehenen Aktivitäten aus und überprüfen das Auftreten der erwarteten Ereignisse. Die erweiterten Petri-Netze modellieren und beschreiben den Ablauf von koordinierten Bewegungen also nicht nur, sondern sie sind ein aktiver, integrierter Bestandteil der Teilsteuerungen zur Laufzeit und steuern selbst den Ablauf von koordinierten Bewegungen.

Die beteiligten Teilsteuerungen rufen bei einer koordinierten Bewegung die eigenen Methoden zur Bewegungssteuerung nicht direkt, sondern indirekt über die Ausführung des erweiterten Petri-Netzes auf. Diese erwünschte, explizite Trennung von der Ablaufsteuerung durch die erweiterten Petri-Netze einerseits und der Ausführungssteuerung durch die Greifskills andererseits, erhöht die Flexibilität (A-1) und auch die Anpassungsfähigkeit (A-6) des gesamten Systems erheblich. Wie schon weiter oben erwähnt, kann zum koordinierten Übergeben eines Gegenstandes an den Menschen die gleiche Greifskill wie zum koordinierten Ablegen verwendet werden. Neben verschiedenen Schwellwerten und Kontaktmustern, welche in den jeweiligen Parametern der Greifskill codiert sind, unterscheidet sich der Ablauf dieser beiden Missionen aber wie in Abschnitt 7.1 beschrieben doch in einem gewissen Umfang. Die jeweilige Greifskill in der lokalen Handsteuerung und auch die entsprechende Armskill in der lokalen Armsteuerung brauchen davon aber nichts zu wissen. Die von ihnen angebotene Funktionalität wird von dem zur Koordination der Mission eingesetzten erweiterten Petri-Netz jeweils bei Bedarf situationsgerecht abgerufen.

Mit dem entworfenen Koordinationsverfahren lassen sich bereits bestehende koordinierte Handhabungen auch sehr einfach nachträglich modifizieren oder erweitern. Dies kann zum Beispiel zur Verbesserung der Interaktivität oder zur Erhöhung der Sicherheit des Robotersystems eingesetzt werden (A-3). Die in der Evaluation aus Abschnitt 7.1 für die koordinierten Handhabungen eingesetzten Petri-Netze entsprechen denjenigen aus Abschnitt 6.5.5. Durch einfache Modifikationen eines Petri-Netzes lässt sich das darin codierte Roboterverhalten sehr leicht verändern und an unterschiedliche Gegebenheiten anpassen. Dies kann mit einem einfachen Beispiel verdeutlicht werden: Hierzu werden zu dem erweiterten Petri-Netz jeweils eine zusätzliche Stelle für die Hand bzw. den Arm hinzugefügt. Diese Stellen repräsentieren dabei einen *„sicheren Zustand"*, im einfachsten Fall einen Bewegungsstop von Hand bzw. Arm. Diese zusätzlichen Stellen werden nun über neue Transitionen mit den bereits vorhandenen verbunden. Über die Trigger-Funktionen dieser neuen Transitionen kann nun das Verhaltensmuster der gesamten Handhabung beeinflußt und verändert werden und zwar ohne dafür die bestehenden Greifskills oder Armskills ändern zu müssen. Einige denkbare Verhaltensmuster sind beispielsweise:

- Anhalten bei Berührung/Annäherung: Wenn über Sensoren (taktil, optisch, usw.) ein Mensch in der Nähe des Roboters erkannt wird, so kann die Bewegung angehalten werden, bis die potentielle Gefährdung des Menschen vorüber ist.

- Bewegungsfreigabe bei Berührung: Umgekehrt zum vorherigen Verhaltensmuster könnte die Bewegung des Roboters auch nur dann durch eine Art Totmann-Schaltfunktion erlaubt werden, wenn ein Mensch den Roboter auf eine bestimmte Art berührt.

- Weiterschalten von Bewegungsphasen bei Berührung: Der Übergang von einer Bewegungsphase zur nächsten könnte nur durch spezielle äußere Ereignisse, z. B. Berührung am Arm, Sprachkommando vom Benutzer usw., erlaubt werden.

Insbesondere die letzten beiden Verhaltensmuster sind vornehmlich in der Entwicklungsphase der Steuerungen für die Fehlersuche interessant, sie zeigen aber deutlich die vielfältigen Möglichkeiten, die der gewählte Ansatz bietet. Eine Besonderheit ist, wie bereits erwähnt, dass diese unterschiedlichen Verhaltensmuster für die Greif- und Armskills transparent sind, d. h. diese müssen nicht geändert werden, auch wenn sich das Interaktions- oder Sicherheitsverhalten der Handhabung aus der Sicht des Benutzers völlig ändert. Eine andere Besonderheit ergibt sich aus der gewählten Umsetzung der erweiterten Petri-Netze: Die zusätzlichen Transitionen und Kanten zu den *„sicheren Zuständen"* können, wie schon in Abschnitt 6.6 angesprochen, weitgehend automatisiert eingefügt werden, was wiederum die Umsetzung und die Änderung vereinfacht.

Über das entworfene Koordinationsverfahren können weiterhin auch mehr als zwei Teilsteuerungen miteinander koordiniert werden, so dass zukünftige, hier noch nicht untersuchte Koordinationsmuster, wie etwa die Auge-Hand-Arm Koordination oder die Zwei-Hand Manipulation leichter umgesetzt werden können. Das Verfahren ist weiterhin sehr universell, so dass damit natürlich auch solche Bewegungen des Roboters koordiniert werden können, an denen die Handsteuerung nicht beteiligt ist. Durch die Verwendung eines einheitlichen Verfahrens zur Koordination kann die Zusammenarbeit aller Teilsteuerungen des Roboters erleichtert sowie ihre Kompatibilität untereinander erhöht werden (A-4).

7.2.4. Gemeinsamkeiten der Ansätze

Die beiden erarbeiteten Ansätze zur Bewegungssteuerung mit Greifskills und zur Bewegungskoordination mit erweiterten Petri-Netzen bilden neben der Architektur die Kernpunkte der Arbeit. Sie sind zwar recht unterschiedlich, haben jedoch auch Gemeinsamkeiten. Die aufgrund der Besonderheiten des Einsatzgebiets geforderte Flexibilität und Erweiterbarkeit wird in beiden Fällen über spezifischen Programmcode realisiert. Dieser wird im Falle der Greifskills in Form von Objektmethoden und im Falle der erweiterten Petri-Netze in Form von Callback- und Trigger-Funktionen realisiert. Dadurch lassen sich Greifskills und erweiterte Petri-Netze fast beliebig an die erforderlichen Gegebenheiten anpassen und sind dadurch auch für zukünftige Aufgabenstellungen gut ausgerüstet.

Die Mächtigkeit dieser Ansätze liegt also nicht darin, dass sie alle im Szenario vorstellbaren Bewegungs- oder Koordinationsprobleme ein für alle Mal lösen, sondern vielmehr darin, dass sie Mechanismen anbieten, mit denen solche Probleme auf einfache Art und Weise gelöst werden können. Bestehende Handhabungen lassen sich ebenso leicht modifizieren wie neue Handhabungen hinzugefügt werden können.

Die Umsetzungen der beiden Ansätze basieren dabei jeweils auf einer wohldefinierten Methodik. Die Greifskills auf der einen Seite werden mit Hilfe von objektorientierten Prinzipien implementiert, so dass sich alle Vorteile dieser ausgereiften Methodik nutzen lassen. Die bekannten Grundlagen und Erkenntnisse über allgemeine Petri-Netze lassen sich auf der anderen Seite direkt auf die erweiterten Petri-Netze übertragen. Durch ihre Verwendung direkt im realen System bleiben ihre Vorteile, wie Anschaulichkeit und Analysierbarkeit, auch nach der Modellierung des Systems in der Implementierung erhalten. Dadurch bleibt das System übersichtlich, nachvollziehbar und einfacher wartbar. Auch bei nachträglichen Änderungen bleibt die Modellierung einer koordinierten Bewegung durch ihre Beschreibung mittels eines erweiterten Petri-Netzes automatisch konsistent zur Implementierung, da die Implementierung aus der Beschreibung generiert wird.

Der enorme Vorteil dieser Vorgehensweisen ist, dass die explizite Aufteilung in **Was**, **Wann** und **Wie** konsequent ausgenutzt werden kann. Die einzelnen angebotenen Funktionalitäten können transparent genutzt werden, also ohne dass der benutzende Teil genau wissen müsste, wie der benutzte Teil seine Aufgabe erledigt. Dieses Prinzip der Kapselung zieht sich durch die gesamte Steuerungsarchitektur:

1. Die hier nicht weiter betrachtete übergeordnete Robotersteuerung übergibt eine auszuführende Handhabung als Mission an die Handsteuerung. Sie bestimmt so, welche Greifaktion mit welchem Greifobjekt ausgeführt wird, ohne wissen zu müssen, wie das geschieht.

2. Die Greifplanung kann dann die verfügbaren Greifskills befragen, ob sie für die aktuelle Aufgabe und Situation geeignet sind. Dadurch können auch neue Greifskills einfach eingebunden werden, ohne dafür die Greifplanung selbst stark verändern zu müssen. Die Auswahl einer geeigneten Greifskill legt gleichzeitig auch ein erweitertes Petri-Netz zur Koordination der Bewegungen fest. Greifskill und erweitertes Petri-Netz werden dann nach unten an die lokale Handsteuerung zur Ausführung übergeben.

3. Im Prozess-Kontext der lokalen Handsteuerung wird zur Ablaufsteuerung das übergebene erweiterte Petri-Netz zyklisch ausgeführt. Dieses ruft dann in Abhängigkeit von seiner statischen Struktur und der dynamischen Markierungen über die Callback- und Trigger-Funktionen die Methoden der Greifskill auf. Das Netz weiß also **Was** und **Wann** etwas getan wird, überlässt das **Wie** aber der jeweiligen Greifskill.

4. Die Methoden der Greifskill steuern nun die Bewegungsausführung und greifen dazu wiederum auf Funktionen der lokalen Handsteuerung zurück, beispielsweise um Sensorwerte auszulesen oder Sollwertvorgaben an die Aktoren zu übermitteln. Wie das im Einzelnen geschieht, hängt von der benutzten Schicht in der lokalen Handsteuerung ab. Dies kann also wie bereits erwähnt recht unterschiedlich sein, je nachdem, welche „Hardware" (pneumatische Hand, hydraulische Hand, Simulation) im konkreten Fall angesprochen wird.

7.3. Fazit

Aus den im letzten Abschnitt beschriebenen Ergebnissen kann nun das Fazit der vorliegenden Arbeit gezogen werden: Mit den vorgestellten Ansätzen und Konzepten können die einzelnen Teilproblemstellungen P-1 – P-3 gut gelöst und die herausgearbeiteten Anforderungen A-1 – A-6 bestens erfüllt werden. Entsprechend der gegebenen Gesamtproblemstellung wurde somit **eine adäquate Handsteuerung für eine anthropomorphe Roboterhand eines humanoiden Roboters konzeptioniert und entwickelt**. Die Tauglichkeit der erarbeiteten Lösungen wurde erfolgreich überprüft.

Die einzelnen Problemstellungen und die für ihre Lösung erarbeiteten Konzepte bzw. Ansätze sind in der Tabelle 7.1 zusammengefasst. Diese

Problemstellung	Ansatz	Abschnitt
P-1 Architektur:	**Architektur der Handsteuerung**	4
• Schnittstellen:	• Mission / Greifobjekt / Greifaktion	4.2.2
• Grobstruktur:	• Hierarchischer, geschichteter Aufbau	4.3.1
• Feinstruktur:	• Greifplanung / lokale Handsteuerung / Hand-Arm Koordination	4.3.2
• Datenfluss:	• Festlegung der Verarbeitungsschritte	4.3.3
P-2 Flexibilität:	**Greifskills**	5
• Unterschiedlichste Fähigkeiten:	• Spezialisierte Greifmuster	5.1
• Situationsabhängige Bewegungen:	• Passive / aktive Komponenten	5.2.2
• Anpassungsfähigkeit und Reaktivität:	• Spezifische, reaktive Softwarekomponenten	5.2.3
• Ausführungssteuerung:	• Ausführung eingebetteter, situationsspezifischer Greifskill-Methoden zur reaktiven Bewegungssteuerung	5.3
P-3 Koordination:	**Erweiterte Petri-Netze**	6
• Beschreibung koordinierter Bewegungen:	• Identifikation der Merkmale koordinierter Bewegungen	6.2
• Zielgerichtete Gesamtbewegung:	• Identifikation relevanter Bewegungsphasen	6.3
• Bewegungskoordination:	• Synchronisation von Phasenübergängen	6.3.3
• Ablaufsteuerung:	• Ausführung integrierter, erweiterter Petri-Netze für koordinierte Bewegungsabläufe	6.5.4

Tabelle 7.1.: Die einzelnen der Arbeit zugrunde liegenden Teilproblemstellungen und die zu ihrer Lösungen erarbeiteten Ansätze.

Tabelle listet für die einzelnen Aspekte der Problemstellungen die zugehörigen Lösungsansätze sowie einen Verweis auf die jeweiligen Textstellen in der Arbeit auf. Tabelle 7.2 stellt dagegen die beschriebenen Lösungsansätze den aufgestellten Anforderungen gegenüber. Die Tabelle bewertet anhand der in Abschnitt 7.2 diskutierten Ergebnisse qualitativ, inwieweit die einzelnen Lösungsansätze die Anforderungen erfüllen. Wie aus der Tabelle ersichtlich wird, kann jede der Anforderungen durch mindestens einen der Ansätze voll erfüllt werden. Dadurch lassen sich nun also alle zuvor aufgestellten

Anforderung	Konzept/Ansatz		
	Architektur	Greifskills	erweiterte Petri-Netze
A-1 Flexibilität	$-+$	$++$	$++$
A-2 Selbständigkeit	$-+$	$++$	$+$
A-3 Sicherheit	$++$	$++$	$++$
A-4 Kompatibilität	$++$	$+$	$++$
A-5 Koordination	$-+$	$-+$	$++$
A-6 Erweiterbarkeit	$-+$	$++$	$++$

$++$: Anforderung wird voll erfüllt $-$: Anforderung wird nicht erfüllt
 $+$: Anforderung wird z. T. erfüllt $-+$: Anforderung wird nur bei Verwendung der anderen Ansätze
                                                    erfüllt

Tabelle 7.2.: Bewertung der erarbeiteten Ansätze anhand der aufgestellten Anforderungen. Die Bewertung gibt an, inwieweit der Ansatz oder das Konzept die Anforderung erfüllt.

Anforderungen durch den kombinierten Einsatz aller erarbeiteten Ansätze voll erfüllen. Die meisten Anforderungen werden sogar von mehr als einem der Ansätze voll unterstützt.

Die der erarbeiteten Problemstellung zugrunde liegenden Fragestellungen aus Abschnitt 2.5.1 nach dem *„Was ist zu tun"*, *„Wie ist es zu tun"* und dem *„Wann ist es zu tun"* werden durch die hier vorgestellten und im Detail untersuchten Ansätze wie folgt beantwortet:

- Die erarbeitete **Architektur** der Handsteuerung verteilt die einzelnen Fragestellungen auf ihre drei Hauptkomponenten zur Planung (Greifplanung), Ausführungssteuerung (lokale Handsteuerung) und Ablaufsteuerung (Bewegungskoordination).

- Die **Greifplanung** übernimmt einen konkreten Handhabungsauftrag in Form einer Mission und legt fest, **was** zu tun ist, um diesen auszuführen. Dafür wählt sie jeweils geeignete Greifskills und passende erweiterte Petri-Netze aus.

- Die **Greifskills** werden in die **lokale Handsteuerung** eingebettet und steuern mit Hilfe ihrer aufgabenspezifischen Parameter und Methoden reaktiv die Ausführung einer Handhabung. Sie legen damit fest, **wie** die Handhabung ausgeführt wird.

- Die Bewegungskoordination legt mittels **erweiterter Petri-Netze** den zeitlichen und reaktiven Ablauf einer Handhabung fest und bestimmt so, **wann** die einzelnen Bewegungsphasen ausgeführt werden. Damit lassen sich Teilbewegungen von verschiedenen Teilsteuerungen des humanoiden Roboters aufeinander abstimmen, um so koordinierte Gesamtbewegungen auszuführen.

Abbildung 7.11 zeigt diese Zuordnung von *„Was"*, *„Wie"* und *„Wann"* zu den Komponenten der Steuerungsarchitektur in der bereits bekannten schematischen Darstellung. Die Abbildung ist damit die direkte grafische Antwort auf Abbildung 2.4 und verdeutlicht so, wo die einzelnen Fragestellungen in der erarbeiteten Steuerungsarchitektur beantwortet werden.

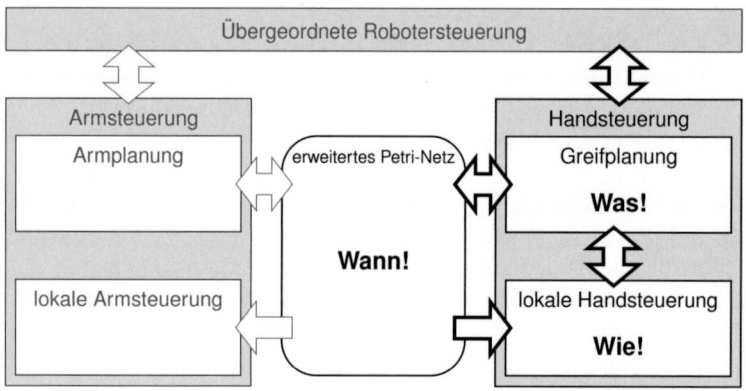

Abbildung 7.11.: Die Einordnung der Antworten auf die grundlegenden Fragestellungen aus Abschnitt 2.5.1 in die Struktur der Robotersteuerung.

8. Zusammenfassung und Ausblick

Nachdem im vorangegangenen Kapitel die erreichten Ergebnisse ausführlich diskutiert und bewertet wurden, soll nun die gesamte Arbeit noch knapp zusammengefasst werden. Die Ausarbeitung schließt dann mit einem Ausblick auf mögliche zukünftige Entwicklungen, die auf den hier entwickelten Arbeiten aufbauen können.

8.1. Zusammenfassung

In der vorliegenden Arbeit wurde das Steuerungssystem für eine anthropomorphe Roboterhand, kurz **Handsteuerung**, für einen humanoiden Roboter untersucht. Dabei wurden neuartige Konzepte entworfen und umgesetzt, um geeignete Bewegungsvorgaben für die Finger einer solchen Hand bestimmen, beschreiben und ausführen zu können. Mit den erarbeiteten Konzepten lassen sich von der Handsteuerung, im Zusammenspiel mit anderen Teilsteuerungen, szenariotypische **Handhabungen** unter den speziellen Anforderungen des Einsatzgebiets ausführen. Dadurch können Unzulänglichkeiten existierender Systeme in diesem Umfeld überwunden werden und der humanoide Roboter kann so seine Umwelt in der gewünschten Weise mit Hilfe seiner Hand, im direkten, positiven Wortsinne, 'manipulieren'.

Anforderungsbestimmung

Das untersuchte Handsteuerungssystem wurde von vornherein konsequent als weitgehend unabhängiger, aber integrierter Teil der größeren Gesamtsteuerung des humanoiden Roboters konzipiert. Das Einsatzgebiet eines solchen Roboters liegt im privaten, häuslichen Umfeld, was auch die Aufgabenstellung für das Greifsystem ganz wesentlich bestimmt. Beginnend mit der

Einführung in die Thematik in Kapitel 1 und der folgenden Untersuchung der konkreten Aufgabenstellung in Kapitel 2 wurde das vorgesehene Einsatzszenario genauer untersucht, um die erforderlichen **Fähigkeiten** und die speziellen **Anforderungen** zu bestimmen. Zwei Aspekte des Szenarios bestimmen dieses wesentlich: Einerseits die Handhabungen, also die Handlungen, die von der Handsteuerung auszuführen sind und andererseits die Greifobjekte, welche gehandhabt werden sollen. Die Verschiedenartigkeit der Handhabungen und Greifobjekte sowie die situationsgerechte, reaktive Ausführung der Handhabungen erfordern eine hohe **Flexibilität** des Steuerungssystems. Die vielfältige Einsatzumgebung macht weiterhin eine einfache **Erweiterbarkeit** erforderlich. Weitere wichtige Anforderungen wie **Selbständigkeit** und **Sicherheit** ergeben sich aus der möglichen, direkten Interaktion des Roboters mit dem Menschen. Hierunter fällt auch die Forderung nach **Kompatibilität** im Sinne von erwartungskonformem Verhalten des Roboters aus der Sicht des Menschen. Forderungen nach Kompatibilität auf technischer Ebene ergeben sich, ebenso wie die geforderte **Bewegungskoordination**, aus der notwendigen Zusammenarbeit der einzelnen dedizierten Teilsteuerungen des humanoiden Roboters.

Architektur der Handsteuerung

Um eine gestellte Handhabungsaufgabe zu lösen muss das Handsteuerungssystem die Fragestellungen nach dem *„was ist zu tun"*, *„wie ist es zu tun"* und *„wann ist es zu tun"* beantworten. Hierfür wurde in Kapitel 4 eine geeignete **Architektur** für das Handsteuerungssystem herausgearbeitet. Die vorgestellte Architektur folgt einem hierarchischen, geschichteten Aufbau und unterteilt die Handsteuerung in drei Hauptkomponenten zur Bewegungsplanung, Bewegungsausführung und Bewegungskoordination. Diese Hauptkomponenten werden durch die einzelnen entwickelten Steuerungsmodule wie **Greifplanung** und **lokale Handsteuerung** sowie durch das neuartige Konzept der **erweiterten Petri-Netze** zur Bewegungskoordination realisiert. Durch diese Dreiteilung können die oben genannten Fragestellungen weitgehend separat und unabhängig voneinander beantwortet werden, was auch die Umsetzung jeweils vereinfacht.

Die entworfene Architektur legt weiterhin die internen sowie externen **Schnittstellen** der Handsteuerung fest. Die Handsteuerung erhält ihre Aufträge, die Handhabungsaufgaben, in Form von **Missionen**, welche jeweils eine bestimmte Handhabung für ein bestimmtes Greifobjekt beschreiben. Die zur Ausführung einer solchen Mission benötigten Verarbeitungsschritte sowie die dabei auszutauschenden Daten, angefangen von den Missionsdaten bis hinunter zu den Stellwerten für die Aktoren der Hand, wurden analysiert, festgelegt und beschrieben.

Bewegungsausführung mit Greifskills

Den Stärken der vorgeschlagenen Architektur wie Modularität, definiertes Echtzeitverhalten und gute Integrierbarkeit in die Gesamtsteuerung stehen zunächst aber auch Nachteile gegenüber: Durch die starre Struktur wird die situationsspezifische Ausführung von Handhabungen und das Hinzufügen von neuen Handhabungen oder Greifobjekten erschwert. Um diese Nachteile ausgleichen und die geforderte Flexibilität und Erweiterbarkeit gewährleisten zu können wurde das Konzept der **Greifskills** entwickelt und in Kapitel 5 vorgestellt. Eine Greifskill realisiert eine ganz bestimmte Fertigkeit der Roboterhand, also eine bestimmte Handhabung für ein bestimmtes Greifobjekt. Neben spezifischen Parametern enthält eine Greifskill auch Methoden, d. h. spezialisierten Programmcode mit dem spezifisches Kontextwissen von oben aus der Bewegungsplanung nach unten in die Bewegungsausführung eingebracht werden kann. Dadurch können unterschiedlichste Fähigkeiten und Fertigkeiten realisiert sowie Bewegungen **reaktiv** und **situationsspezifisch** von der Roboterhand ausgeführt werden.

Um zu bestimmen, welche Greifskills im vorgegebenen Szenario wichtig sind, wurden **relevante Greifobjekte** und **Greifmuster** identifiziert und klassifiziert. Die eigentliche Umsetzung der Greifskills folgt dann einer **objektorientierten Methodik**, mit der eine Hierarchie spezialisierter Greifskills aufgebaut wurde. Dadurch können zum Einen neue oder geänderte Greifskills leicht auf den vorhandenen aufbauen und zum Anderen kann so die spezifische Funktionalität der einzelnen Greifskills transparent genutzt werden. Eine Besonderheit des Ansatzes ist, dass eine Greifskill, bzw. genauer ihre Methoden, in zwei unterschiedlichen Prozess-Kontexten ausgeführt wird: Zur Auswahl einer geeigneten Greifskill wird diese zunächst im Kontext der Greifplanung aufgerufen, eine ausgewählte Greifskill wird dann an die lokale Handsteuerung übergeben, wo sie nun zyklisch in deren Kontext aufgerufen wird und dort die Bewegungsausführung steuert.

Bewegungskoordination mit erweiterten Petri-Netzen

Für die **Koordination** der Bewegungen der Hand mit anderen Gliedmaßen des Roboters muss sich die Handsteuerung mit den anderen Teilsteuerungen des Roboters abstimmen können. Hierfür wurden zunächst die Merkmale und Eigenschaften solcher koordinierter Bewegungen untersucht. Die für die Ausführung von Handhabungsaufgaben typischen **Bewegungsphasen** wurden identifiziert, wobei nicht nur Bewegungen der Hand selbst, also ihrer Finger, berücksichtigt wurden, sondern auch Bewegungen anderer Robotergliedmaßen, insbesondere der Arme.

Hierfür wurde ein neuartiger Ansatz, basierend auf dem Konzept der **Petri-Netze**, erarbeitet und in Kapitel 6 erläutert. Mit diesem wird eine Bewegungskoordination durch eine Synchronisation der Übergänge zwischen Bewegungsphasen realisiert. Mit derartigen Petri-Netzen lassen sich die identifizierten Merkmale einer koordinierten Bewegung wie **Aktivitäten**, **Abfolgen**, **Ereignisse** und **Parallelität** formal und systematisch beschreiben. Das neuartige an diesem Ansatz ist, dass die Petri-Netze zur **Laufzeit** in die einzelnen Teilsteuerungen integriert werden und von dort direkt den Ablauf der koordinierten Bewegung steuern.

Diese Integration erfolgt wie beschrieben über die **Erweiterung** der Petri-Netze um **Callback-** und **Trigger-Funktionen**. Bei Ausführung eines derartigen erweiterten Petri-Netz innerhalb der Teilsteuerungen stoßen diese Funktionen situations- und phasenspezifisch Teilbewegungen an bzw. überprüfen Bedingungen sowie Ereignisse und lösen gegebenenfalls Phasenübergänge aus. Ein Algorithmus für die Ausführung dieser erweiterten Petri-Netze wurde entwickelt und vorgestellt.

Für die Umsetzung des Ansatzes wurde eine formale **Sprache** definiert, in der sich erweiterte Petri-Netze und damit koordinierte Bewegungen **beschreiben** lassen. Aus einer solchen Beschreibung wird dann mit Hilfe eines **Codegenerators** Programmcode generiert, welcher in die einzelnen, zu koordinierenden Teilsteuerungen eingebunden wird und dort wiederum die verteilte Ausführung des erweiterten Petri-Netz realisiert. Diese Vorgehensweise hat den großen Vorteil, dass die zu koordinierenden Aktivitäten und Ereignisse an einer zentralen Stelle für alle beteiligten Teilsteuerungen explizit festgeschrieben werden. Änderungen und Erweiterungen im Ablauf lassen sich so sehr einfach durchführen.

Erreichte Ergebnisse

Die entwickelten Ansätze konzentrieren sich jeweils auf die Lösung eines ganz bestimmten Aspektes der Problemstellungen. Weiterhin ergänzen sich die Ansätze aber auch gegenseitig und lassen sich sehr gut miteinander kombinieren. Wie in Kapitel 7 detailiert dargestellt konnten dadurch **alle gestellten Anforderungen voll erfüllt** werden. Dies wurde an einem realen humanoiden Robotersystem **überprüft** und in Form einer beispielhaften Sequenz von Handhabungsaufgaben **evaluiert**.

8.2. Ausblick

Das Handsteuerungssystem und auch die Roboterhand selbst wird natürlich auch nach Abschluss dieser Arbeit noch weiterentwickelt. Auf der Seite der Mechanik werden von den Projektpartnern neue, verbesserte Handprototypen entwickelt. Schwerpunkte der Entwicklungen könnten dabei die Integration zusätzlicher Sensoren, beispielsweise Winkelpositionssensoren in den Fingergelenken oder zusätzliche taktile Sensorfelder, z. B. in der Handinnenfläche sein. Weiterhin denkbar ist die Erhöhung der Anzahl der Freiheitsgrade der Hand, beispielsweise um auch Adduktions- und Abduktionsbewegungen zum Spreizen der Finger zu ermöglichen. Mit der entsprechenden Steuerung könnten dann mit der Roboterhand prinzipiell auch Präzisionsgriffe z. B. zur Feinmanipulation ausgeführt werden.

Auf der Seite der Handsteuerung müssten dafür die entsprechenden Steuerungsschichten, wie etwa die Schnittstelle zur Low-Level Regelung und die Low-Level Regelung selbst angepasst werden. Entsprechende neue Greifskills, beispielsweise zur Feinmanipulation, ließen sich leicht zu den bestehenden hinzufügen. Um die Fähigkeiten des Systems weiter zu erhöhen müssen sicherlich auch noch mehr Greifobjekte und zusätzliche Handhabungen von neuen Greifskills abgedeckt werden.

Eine neue, hier noch nicht berücksichtigte, Art von Greifaktion und Greifobjekt stellt dabei das Greifen des Menschen durch den Roboter dar. Dabei könnte der Roboter den Menschen beispielsweise am Arm oder an der Schulter ergreifen, um ihn zu einer bestimmten Position zu führen, oder auch um ihn zu stützen. Eine andere Anwendungsmöglichkeit wäre, den Menschen am Zutritt zu einem bestimmten Bereich zu hindern, z. B. um Verletzungen, etwa an einer heißen Herdplatte, zu vermeiden. Derartige Aufgabenstellungen müssten sicherlich noch genauer untersucht werden, um die Anforderungen an das Greifsystem entsprechend anpassen zu können. Die erhöhten Sicherheitsanforderungen werden von der hier entwickelten Handsteuerung noch nicht gewährleistet, ebensowenig wie die Eigenbewegungen des Greifobjekt 'Mensch' bisher berücksichtigt werden können.

Durch eine Integration des Greifsystems in neue oder modifizierte Prototypen humanoider Roboter würden sich ebenfalls neue Aufgabenstellungen ergeben. Durch die Ausstattung des Roboters mit zwei Armen, zwei Händen, Kopf, Oberkörper und Plattform, jeweils mit entsprechenden Steuerungssystemen, müssten zusätzliche Teilbewegungen miteinander koordiniert werden oder es müssten zusätzliche Teilsteuerungen in bestehende koordinierte Bewegungen eingebunden werden. Ein einfaches Beispiel hierfür ergibt sich, wenn der Roboter in einer Greifen-Transportieren-Ablegen Sequenz seine Position durch Verfahren der Plattform ändern muss. Die Bewegungen der Plattform müssten dann natürlich auch mit den Bewegungen von Arm und Hand abgestimmt werden. Das entwickelte Koordinationsverfahren mit erweiterten Petri-Netzen ermöglicht solche Koordinations- und Kooperationsmuster. Weitere Anwendungen ergeben sich bei der sensorgestützten Hand-Arm-Auge Koordination (sog. *Visual Servoing*) oder auch bei der Zwei-Hand Manipulation. Bei der letztgenannten Anwendung wären allerdings auch ganz neue Aspekte zu berücksichtigen, da es sich bei der Zwei-Hand Manipulation um eine sog. geschlossene kinematische Kette vom Roboter über den rechten Arm, rechte Hand, Greifobjekt, linke Hand, linker Arm zurück zum Roboter handelt.

Auch auf der Seite der Umsetzung der erweiterten Petri-Netze könnten noch vielfältige Verbesserungen und Erweiterungen vorgenommen werden. Eine Anbindung der pnet-Beschreibungen an Analysewerkzeuge für Petri-Netze wäre beispielsweise wünschenswert. Weiterhin wäre eine dynamische grafische Darstellung der Petri-Netze zur Laufzeit hilfreich.

Einige der genannten Aspekte sind bereits Gegenstand von Untersuchungen des Teilprojekt R3 *„innovative, flexible Leichtbaugreifsysteme"* in der weiteren Phase des Sonderforschungsbereichs 588 *„Humanoide Roboter"*.

A. Fluidaktoren

A.1. Einsatzgebiet

Die in der vorliegenden Arbeit zur Evaluation der entwickelten Konzepte eingesetzte Roboterhand verwendet zur Erzeugung der Bewegungen der Fingerglieder neuartige Aktoren, sog. Fluidaktoren [100]. Die Abbildungen 1.1 und 1.2 in Kapitel 1 zeigten bereits die verwendete Roboterhand. In Abbildung A.1 ist eine Detailansicht der beiden im Daumen der Roboterhand eingesetzten Fluidaktoren dargestellt. Im Gegensatz zu vielen anderen Mehrfingergreifern (vgl. Abschnitt 3.1.1) erlauben diese Aktoren auch bei vielen Freiheitsgraden einen sehr kompakten Aufbau und damit den hier gewünschten anthropomorphen Formfaktor (vgl. Abschnitt 2.4.1).

Neben den eigentlichen Fluidaktoren wird zum Betrieb noch eine Fluidpumpe benötigt. Ein Fluidaktor erzeugt die gewünschten Bewegungen aus einem Fluidstrom und wird mechanisch direkt in ein zu bewegendes Gelenk integriert. Die Fluidpumpe erzeugt den benötigten Fluidstrom, muss aber nicht direkt in das Gelenk integriert werden, sondern ist lediglich in der Nähe zu platzieren. Über Mikroventile kann eine Fluidpumpe leicht mehrere

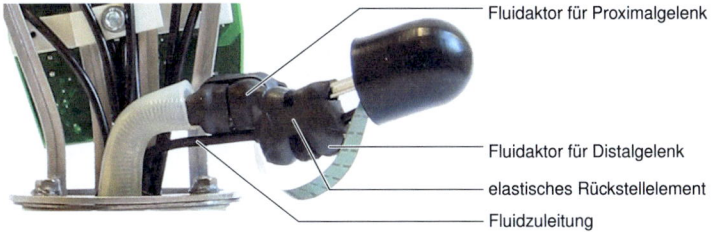

Fluidaktor für Proximalgelenk

Fluidaktor für Distalgelenk

elastisches Rückstellelement

Fluidzuleitung

Abbildung A.1.: Detailansicht der Fluidaktoren in der für die Untersuchungen verwendeten Roboterhand. (Vergrößerter Ausschnitt aus Abbildung 1.2 zur Verdeutlichung.)

(a) Expansionsprinzip   **(b)** Kontraktionsprinzip

Abbildung A.2.: Funktionsprinzip von Fluidaktoren.

Fluidaktoren ansteuern. Diese Trennung des Mechanismus zur Krafterzeugung (Fluidpumpe) vom Mechanismus zur Bewegungserzeugung (Fluidaktor) ermöglicht erst die benötigte kompakte Bauweise.

A.2. Funktionsprinzip

Die Abbildung A.2 zeigt das Funktionsprinzip der Fluidaktoren. Ein Fluidaktor besteht aus flexiblen Kunststoffkammern (im Bild gelb). Diese werden mit dem Fluid befüllt und wieder geleert. Als Fluid dient Luft oder eine Flüssigkeit. Beim Befüllen bzw. Entleeren der Fluidkammern ändern diese durch Expansion und Kontraktion in bestimmten Richtungen ihre Abmessungen. Teile der Kammern sind fest mit starren Körpern (im Bild grün) verbunden, die wiederum über Gelenke miteinander gekoppelt sind. Dadurch werden die jeweiligen Expansions- und Kontraktionsbewegungen der Kammern in Streck- und Beugebewegungen des Gelenks umgewandelt.

Durch geschickte Formgebung der Kunststoffkammern kann der Effekt bewußt beeinflusst und z. B. in einer Richtung gezielt verstärkt werden. Die Abbildung A.3 zeigt eine schamatische Darstellung der bei der hier verwendeten Roboterhand eingesetzten Fluidaktoren. Diese arbeiten nach dem Expansionsprinzip. Die Expansion der Kunststoffkammern des eingesetzten

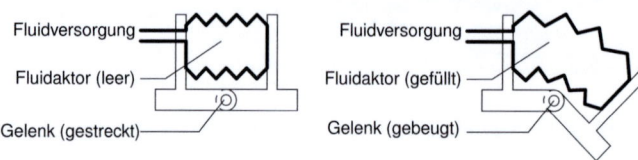

Abbildung A.3.: Schema eines Fluidaktors nach dem Expansionsprinzip.

Fluidaktors beim aktiven Befüllen mit Fluid bewirkt hier eine kraftvolle Beugung des Gelenks. Beim passiven Entlüften des Fluidaktors wird mit Hilfe eines elastischen Rückstellelements im Fluidaktor die Streckung des Gelenks erreicht. Es kann also nicht aktiv über die Zufuhr von Fluid eine zusätzliche Streckkraft aufgebracht werden. Diese passive Streckbewegung ist im vorliegenden Anwendungsfall jedoch unproblematisch, da beim hier relevanten Greifen von Objekten lediglich beim Beugen von Fingergelenken größere (Greif-)Kräfte aufgebracht werden müssen.

B. MCA2

B.1. Einordnung

Die in den Kapiteln 4–6 der vorliegenden Arbeit vorgestellten Konzepte zur Steuerung einer anthropomorphen Roboterhand wurden im Rahmen des Sonderforschungsbereichs 588 wie beschrieben umgesetzt. Um auf der Softwareebene die Zusammenarbeit mit den anderen Roboterkomponenten des Gesamtprojektes zu ermöglichen wurde die bereits in Abschnitt 4.4.1 erwähnte gemeinsame Basis-Architektur eingesetzt.

B.2. Funktionsweise

Das verwendete Software-Framework *Modular Controller Architecture 2*, kurz MCA2 [96], erlaubt den effizienten Aufbau von hochkomplexen, echtzeitfähigen Steuerungen. Das System kann betriebssystemübergreifend mit Linux und Windows eingesetzt werden, ist netzwerktransparent und stellt eine objektorientierte Programmierplattform auf der Basis von C++ bereit. Aus Sicht des Entwicklers entstehen hierarchische, modulare Steuerungen, deren Granularität vom Entwickler selbst bestimmt werden kann und nicht vom System vorgegeben wird.

Die Abbildung B.1 wiederholt die grafische Darstellung einer einfachen Steuerungsarchitektur aus Abschnitt 4.4.1. Dort wurden bereits die wichtigen MCA2 Begriffe Modul, Gruppe, Part, Kante und Blackboard grob erläutert. Die eigentliche Funktionalität einer Steuerung, also z. B. die Ansteuerung eines einzelnen Fingergelenks, wird dabei durch die anwendungsspezifischen Module implementiert. Dies erfolgt mit Hilfe des auch in Abschnitt 5.3.2 beschriebenen Vererbungsparadigmas. Ein spezifisches Modul wird als C++ Klasse erstellt, welche die Eigenschaften der MCA2 Basisklasse erbt. Dasselbe gilt auch für Gruppen und Parts welche Module oder andere Gruppen zu größeren Komponenten zusammenfassen.

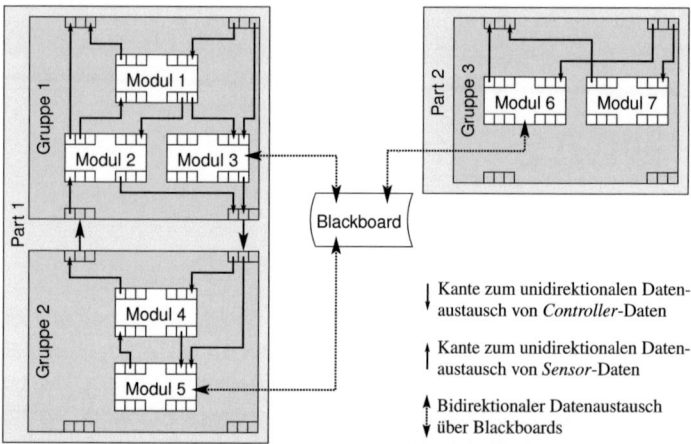

Abbildung B.1.: Beispiel einer MCA2-Steuerungsarchitektur zur Erläuterung der MCA2 Begriffe Modul, Gruppe, Part, Kante und Blackboard.

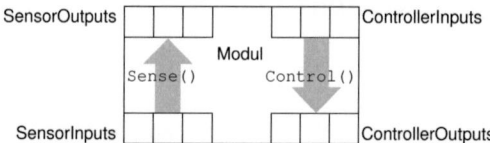

Abbildung B.2.: Ein MCA2 Modul im Detail.

Die Funktionalität in einem spezifischen Modul wird dabei i. W. durch überladen der zwei Methoden Control() und Sense() realisiert, siehe Abbildung B.2. Diese beiden Methoden werden zur Laufzeit durch das MCA2-Framework zyklisch aufgerufen und verarbeiten dabei jeweils die über die Kanten zur Verfügung gestellten Eingabedaten und erzeugen weitere Ausgabedaten. Die Control() Methode liest die Eingabedaten, welche über die mit "ControllerInputs" gekennzeichneten Kanten von oben kommen, verarbeitet sie und schreibt Ausgabedaten über die mit "ControllerOutputs" gekennzeichneten Kanten nach unten. Die Sense() Methode liest entsprechend die Eingabedaten, welche über die mit "SensorInputs" gekennzeichneten Kanten von unten kommen, verarbeitet sie und schreibt Ausgabedaten über die mit "SensorOutputs" gekennzeichneten Kanten nach oben. Um

den ggf. erforderlichen Datenaustausch über die Kanten kümmert sich das
MCA2-Framework, auch über Rechnergrenzen hinweg.

Der gezeigte hierarchische, modulare Aufbau der Steuerungen entsteht
implizit durch den Programmcode der die spezifischen Steuerungsmodule,
Gruppen und Parts realisiert. Diese Struktur kann aber auch über Werkzeuge, sog. Softwaretools wie MCAGUI oder MCAadmin, dynamisch zur Lauf-
zeut visualisiert und sogar interaktiv beeinflußt werden, siehe Abbildung B.3.
Die Informationen über den Aufbau werden dabei dem ausgeführten Steue-
rungsprogramm selbst entnommen. Dadurch entsteht eine außergewöhnliche
Transparenz der Systeme, die eine sehr hilfreiche Art der Diagnose und Manipulation ermöglicht. Die Umsetzung auf Basis eines einheitlichen Modul-
konzepts erleichtert darüber hinaus die Wiederverwendbarkeit von bereits
implementierter Funktionalität, welche über die übliche Ansammlung von
Funktionen oder Klassen in Bibliotheken weit hinausgeht.

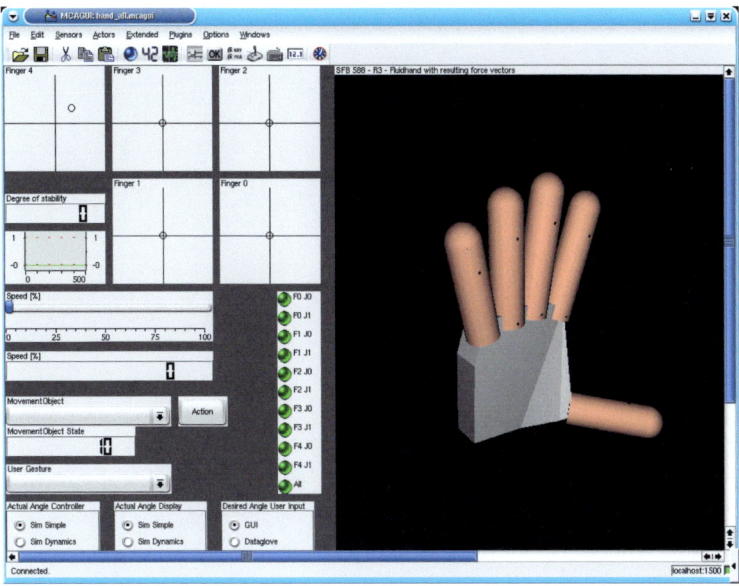

Abbildung B.3.: Beispiel einer MCAGUI Bedienoberfläche zur Ansteuerung einer Roboterhand.

C. Einbindung erweiterter Petri-Netze in MCA2

C.1. Einordnung

Um die in Abschnitt 6.4 beschriebenen erweiterten Petri-Netze sinnvoll in die verwendete Basisarchitektur einbinden zu können, wurde eine entsprechende, *mcapetri* benannte Erweiterung für MCA2 erstellt. Diese integriert den beschriebenen eigenen Ansatz vollständig in die in Anhang B beschriebene MCA2 Umgebung.

C.2. Beispiel "Philosophenenproblem"

Die *mcapetri* Erweiterung soll anhand eines einfachen Beispiels näher erläutert werden. Hierfür wird das aus der theoretischen Informatik bekannte sog. "Philosophenproblem" verwendet [126], welches erstmals von E. W. Dijkstra formuliert wurde. Das Problem ist in der Literatur auch unter dem Namen "Problem der dinierenden Philosophen" oder englisch als *"Dining philosophers problem"* bekannt.

Kern des Problems ist die Modellierung von Nebenläufigkeit und von verklemmungsfreiem Zugriff auf begrenzte und gemeinsam genutzte Ressourcen. Im Beispiel dinieren eine Anzahl von *n* Philosophen an einem Tisch. Ein Philosoph denkt entweder nach, oder er diniert. Zum Dinieren benötigt ein Philosoph jeweils zwei Gabeln, diese sind aber nur begrenzt verfügbar. Für *n* Philosophen sind dabei insgesamt lediglich *n* Gabeln verfügbar. Der Zugriff auf die begrenzte Ressource "Gabel" wird hierbei über ein Petri-Netz geregelt. Ein erweitertes Petri-Netz nach Kapitel 6 welches dieses Philosophenproblem implementiert ist in Listing C.1 dargestellt.

Listing C.1: Beispiel einer *.pnet Datei "`philosophers.pnet`" zur Modellierung des "Philosophenproblems".

```
 1   # This is a -*- python -*- file.
 2   ##########################################################################
 3   #
 4   # \file      philosophers.pnet
 5   # \author    Dirk Osswald <dirk_osswald@web.de>
 6   # \date      2005-04-11
 7   # \brief     An example input file for petrinetgen.py describing a
 8   #            Petri Net implementing the famous "dining philosophers"
 9   #            with MCA2. From this input file a C++ class is generated
10   #            that implements the defined Petri Net.
11   #
12   #            A variable of the generated C++ class is instantiated in
13   #            the MCA2 part philosophers_part.C That part starts
14   #            four MCA2 modules mPhilosopher defined in philosopher_module.[h|C]
15   #            These modules then call the Process function of
16   #            the petrinet variable which in turn calls functions of
17   #            the calling module, according to the 'state' of the Petri Net.
18   #            The transitions of the Petri Net fire (are triggered) if
19   #            an appropriate controller input is available. E.g. the
20   #            transition 'T_start_eating' of a philospher is only fired if the
21   #            philospher wants to eat (indicated by eCI_WANTS_TO_EAT).
22   #
23   # \version $Id: philosophers.pnet,v 1.3 2005/05/02 12:09:47 osswald Exp $
24   #
25   ##########################################################################
26
27   # The number of philosphers that this Petri Net can handle.
28   # (This is a python variable that we use as parameter in generating the
29   #  Petri Net due to the very regular structure of this example.
30   nb_philosophers = 4
31
32   # Set classname of generated class
33   classname( 'tPhilosophersPetrinet' )
34
35   # Set description for the whole Petri Net.
36   # (Used e.g. as title when generating a graph with dot.)
37   description( 'A Petri Net implementing the <<Dining Philosophers>> with MCA2.' )
38
39   # A header prefix to be put before the generated class declaration.
40   # To make the generated file compile you must put here at least forward
41   # declarations of all your types, variables and functions used by the
42   # generated code.
43   # Most often this will just be some forward declarations of the classes
44   # that use the generated Petri Net, but here we show some more elaborate
45   # possibilities:
46   #
47   # The generated code will contain a C++ namespace named "ns_CLASSNAME"
48   # where CLASSNAME is the name of the generated class set with
49   # the classname() command above. The generated callback and trigger
50   # functions are placed in that namespace.
51   #
52   # We can use that namespace to make additional information about the
53   # Petri Net available to the users of the Petri Net or provide common
54   # subroutines for the callbacks/triggers without 'polluting' the global
55   # namespace.
56   #
57   # Here in the headerprefix we must declare the variables/functions to be used
58   # by users of the Petri Net, while their definition must be placed in the
59   # codeprefix below.
60   #
61   # In this case we store the actual number of philosophers handled by the
62   # Petri Net in a variable nb_philosophers. This information is used by the
```

```
63  # MCA2 philosopher_module to display the availability of all forks.
64  #
65  headerprefix( r'''
66  // forward declaration of class mPhilospher
67  // (needed to make the compiler know the parameter type used for
68  //   the Process(), callback and trigger functions.)
69  class mPhilosopher;
70
71  namespace ns_tPhilosophersPetrinet
72  {
73    //! The (max.) number of philosophers in the Petri Net
74    extern int const nb_philosophers;
75  }
76  ''' )
77
78  # A code prefix to be put before the generated class implementation.
79  # To make the generated file compile you must put here actual declarations of
80  # all your types, variables and functions used by the generated code.
81  # Most often you will just have to include the appropriate header files with
82  # your type declarations, but here we show some more elaborate
83  # possibilities:
84  #
85  # The definition of additional variables / functions in the generated namespace,
86  # see the explanation for the headerprefix above.
87  codeprefix( r'''
88  #include "philosopher_module.h"
89
90  #define LOCAL_DEBUG
91  #include <local_debug.h>
92
93  namespace ns_tPhilosophersPetrinet
94  {
95    int const nb_philosophers = %d;
96
97    /*! Print state of Petri Net if the callers 'module-debug-flag' is set
98     *   (e.g. from an MCA tool like MCAadmin/MCAbrowser/mcapython).
99     */
100   void DebugPrintState( mPhilosopher* caller )
101   {
102     if ( caller->Debug() )
103     {
104       LDM( "Petri Net state:\n" );
105       caller->petrinet->Print( stderr );
106     }
107   }
108  }
109  ''' % nb_philosophers )
110
111  # ------------------------------------------------------------------------
112
113  # Define the places.
114  # There are nb_philosophers places for nb_philosophers available forks,
115  # nb_philosophers places for eating philosophers
116  # and nb_philosophers places for thinking philosopers.
117
118  # First the places that when marked with a token indicate that the
119  # resource 'Fork' f is available on the table. These places have no
120  # associated code, since they just indicate that a resource is available.
121  # But assigning the place to some sets is still usefull, e.g. to print a
122  # meaningfull part of the Petri Net. So each fork-place is made a member of
123  # the sets of both philosophers using the fork.
124  for f in range(nb_philosophers):
125      place( id        = 'P_fork%d' % f,
126             descr     = 'Fork %d available' % f,
127             token     = 1, max_token = 1,
```

```
128                sets    = ['phil_%02d' % f, 'phil_%02d' % ((f+1)%nb_philosophers)] )
129
130   # Now the places that when marked indicate that a philosopher p is
131   # eating or thinking.
132   # - These places do have associated code, since they represent states that
133   #    must be filled with some action when active.
134   # - The place can be made the member of one or more 'sets'.
135   # - The C++ type and name of the parameter given to the tPetriNetBase::Process
136   #    function and forwarded to this callback function is given here as
137   #    'partype' and 'parname' (as python strings).
138   # - The actual C++ code of the callback function is given with the 'code'
139   #    parameter. This C++ code should be given as a python 'raw' string, that is
140   #    with a small 'r' just before the string start.)
141   #
142   for p in range(nb_philosophers):
143       place( id      = 'P_eating%d' % p,
144              descr   = 'Philosopher %d is eating' % p,
145              token   = 0, max_token=1,
146              sets    = 'phil_%02d' % p,
147              partype = 'mPhilosopher *', parname = 'caller',
148              code    = r'''
149              // DebugPrintState(caller);
150              caller->Eating();
151              ''' )
152
153       place( id      = 'P_thinking%d' % p,
154              descr   = 'Philosopher %d is thinking' % p,
155              token   = 1, max_token=1,
156              sets    = 'phil_%02d' % p,
157              partype = 'mPhilosopher *', parname = 'caller',
158              code    = r'''
159              // DebugPrintState(caller);
160              caller->Thinking();
161              ''' )
162
163   # ----------------------------------------------------------------------
164
165   # Define the transitions.
166   # There only 2 transitions per philosopher: one indicating 'start eating' and
167   # the other indicating 'start thinking'.
168
169   for p in range(nb_philosophers):
170       # We need a transition to go from eating to thinking and another one
171       # to go back for every philosopher p. The trigger function of the
172       # transition is used to check if the philosopher wants to change
173       # his state. This is done by reading the appropriate controller input
174       # of the caller. These trigger functions are called only if the
175       # necessary resources (two forks) are available.
176
177       # transitions to go from thinking to eating
178       transition( id      = 'T_start_eating%d' % p,
179                   descr   = 'philosopher %d wants to eat' % p,
180                   sets    = 'phil_%02d' % p,
181                   partype = 'mPhilosopher *', parname = 'caller',
182                   trigger = r'''
183                   if (caller->GetControllerInput( mPhilosopher::eCI_WANT_TO_EAT ) )
184                   {
185                       LDM( "%s starts eating and stops thinking\n",
186                           caller->Description() );
187
188                       DebugPrintState(caller);
189
190                       return true;
191                   }
192                   else
```

```
193                        return false;
194                    ''' )
195
196        # transitions to go from eating to thinking
197        transition( id      = 'T_start_thinking%d' % p,
198                    descr   = 'philosopher %d wants to think' % p,
199                    sets    = 'phil_%02d' % p,
200                    partype = 'mPhilosopher *', parname = 'caller',
201                    trigger = r'''
202                    if (! caller->GetControllerInput( mPhilosopher::eCI_WANT_TO_EAT ) )
203                    {
204                        LDM( "%s starts thinking and stops eating\n",
205                             caller->Description() );
206
207                        DebugPrintState( caller );
208                        return true;
209                    }
210                    else
211                        return false;
212                    ''' )
213
214 # ---------------------------------------------------------------
215
216 # Define the arcs.
217 # (connections between places and transitions / transitions and places)
218 # Here the coordination of the resources is realized.
219
220 for p in range(nb_philosophers):
221        # calculate the indices of the 2 forks used by philosopher p
222        (fork_index_1, fork_index_2) = [ (i,(i+1)%nb_philosophers)
223                                for i in range(nb_philosophers) ][p]
224
225        arc( 'P_fork%d' % fork_index_1 , 'T_start_eating%d' % p )
226        arc( 'P_fork%d' % fork_index_2 , 'T_start_eating%d' % p )
227
228        arc( 'T_start_thinking%d' % p,  'P_fork%d' % fork_index_1 )
229        arc( 'T_start_thinking%d' % p,  'P_fork%d' % fork_index_2 )
230
231        arc( 'T_start_eating%d' %p ,    'P_eating%d' % p )
232        arc( 'P_thinking%d' % p,        'T_start_eating%d' % p )
233        arc( 'P_eating%d' % p,          'T_start_thinking%d' % p )
234        arc( 'T_start_thinking%d' % p,  'P_thinking%d' % p )
235
236 # ---------------------------------------------------------------
```

C.3. petrinetgen

Der in Abschnitt 6.6.3 beschriebene Codegenerator für die Umcodierung der erweiterten Petri-Netz-Beschreibungen aus Abschnitt 6.6.2 wurde implementiert und `petrinetgen` genannt. Er ist selbst wiederum in Python realisiert. Der Codegenerator liest eine `*.pnet` Datei, wie z. B. die oben abgedruckte "`philosophers.pnet`", ein und generiert daraus weiteren Code. Dieser weitere Code kann eine C++ oder Python Quellcode Datei sein, welche das eingelesene Petri-Netz implementiert, oder auch eine graphische Darstellung des Netzes. Der erstellte Codegenerator `petrinetgen` ist dabei als Kommandozeilenprogramm realisiert und wird über Kommandozeilenparameter gesteuert, Listing C.2 zeigt die Online-Hilfe des Codegenerators mit allen erlaubten Parametern und Ausgabeformaten.

Die Abbildungen C.1 und C.2 zeigen die mit petrinetgen aus dem beispielhaften Petri-Netz aus Listing C.1 generierte grafische Darstellung des Petri-Netzes. Abbildung C.3 zeigt eine mit MCAGUI realisierte "Bedienoberfläche" für das ebenfalls mit petrinetgen generierte C++ Programm, welches das Philosopenproblem implementiert. Über die Bedienelemente links oben kann der Bediener interaktiv den Wunsch eines Philosophen zum Dinieren oder Denken ("eat/think") eingeben. Der generierte Code regelt den Zugriff auf die "Gabeln" Ressourcen entsprechend dem Petri-Netz aus Listing C.1. Ob ein Philosoph tatsächlich ißt oder denkt sowie die Verfügbarkeit der Gabeln wird über farbige "LEDs" (rot bzw. grün) angezeigt. Rechts unten im Bild wird weiterhin der Zustand des Petri-Netzes tabellarisch dargestellt. Die linke Spalte listet die Stellen (Nodes) auf. Aktive Stellen werden dabei in grün, nicht aktive dagegen in rot dargestellt. Entsprechend zeigt die rechte Spalte die Tansitionen des Netzes. Hier sind die freigegebenen Transition in grün und die nicht freigegebenen in rot dargestellt.

Listing C.2: Online Hilfe des Codegenerators petrinetgen.py.

```
 1  >./petrinetgen.py -h
 2  Usage: petrinetgen.py: Read *.pnet input files containing the description of a
 3  Petri Net and generate output of some selectable types.
 4
 5  For now these kinds of output can be generated:
 6  - C++     : a C++ class that implements the Petri Net.
 7  - plugin  : a C++ class that implements an MCAGUI plugin (PetriNetViewer) to visualize
 8              the Petri Net
 9  - swig    : a swig interface file to make the PetriNet available for Python scripts
10  - dot     : a dot file suitable for graphviz' dot / dotty ... tools.
11  - txt     : textual info about the petrinet, like number of places, transitions...
12              or number and names of defined sets.
13
14  Author:        Dirk Osswald <dirk_osswald@web.de>
15  CVS-revision: $Id: petrinetgen.py,v 1.11 2005/06/10 15:11:19 osswald Exp $
16
17  usage: petrinetgen.py [options] arg1 arg2
18
19  Options:
20    -h, --help            show this help message and exit
21    -i FILE, --input=FILE
22                          Read input file from FILE.
23    -o FILE, --output=FILE
24                          Write output to FILE.suffix (the suffix(es) depend on
25                          the chosen type, see there). Default is to use the
26                          path and stem of the input file. Use '-' to write to
27                          stdout (Not usable when '-t' option is 'C++', 'plugin'
28                          or 'swig'!)
29    -t TYPE, --type=TYPE  Write output in format TYPE. Currently "C++",
30                          "plugin", "swig", "dot" and "txt" are supported and
```

31		C++ is the default.
32	−s SET, −−subset=SET	Operate only on the places and transitions which are a
33		member of **set** SET. This option can be given multiple
34		**times** to define a list of sets. The operation will
35		**then** work on the places and transitions which are a
36		member of any one of the given sets The default is to
37		operate on all given places and transitions.
38	−−pn_headername=HEADERNAME	
39		The name of the (C++) header file that contains the
40		generated Petri Net declaration. This is only usefull
41		when option "−t" is "plugin" or "swig". The default is
42		to use the same filename as the output file name, but
43		without "pythonwrap_" in the name. (This is **done** with
44		respect to the rules in $MCAHOME/makefile.rules and
45		eases integration into the MCA build system.)
46	−c CLASS, −−class=CLASS	
47		When generating C++ output: the name of the generated
48		class. This is normally **set** in the inputfile with the
49		classname() directive. This **command** line option
50		overrides that.
51	−d, −−debug	Print debug messages **while** processing the python
52		script petrinetgen.py.
53	−D, −−local_debug	Enable debug code in generated code.
54	−v, −−version	Print the version and **exit**.
55	−−placelabel=STRING	A STRING describing the label to use when generating
56		dot−nodes **for** Petri Net places. Special strings like
57		'$n' '$id', '$description', '$token', '$tokensym' and
58		'$max_token' are replaced by the corresponding
59		information of the place (where $n is the index of the
60		place, $token is the numerical number of the token in
61		the place and $tokensym is a string like "∗∗∗" **for** 3
62		token). Any other text in the STRING is included as
63		is. The default value is: '$n:$id\n$descr\n#*token* =
64		$token, #*max_token* = $max_token'. *(When this option is*
65		given on the **command** line the '$' signs must be
66		escaped or the string must be enclosed in single
67		quotes to keep the shell from variable substituting.)
68		This option is only used with '−t dot'.
69	−−transitionlabel=STRING	
70		A STRING describing the label to use when generating
71		dot−nodes **for** Petri Net transitions. Special strings
72		like '$n', '$id', '$description' are replaced by the
73		corresponding information of the transition. Any other
74		text in the STRING is included as is. The default
75		value is: '$n:$id\n$descr'. (When this option is given
76		on the **command** line the '$' signs must be escaped or
77		the string must be enclosed in single quotes to keep
78		the shell from variable substituting.) This option is
79		only used with '−t dot'.

A Petri Net implementing the famous 'Dining Philosophers' with MCA2.

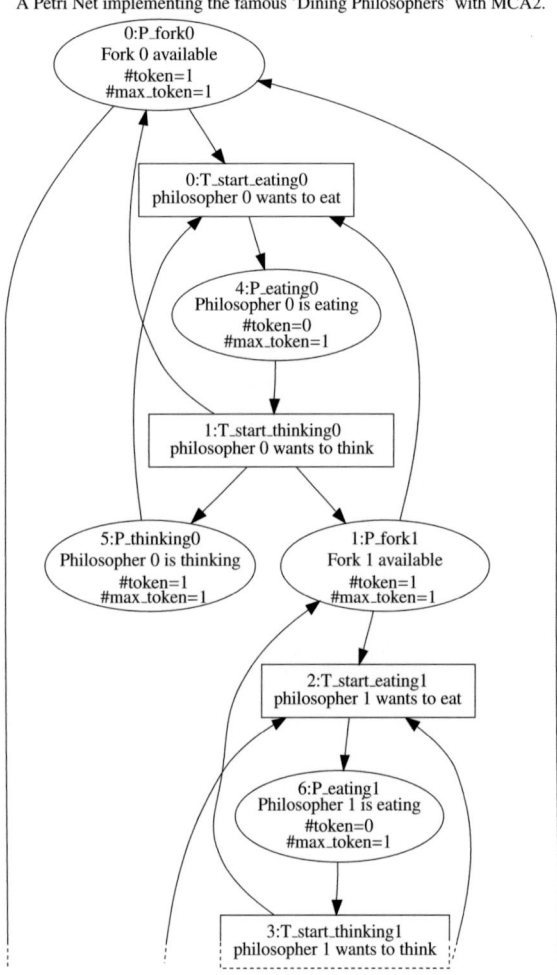

Abbildung C.1.: Oberer Teil der mit `petrinetgen` generierten graphischen Darstellung des Petri-Netzes aus Listing C.1.

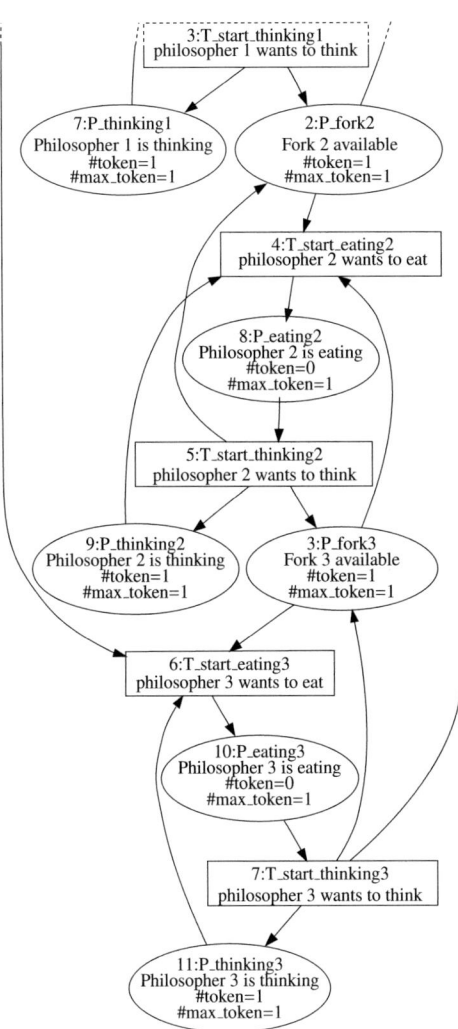

Abbildung C.2.: Unterer Teil der mit `petrinetgen` generierten graphischen Darstellung des Petri-Netzes aus Listing C.1.

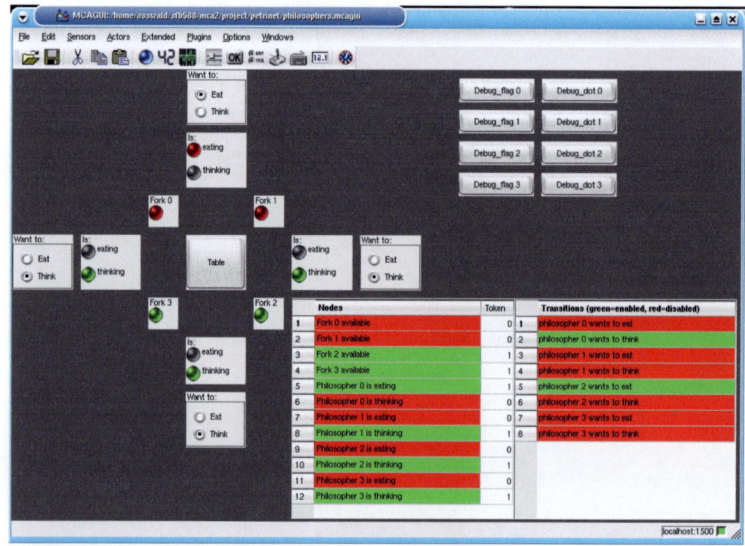

Abbildung C.3.: "Bedienoberfläche" für das Philosphenproblem mit der Visualisierung des Petri-Netz-Zustands (rechts unten).

Literaturverzeichnis

[1]   ALBERS, A. : Conceptual Design of Humanoid Robots. In: *Proceedings of the Third IARP International Workshop on Humanoid and Human Friendly Robotics, Tsukuba Research Center, AIST. Tsukuba, Ibaraki, Japan*

[2]   ALBERS, A. ; BRUDNIOK, S. : Mechatronical Design of a Humanoid Robot in an Educational Project. In: *Proceedings of the 15th International Conference on Engineering Design (ICED). Melbourne, Australia*

[3]   ALBERS, A. ; BRUDNIOK, S. : Systematische Entwicklung des mechatronischen Gesamtsystems der Arme eines Humanoiden Roboters. In: *Tagungsbeiträge des 3. Paderborner Workshop: Intelligente Mechatronische Systeme (IMS). Heinz Nixdorf Institut, Paderborn, Deutschland*

[4]   ALBERS, A. ; BRUDNIOK, S. ; BURGER, W. : The Mechanics of a Humanoid. In: [81]

[5]   ALBERS, A. ; BRUDNIOK, S. ; BURGER, W. : Die Mechanik eines humanoiden Roboters – Aktueller Stand der Entwicklungsarbeiten. In: [114]

[6]   ALBERS, A. ; BURGER, W. ; BRUDNIOK, S. : Mechatronik, Aktorik und Sensorik eines humanoiden Roboters. In: GAUSEMEIER, J. (Hrsg.) ; WALLASCHECK, J. (Hrsg.): *Tagungsbeiträge des 2. Paderborner Workshop: Intelligente Mechatronische Systeme (IMS). Heinz Nixdorf Institut, Paderborn, Deutschland*, 145–155

[7]   ALLEN, P. ; MILLER, A. ; OH, P. ; LEIBOWITZ, B. : Using Tactile and Visual Sensing with a Robotic Hand. In: [82]

[8]   ASFOUR, T. ; BERNS, K. ; DILLMANN, R. :   The Humanoid Robot AR-
      MAR: Design and Control. In: *Proceedings of the 2000 International
      Coference on Humanoid Robots (Humanoids). Boston (MIT), USA*

[9]   ASFOUR, T. ; LY, D. N. ; REGENSTEIN, K. ; DILLMANN, R. : A Modular and
      Distributed Embedded Control Architecture for Humanoid Robots. In:
      [85], 2775-2780

[10] *Barrett Technology: „The new Barrett grasper".*
      <URL: http://www.barrett.com/robot/whatsnew/
      whatfram.htm>. Version: 2006

[11] BAUMGARTEN, B. : *Petri-Netze: Grundlagen und Anwendungen.* HTB,
      Spektrum, 1996

[12] BECHER, R. ; STEINHAUS, P. ; DILLMANN, R. :   ARMAR II – A Lear-
      ning and Cooperative Multimodal Humanoid Robot. In: *International
      Journal on Humanoid Robotics* 1 (2004), March, Nr. 1, S. 143–156

[13] BECK, S. : *Konzeption, Aufbau und Erprobung einer Testumgebung für
      die Evaluierung flexibler Fluidaktoren,* Universität Karlsruhe (TH),
      Diplomarbeit, 2002

[14] BECK, S. ; LEHMANN, A. ; LOTZ, T. ; MARTIN, J. ; KEPPLER, R. ; MIKUT, R.
      : Modellgestützte adaptive Regelungskonzepte für eine fluidisch be-
      triebene Roboterhand. In: *Tagungsbeiträge des GMA-Kongress 2003,
      VDI-Berichte 1756,* 65–72

[15] BECK, S. ; LEHMANN, A. ; MARTIN, J. ; MIKUT, R. :   Modellbildung
      und Fuzzy-Gelenkpositionsregelung für eine 5-Finger-Roboterhand
      mit flexiblen Fluidaktoren. In: MIKUT, R. (Hrsg.) ; REISCHL, M. (Hrsg.)
      ; Forschungszentrum Karlsruhe (Veranst.): *Tagungsbeiträge des 12.
      Workshop Fuzzy Systeme des GMA-FA 5.22.. Dortmund, Germany*
      Forschungszentrum Karlsruhe, 2002 (Wissenschaftliche Berichte FZ-
      KA 6767), S. 177–191

[16] BECK, S. ; MIKUT, R. ; BRETTHAUER, G. :   Model-Based Control and
      Object Contact Detection for a Fluidic Actuated Robotic Hand. In:
      *Proceedings of the 42nd IEEE Conference on Decision and Control
      (CDC), Maui, USA,* 2003, S. 6369–6374

[17] BETH, T. ; BOESNACH, I. ; HAIMERL, M. ; MOLDENHAUER, J. ; BOES, K. ; WANK, V. : Analyse, Modellierung und Erkennung menschlicher Bewegungen. In: [113], S. 17–24

[18] BOESNACH, I. ; MOLDENHAUER, J. ; BURGMER, C. ; BETH, T. ; WANK, V. ; Bös, K. : Classification of Phases in Human Motions by Neural Networks and Hidden Markov Models. In: *Proceedings of the 2004 IEEE International Conference on Cybernetics and Intelligent Systems (CIS). Singapore*, 976–981

[19] BURGHART, C. ; OSSWALD, D. ; YIGIT, S. ; WÖRN, H. : Modular System Architecture of a Robotic System for Human Robot Co-operation. In: *Proceedings of the 7th International Symposium on Distributed Autonomous Robotic Systems (DARS). Toulouse, France*, 2004

[20] BURGHART, C. ; YIGIT, S. ; KERPA, O. ; OSSWALD, D. ; WÖRN, H. : Concept for Human Robot Co-operation Integrating Artificial Haptic Perception. In: *Proceedings of the International Conference on Intelligent Autonomous Systems 7 (IAS). Marina del Rey, California, USA*, 2002

[21] BUTTERFASS, J. ; GREBENSTEIN, M. ; LIU, H. ; HIRZINGER, G. : DLR–Hand II: Next Generation of a Dextrous Robot Hand. In: [84], S. 109–114

[22] BUTTERFASS, J. ; HIRZINGER, G. ; KNOCH, S. ; LIU, H. : DLR's Multisensory Hand Part I: Hard- and Software Architecture. In: [83], S. 2081–2086

[23] BUTTERFASS, J. : *Eine hochintegrierte multisensorielle Vier-Finger-Hand für Anwendungen in der Servicerobotik*, Technische Universität Darmstadt, Diss., 2000

[24] University of Aarhus, Denmark: *CPN: Coloured Petri Nets.* <URL: http://www.daimi.au.dk/CPnets/>. Version: 2006

[25] CUTKOSKY, M. R.: On Grasp Choice, Grasp Models, and the Design of Hands for Manufacturing Tasks. In: *IEEE Transactions on Robotics and Automation* 5 (1989), June, Nr. 3, S. 269–279

[26] CUTKOSKY, M. ; HOWE, R. : Human Grasp Choice and Robotic Grasp
      Analysis. In: VENKATARAMAN, S. (Hrsg.) ; IBERALL, T. (Hrsg.): *Dextrous
      robot Hands*, Springer Verlag, 1990, S. 5–31

[27] DESEL, J. : Place/Transition-Nets, S. 85–111

[28] DILLMANN, R. ; ASFOUR, T. ; BERNS, K. : Design and Control of a
      Humanoid 2-Arm-System. In: *Proceedings of the 2000 World Auto-
      mation Congress (WAC). Maui, Hawaii, USA*, 2000

[29] DILLMANN, R. (Hrsg.) ; SCHRAFT, R. D. (Hrsg.) ; WÖRN, H. (Hrsg.):
      *Tagungsbeiträge der Robotik 2002 Leistungsstand – Anwendungen –
      Visionen – Trends (VDI-Berichte 1679).*   VDI/VDE- Gesellschaft
      Mess- und Automatisierungstechnik, 2002

[30] *Online Bildergalerie der DLR.*
      <URL: http://www.dlr.de/rm/DesktopDefault.aspx/
      tabid-426/569_read-72/569_page-1/>. Version: 2006

[31] DOLL, T. : *Entwicklung und Programmierung einer Roboterhand*, Uni-
      versität Karlsruhe (TH), Diss., 1989

[32] *Homepage of the Doxygen documentation system.*
      <URL: http://www.stack.nl/~dimitri/doxygen/index.
      html>. Version: June 2006

[33] EHRENMANN, M. ; O., R. ; R., Z. ; R., D. : Belehrung komplexer
      Aufgaben für Servicerobotter: Programmieren durch Vormachen im
      Werkstätten- und Haushaltsbereich. In: [29], S. 211–218

[34] ERKMEN, A. ; DURNA, M. : Genetic algorithm-based optimal regrasping
      with the anthrobot 5-fingered robot hand. In: [83], S. 3329–3334

[35] FISCHER, T. : *Multisensorbasierte Kraft-Positionsregelung von Mehr-
      fingergreifern*, Universität Karlsruhe (TH), Diss., 2000

[36] FÖLLINGER, O. : *Regelungstechnik.* 8. Hüthig Verlag Heidelberg, 1994

[37] FOUNDATION, T. P. S.: *Python Homepage: „Python Programming Lan-
      guage".*
      <URL: http://www.python.org/>. Version: 2006

[38] FRIEDRICH, H. ; GROSSMANN, V. ; EHRENMANN, M. ; ROGALLA, O. ; ZÖLL-NER, R. ; DILLMANN, R. : Towards cognitive elementary operators: grasp classification using neural network classifiers. In: *Proceedings of the 1999 IASTED International Conference on Intelligent Systems and Control (ISC)*. *Santa Barbara, California, USA*, 1999, S. 121–126

[39] GOLUBOVIC, D. : *Modellbildung und Entwurf einer Druckregelung für pneumatisch betriebene flexible Fluidaktoren*, Universität Karlsruhe (TH), Diplomarbeit, 2003

[40] AT&T Research: *Homepage of Graphviz - Graph Visualization Software*.
<URL: http://www.graphviz.org/>. Version: June 2006

[41] GROSSMANN, A. : *Kinematische Analyse von Ziel- und Greifbewegun-gen der dominanten und non-dominanten Hand bei beiden Geschlech-tern*, Christian-Albrechts-Universität Kiel, Diss., 2004.
<URL: http://e-diss.uni-kiel.de/diss_1271/d1271.pdf>

[42] H., B. : *Lehrbuch der Softwaretechnik*. Spektrum, 1996

[43] HYDE, J. ; CUTKOSKY, M. : A Phase Management Framework for Event-Driven Dextrous Manipulation. In: *IEEE Transactions on Ro-botics and Automation* Bd. 14, 1998, S. 978–985

[44] HYDE, J. ; TREMBLAY, M. ; CUTKOSKY, M. : An Object-Oriented Frame-work for Event-Driven Dextrous Manipulation. In: *Proceedings of the 4th International Symposium on Experimental Robotics*. *Stanford, CA, USA*, 1995

[45] JACOBSEN, S. C. ; AL, E. : Design of the UTAH/M.I.T. Dextrous Hand. In: *Proceedings of the 1986 IEEE International Conference on Robo-tics and Automation*. *San Francisco, USA*, 1986, S. 1520–1532

[46] JACOBSEN, S. C. ; KNUTTI, D. F. ; WOOD, J. E. ; BIGGERS, K. B.: The UTAH/MIT Dextrous Hand: Work in Progress. In: *The International Journal of Robotics Research* 3 (1984), Nr. 4, S. 21–50

[47] JENSEN, K. : Coloured Petri Nets, S. 111–160

[48] KANEKO, M. ; HINO, Y. ; TSUJI, T. : On Three Phases for Achieving Enveloping Grasps – Inspired by Human Grasping. In: [82], S. 385–390

[49] KANG, S. B.: *Robot Instruction by Human Demonstration*, The Robotics Institute, Carnegie Mellon University, Diss., 1994

[50] KAPANDJI, I. (Hrsg.): *Funktionelle Anatomie der Gelenke, Band 1: Obere Extremität*. Ferdinand Enke verlag, Stuttgart, 1992

[51] KARGOV, A. ; ASFOUR, T. ; PYLATIUK, C. ; OBERLE, R. ; KLOSEK, H. ; SCHULZ, S. ; REGENSTEIN, K. ; BRETTHAUER, G. : Development of an Anthropomorphic Hand for a Mobile Assistive Robot. In: *Proceedings of the IEEE 9th International Conference on Rehabilitation Robotics: Frontiers of the Human-Machine Interface (ICORR). Chicago, Illinois, USA*

[52] KERPA, O. ; OSSWALD, D. ; YIGIT, S. ; BURGHART, C. ; WÖRN, H. : Arm-Hand-Control by Tactile Sensing for Human Robot Co-operation. In: [81]

[53] KERPA, O. ; WEISS, K. ; WÖRN, H. : Development of a Flexible Tactile Sensor System for a Humanoid Robot. In: *Proceedings of the 2003 International Conference on Intelligent Robots and Systems (IROS). Las Vegas, USA*

[54] LEHMANN, A. ; MARTIN, J. ; MIKUT, R. ; BRETTHAUER, G. : Konzepte zur Regelung und Stabilitätsüberwachung beim Greifen mit flexiblen Robotergreifern. In: *Tagungsbeiträge des 13. Workshop Fuzzy Systeme. Dortmund, Deutschland* Wissenschaftliche Berichte FZKA 6900, 2003, S. 79–98

[55] LEHMANN, A. ; MIKUT, R. ; MARTIN, J. ; BRETTHAUER, G. : Online-Stabilitätsüberwachung strukturvariabler Roboterregelungen. In: [114]

[56] LEHMANN, A. ; MIKUT, R. ; OSSWALD, D. : Low-Level Finger Coordination for Compliant Anthropomorphic Robot Grippers. In: *Proceedings of the 44th IEEE Conference on Decision and Control (CDC). Seville, Spain*, 2005

[57] LOVCHIK, C. S. ; DIFTLER, M. A.: The Robonaut Hand: A Dexterous Robot Hand for Space. In: *Proceedings of the 1999 IEEE International Conference on Robotics and Automation (ICRA)*. *Detroit, Michigan, USA*, 1999, S. 907–912

[58] LY, D. N. ; REGENSTEIN, K. ; ASFOUR, T. ; DILLMANN, R. : A Modular and Distributed Embedded Control Architecture for Humanoid Robots. In: [85]

[59] M., W. (Hrsg.) ; WEINMANN, M. (Hrsg.): *Die Hand – Werkzeug des Geistes*. Spektrum, Akad. Verl., 1999. – ISBN 3–8274–0292–1

[60] MARSAN AJMONE, M. ; BALBO, G. ; CONTE, G. ; DONATELLI, S. ; FRANCESCHINIS, G. ; AJMONE MARSA, M. (Hrsg.): *Modelling with Generalized Stochastic Petri Nets*. Wiley, 1995. – ISBN 0 471 93059 8

[61] MARTIN, J. : *Ein Beitrag zur Integration von Sensoren in eine anthropomorphe künstliche Hand mit flexiblen Fluidaktoren*, Universität Karlsruhe (TH), Diss., 2004.
<URL: http://www.ubka.uni-karlsruhe.de/cgi-bin/ psview?document=2004%2Fmaschinenbau%2F19>

[62] MARTIN, J. ; BECK, S. ; LEHMANN, A. ; MIKUT, R. ; PYLATIUK, C. ; SCHULZ, S. ; BRETTHAUER, G. : Sensors, Identification and Low Level Control of a Flexible Anthropomorphic Robot Hand. In: [81]

[63] MARTIN, J. ; KEPPLER, R. ; OSSWALD, D. ; BURGER, W. ; REGENSTEIN, K. ; BRETTHAUER, G. ; WITTENBURG, J. ; WÖRN, H. ; ALBERS, A. ; BERNS, K. : Mechatronische Konzepte zur Verbesserung der Mensch-Maschine-Interaktion. In: [113], S. 65–72

[64] MENZEL, R. ; WOELFL, K. ; PFEIFFER, F. : The development of a hydraulic hand. In: *Proceedings of the 2nd Conference on Mechatronics and Robotics*, 1993, S. 225–238

[65] MEYER, B. : *Objektorientierte Softwareentwicklung*. Hanser Verlag, 1990. – ISBN 3–446–15773–5

[66] MOLDENHAUER, J. ; BOESNACH, I. ; BETH, T. ; WANK, V. ; BÖS, K. : Analysis of Human Motions for Humanoid Robots. In: *Proceedings of*

the IEEE 2005 International Conference on Robotics and Automation (ICRA). Barcelona, Spain, 312–317

[67]   MORALES, A. ; ASFOUR, T. ; OSSWALD, D. ; SCHULZ, S. ; DILLMANN, R. : Towards an anthropomorphic manipulator for an assistant humano-id robot. In: *Proceedings of the Science and Systems-Workshop on Humanoid Manipulation. MIT, USA*

[68]   MURATA, T. : Petri Nets: Properties, Analysis and Applications. In: *Proceedings of the IEEE* Bd. 77(4), 1989, S. 541–580

[69]   NAPIER, J. : The prehensile movements of the human hand. In: *Journal of Bone and Joint Surgery* 38B (1956), November, Nr. 4, S. 902–913

[70]   NICOLAS GORGES AND ANDREAS J. SCHMID AND DIRK OSSWALD AND HEINZ WÖRN: A Framework for Creating, Coordinating, and Executing Skills on a Humanoid Robot. In: *Proceedings of the 2007 IEEE-RAS International Conference on Humanoid Robots* (2007)

[71]   OSSWALD, D. : Zusammenfassung der Anforderungen an die SFB 588 R3 Leichtbauhand / IPR. Version: 2003.
       <URL: ftp://wwwiaim.ira.uka.de/pub/ftp/sfb1846/
       Arbeiskreise/AG%202%20Regelung/Protokolle/
       Zusammenfassung_Anforderungen_Hand.doc>. – Forschungsbericht. – Interner Bericht

[72]   OSSWALD, D. : *mcapetri – A code and graph generator for extended petri nets within the MCA2-System.*
       <URL: http://wwwipr.ira.uka.de/~osswald/mcapetri/
       index.html>. Version: 2005

[73]   OSSWALD, D. ; GORGES, N. ; WÖRN, H. : Reactive Hand-Arm Coordination for a Humanoid Robot using Extended Petri-Nets. In: *Proceedings of the 2007 IEEE/ASME International Conference on Advanced Intelligent Mechatronics (AIM). Zurich, Switzerland*, 2007

[74]   OSSWALD, D. ; KEPPLER, R. ; LEHMANN, A. ; BURGHART, C. ; MIKUT, R. ; WÖRN, H. ; SEEMANN, W. : Simulation System for Manipulation Tasks with a Fluidic Robot Hand. In: *Proceedings of the International*

Conference on Intelligent Manipulation and Grasping (IMG). Genoa, Italy, 2004

[75] OSSWALD, D. ; MARTIN, J. ; BURGHART, C. ; MIKUT, R. ; WÖRN, H. ; BRETTHAUER, G. : Integrating a Robot Hand into the Control System of a Humanoid Robot. In: [81]

[76] OSSWALD, D. ; WÖRN, H. : Mechanical System and Control System of a Dexterous Robot Hand. In: [80], S. 407–414

[77] OSSWALD, D. ; YIGIT, S. ; KERPA, O. ; BURGHART, C. ; WÖRN, H. : Arm-Hand-Koordination eines anthropomorphen Roboterarms zur Mensch-Roboter Kooperation. In: *Tagungsbeiträge des 18. Fachgespräch Autonome Mobile Systeme (AMS). Karlsruhe, Deutschland,* 2003

[78] PETRI, C. : *Kommunikation mit Automaten,* Schriften des Institutes für instrumentelle Mathematik (Bonn), Diss., 1962

[79] *Reden zur Abschiedsveranstaltung von Prof. Dr. Carl Adam Petri.* <URL: `http://www.informatik.uni-hamburg.de/TGI/ mitarbeiter/profs/petri/laudatio.html`>. – in: GMD-Spiegel 3/4'91, 52–57

[80] *Proceedings of the 2001 International Conference on Humanoid Robots (Humanoids). Waseda University, Tokyo, Japan.* 2001

[81] *Proceedings of the 2003 International Conference on Humanoid Robots (Humanoids). Karlsruhe and Munich, Germany.* 2003

[82] *Proceedings of the 1997 IEEE International Conference on Robotics and Automation (ICRA). Albuquerque, New Mexico, USA.* 1997

[83] *Proceedings of the 1998 IEEE International Conference on Robotics and Automation (ICRA). Leuven, Belgium.* IEEE Computer Society Press, 1998

[84] *Proceedings of the 2001 IEEE International Conference on Robotics and Automation (ICRA). Seoul, Korea.* IEEE Computer Society Press, 2001

[85]   *Proceedings of the 2004 IEEE International Conference on Intelligent Robots and Systems (IROS). Sendai, Japan.* 2004

[86]   PYLATIUK, C. ; SCHULZ, S. ; BRETTHAUER, G. : Entwicklung flexibler Fluidaktoren und ihre Anwendung in der Medizintechnik. In: *Medizinsch Orthopädische Technik*, Genter Verlag

[87]   REGENSTEIN, K. ; DILLMANN, R. : Design of an open hardware architecture for the humanoid robot ARMAR. In: [81]

[88]   REISCHL, M. ; BECK, S. ; MIKUT, R. ; LEHMANN, A. ; MARTIN, J. ; SCHULZ, S. : Regelungskonzepte für fluidisch betriebene Handprothesen. In: *Proc. AUTOMED 03, Karlsruhe, Wissenschaftliche Berichte FZKA-6875*, 16–17

[89]   *Homepage der NASA-Robonaut-Hand.* <URL: http://robonaut.jsc.nasa.gov/R1/sub/hands.asp>. Version: 2010

[90]   *Homepage des NASA Robonaut R2.* <URL: http://robonaut.jsc.nasa.gov>. Version: 2010

[91]   ROGALLA, O. : *Abbildung von Benutzerdemonstrationen auf variable Roboterkonfigurationen*, Universität Karlsruhe (TH), Diss., 2002

[92]   ROZENBERG, G. : Elementary Net Systems, S. 5–84

[93]   *Homepage of the RTAI project: The Real-Time Application Interface for Linux.* <URL: http://www.rtai.org/>. Version: December 2005

[94]   SALISBURY, J. : *Articulated Hands: Force Control and Kinematics Issues*, Diss., 1982

[95]   SCHMIDT, R. (Hrsg.) ; LANG, F. (Hrsg.) ; THEWS, G. (Hrsg.): *Physiologie des Menschen.* Springer Verlag, 2000. – ISBN 3–540–21882–3

[96]   SCHOLL, K. ; ALBIEZ, J. : *MCA2 Homepage: „MCA2 – Modular Controller Architecture Version 2".* <URL: http://mca2.sourceforge.net/>. Version: 2001

[97] SCHOLL, K. ; KEPPLIN, V. ; ALBIEZ, J. ; DILLMAN, R. : Developing robot prototypes with an expandable modular controller architecture. In: PAGELLO, E. e. a. (Hrsg.): *Proceedings of the 6th International Conference on Intelligent Autonomous Systems (IAS)*, 2000, S. 67–74

[98] SCHULZ, S. : Flexible Fluidaktoren. In: *Biona Report 14, Akademie der Wissenschaft, Mainz*, 2000

[99] SCHULZ, S. : A Multifunctional Prosthetic Hand with Adaptive Grip. In: *Robotica Sonderheft*, 2003

[100] SCHULZ, S. : *Eine neue Adaptiv-Hand-Prothese auf der Basis flexibler Fluidaktoren*, Universität Karlsruhe (TH), Diss., 2003

[101] SCHULZ, S. ; BRETTHAUER, G. : A Fluidic Humanoid Robothand. In: [80], S. 133–139

[102] SCHULZ, S. ; PYLATIUK, C. ; BRETTHAUER, G. : A new Class of Flexible Fluidic Actuator and their Applications in Medical Engineering. In: *at – Automatisierungstechnik* 47 (1999), Nr. 8, 390-395.
<URL: http://www.sfb588.uni-karlsruhe.de/ publikationen/1999_12.pdf>

[103] SCHULZ, S. ; PYLATIUK, C. ; BRETTHAUER, G. : A New Ultralight Anthropomorphic Hand. In: [84], S. 2437–2441

[104] SCHULZ, S. ; PYLATIUK, C. ; MARTIN, J. ; BRETTHAUER, G. : Die Anthropomorphe FZK-Hand. In: [29], S. 531–536

[105] *Produktkatalog „Modulare Robotik", Fa. SCHUNK.* SCHUNK GmbH & Co. KG, Bahnhofstr. 106–134, D-74348 Lauffen/Neckar.
<URL: http://www.schunk-usa.com/schunk_files/ attachments/SCHUNK_Automation_Modulare_Robotik_DE_ EN_0605.pdf>. Version: 2006

[106] *SFB 588 Homepage: „SFB 588 Humanoide Roboter – Lernende und kooperierende multimodale Roboter".*
<URL: http://www.sfb588.uni-karlsruhe.de/>.
Version: 2001

[107] *SFB588 Finanzierungsanträge: „Humanoide Roboter, Lernende und kooperierende multimodale Roboter".* 2001

[108] *The shadow robot company.* <URL: http://www.shadowrobot.com/>. Version: 2006

[109] STEIN, T. ; FISCHER, A. ; ; Bös, V. K. W. K. Wank ; BOESNACH, I. ; MOLDENHAUER, J. ; BETH, T. : Erfassung und Analyse menschlicher Basisbewegungen zur Bewegungsplanung für humanoide Roboter, 112

[110] STEINHAUS, P. ; BECHER, R. ; DILLMANN, R. : SFB 588 – Humanoide Roboter Lernende und kooperierende multimodale Roboter. In: [113], S. 3–15

[111] STEINHAUS, P. ; DILLMANN, R. : The German Humanoid Robot Project. In: [80], S. 503–505

[112] T., D. : *Intelligente Steuerungsansätze für mehrfingrige Robotergreifer*, Universität Karlsruhe (TH), Diss., 1987

[113] *Tagungsbeiträge der Human Centered Robotic Systems (HCRS). Karlsruhe, Deutschland.* 2002

[114] *Tagungsbeiträge der Robotik 2004: Leistungsstand, Anwendungen, Visionen, Trends. VDI-Berichte 1841. München, Deutschland.* VDI-Verlag, Juni 2004

[115] TOWNSEND, W. T.: The Barrett Hand grasper: programmably flexible part handling and assembly. In: *Industrial Robot: An International Journal* 27 (2000), Nr. 3, S. 181–188

[116] WALKER, R. : Design of a Dextrous Hand for advanced CLAWAR applications. In: *6th International Conference on Climbing and Walking Robots and the Support Technologies for Mobile Machines. Catania, Italy,* 2003

[117] WANG, L. ; HU, W. ; TAN, T. : The Mechanics of a Humanoid. In: *Pattern Recogntion* Bd. 36, 585–601

[118] WEISS, K. : *Ein ortsauflösendes taktiles Sensorsystem für Mehrfinger-Greifer*, Universität Karlsruhe (TH), Diss., 2006

[119] Artikel „Blackboard". In: Wikipedia. Die Freie Enzyklopädie.
<URL: http://de.wikipedia.org/w/index.php?title=
Blackboard&oldid=9609990>. Version: September 2005

[120] Artikel „Abduktion". In: Wikipedia. Die Freie Enzyklopädie.
<URL: http://de.wikipedia.org/w/index.php?title=
Abduktion_%28Physiologie%29&oldid=19618698>.
Version: Juli 2006

[121] Artikel „Adduktion". In: Wikipedia. Die Freie Enzyklopädie.
<URL: http://de.wikipedia.org/w/index.php?title=
Adduktion&oldid=19618544>. Version: Juli 2006

[122] Artikel „Lage-_und_Richtungsbezeichnungen". In: Wikipedia. Die
Freie Enzyklopädie.
<URL: http://de.wikipedia.org/w/index.php?title=
Lage-_und_Richtungsbezeichnungen&oldid=14072586>.
Version: Februar 2006

[123] Artikel „Anthropomorph". In: Wikipedia. Die Freie Enzyklopädie.
<URL: http://de.wikipedia.org/w/index.php?title=
Anthropomorphismus&oldid=10643780>.   Version: November
2005

[124] Artikel „Bewegung". In: Wikipedia. Die Freie Enzyklopädie.
<URL: http://de.wikipedia.org/w/index.php?title=
Bewegung&oldid=14764315>. Version: März 2006

[125] Artikel „dediziert". In: Wikipedia. Die Freie Enzyklopädie.
<URL: http://de.wikipedia.org/w/index.php?title=
Dedikation&oldid=10112719>. Version: October 2005

[126] Artikel „Philosophenproblem". In: Wikipedia. Die Freie Enzyklopädie.
<URL: http://de.wikipedia.org/w/index.php?title=
Philosophenproblem&oldid=71112287>. Version: Feburar 2010

[127] Artikel „". In: Wikipedia. Die Freie Enzyklopädie.
<URL: http://de.wikipedia.org/w/index.php?title=
Echtzeit-System&oldid=11165310>. Version: November 2005

[128] *Artikel „Endeffektor".* In: Wikipedia. Die Freie Enzyklopädie.
<URL: http://de.wikipedia.org/w/index.php?title=
Endeffektor&oldid=7306082>. Version: June 2005

[129] *Artikel „Endlicher Automat".* In: Wikipedia. Die Freie Enzyklopädie.

<URL: http://de.wikipedia.org/w/index.php?title=
Endlicher_Automat&oldid=15938801>. Version: April 2006

[130] *Artikel „Flexion".* In: Wikipedia. Die Freie Enzyklopädie.
<URL: http://de.wikipedia.org/w/index.php?
title=Flexion_%28Medizin%29&oldid=66888686>.
Version: November 2009

[131] *Artikel „Framework".* In: Wikipedia. Die Freie Enzyklopädie.
<URL: http://de.wikipedia.org/w/index.php?title=
Framework&oldid=12317949>. Version: Januar 2006

[132] *Artikel „Freiheitsgrad".* In: Wikipedia. Die Freie Enzyklopädie.
<URL: http://de.wikipedia.org/w/index.php?title=
Freiheitsgrad&oldid=10320585#Technik>. Version: October
2005

[133] *Artikel „Gestik".* In: Wikipedia. Die Freie Enzyklopädie.
<URL: http://de.wikipedia.org/w/index.php?title=
Gestik&oldid=15940941>. Version: April 2006

[134] *Artikel „Handhabung".* In: Wikipedia. Die Freie Enzyklopädie.
<URL: http://de.wikipedia.org/w/index.php?title=
Handhabung&oldid=7042673>. Version: September 2005

[135] *Artikel „Haptische Wahrnehmung".* In: Wikipedia. Die Freie Enzyklopädie.
<URL: http://de.wikipedia.org/w/index.php?title=
Haptische_Wahrnehmung&oldid=13180572>. Version: Januar
2006

[136] *Artikel „Homunculus".* In: Wikipedia. Die Freie Enzyklopädie.
<URL: http://de.wikipedia.org/w/index.php?title=
Homunculus&oldid=14657400>. Version: März 2006

[137] *Artikel „Humanoide Roboter". In: Wikipedia. Die Freie Enzyklopädie.*
<URL: http://de.wikipedia.org/w/index.php?title=
Humanoide_Roboter&oldid=17854371>. Version: Juni 2006

[138] *Artikel „Industrieroboter". In: Wikipedia. Die Freie Enzyklopädie.*
<URL: http://de.wikipedia.org/w/index.php?title=
Industrieroboter&oldid=10524840>. Version: November 2005

[139] *Artikel „Kinematische Kette". In: Wikipedia. Die Freie Enzyklopädie.*

<URL: http://de.wikipedia.org/w/index.php?title=
Kinematische_Kette&oldid=12495987>. Version: 2005

[140] *Artikel „Nebenläufigkeit". In: Wikipedia. Die Freie Enzyklopädie.*
<URL: http://de.wikipedia.org/w/index.php?title=
Nebenl%C3%A4ufigkeit&oldid=13865731>. Version: 2005

[141] *Artikel „Nichtdeterminismus". In: Wikipedia. Die Freie Enzyklopädie.*
<URL: http://de.wikipedia.org/w/index.php?title=
Nichtdeterminismus&oldid=15231622>. Version: April 2006

[142] *Artikel „Objektoriente Programmierung". In: Wikipedia. Die Freie
Enzyklopädie.*
<URL: http://de.wikipedia.org/w/index.php?title=
Objektorientierte_Programmierung&oldid=14037560>.
Version: Februar 2006

[143] *Artikel „Regelungstechnik". In: Wikipedia. Die Freie Enzyklopädie.*
<URL: http://de.wikipedia.org/w/index.php?title=
Regelungstechnik&oldid=11513036>. Version: December 2005

[144] *Artikel „RTAI". In: Wikipedia. Die Freie Enzyklopädie.*
<URL: http://de.wikipedia.org/w/index.php?title=
RTAI&oldid=12037760>. Version: December 2005

[145] *Artikel „Softwarearchitektur". In: Wikipedia. Die Freie Enzyklopädie.*

<URL: http://de.wikipedia.org/w/index.php?title=
&oldid=10463779>. Version: November 2005

[146] *Artikel „Steuerung". In: Wikipedia. Die Freie Enzyklopädie.*
<URL: http://de.wikipedia.org/w/index.php?title=
Steuerung&oldid=11582380>. Version: December 2005

[147] *Artikel „Steuerungstechnik". In: Wikipedia. Die Freie Enzyklopädie.*
<URL: http://de.wikipedia.org/w/index.php?title=
Steuerungstechnik&oldid=11465287>. Version: December 2005

[148] *Artikel „Trajektorie". In: Wikipedia. Die Freie Enzyklopädie.*
<URL: http://de.wikipedia.org/w/index.php?title=
Trajektorie&oldid=6791339>. Version: November 2004

[149] *Artikel „Extensible Markup Language". In: Wikipedia. Die Freie Enzyklopädie.*
<URL: http://de.wikipedia.org/w/index.php?title=
Extensible_Markup_Language&oldid=18026249>.
Version: Juni 2006

[150] *Artikel „Bewegung". In: Wiktionary. Das Freie Wörterbuch.*
<URL: http://de.wiktionary.org/w/index.php?title=
Bewegung&oldid=181353>. Version: Februar 2006

[151] *Artikel „Koordination". In: Wiktionary. Das Freie Wörterbuch.*
<URL: http://de.wiktionary.org/w/index.php?title=
Koordination&oldid=184820>. Version: Februar 2006

[152] WOERN, H. ; YIGIT, S. : Taktil Human-Robot-Co-operation by using an Robot Arm with 7 degree of freedom. In: *Proceedings of the 2004 Conference on Information Systems and Technology (CIST). Budapest, Hungary,* 2004

[153] WÖRN, H. ; T., L. : Cooperation between Human Beings and Robot Systems in an Industrial Envioronment. In: *Proceedings of the International Conference on Mechantroncis and Robotics (M&R). St. Petersburg, Russia,* 2000

[154] YIGIT, S. : *Methoden zur taktil gekoppelten Kooperation zwischen Mensch und athropomorphem Roboterarm*, Universität Karlsruhe (TH), Diss., 2005

[155] YIGIT, S. ; BURGHART, C. ; WOERN, H. : Verwendung eines redundanten Roboterarms zur Mensch-Roboter-Kooperation. In: [114]